本书系中央司法警官学院2020年"新时代大学生思想政治理论教育研究"学术创新团队成员研究成果。

高校思政课教学改革的思与行

李双印　著

中国海洋大学出版社

·青岛·

图书在版编目（CIP）数据

高校思政课教学改革的思与行／李双印著．—青岛：中国海洋大学出版社，2022.6 （2023.12重印）
ISBN 978-7-5670-3224-8

Ⅰ．①高…　Ⅱ．①李…　Ⅲ．①高等学校—思想政治教育—教学改革—研究—中国　Ⅳ．① G641

中国版本图书馆 CIP 数据核字（2022）第 138184 号

GAOXIAO SIZHENGKE JIAOXUE GAIGE DE SI YU XING

出版发行	中国海洋大学出版社
社　　址	青岛市香港东路23号　　邮政编码　266071
网　　址	http://pub.ouc.edu.cn
出 版 人	杨立敏
责任编辑	矫恒鹏　　　　　　电　　话　0532-85902349
电子信箱	2586345806@qq.com
印　　制	青岛至德印刷包装有限公司
版　　次	2022年6月第1版
印　　次	2023年12月第2次印刷
成品尺寸	185 mm × 260 mm
印　　张	11.5
字　　数	245千
印　　数	1001~1500
定　　价	39.00元
订购电话	0532-82032573（传真）

发现印装质量问题，请致电18863932526，由印刷厂负责调换。

前　言

　　高校思想政治理论课建设，从中华人民共和国成立伊始逐步建立健全相关课程，探索改进方式方法，至今已经有 70 余年了。回望跌宕起伏的历程，总结经验教训，凝练思政课程建设规律，探索符合新时代青年人才培养更有效的思政课建设路径，丰富线上线下教学相结合的实现形式，为新时代思政课程建设和高校人才政治素质提升，指明了方向、增强了动力。

　　"学而不思则罔，思而不学则殆。"高校思政课程建设需要以实践教学为基础，不断在思考中总结开拓创新，并在思与行的辩证运动中，不断提升理论认知和教学实效。高校思政课教学改革为深入贯彻习近平新时代中国特色社会主义思想，落实立德树人根本任务，完成为党育人、为国育才使命，不断提升课程质量，需要从理论和实践两个层面作出客观科学的回应。

　　在理论层面，本书前五章主要立足于批判继承思政课教学改革 70 余年的历史经验，结合当前思政课教学改革的政策背景，明确政治导向、问题导向、学生导向和产出导向，深化教材、教师和教法等内容，特别是注重政治站位、与时俱进、内容为王，注重手段的关键性原则，以提质增效为目标找准思政课程改革的重点难点，从理论上探索打造坚持政治性和学理性相统一，坚持价值性和知识性相统一，坚持建设性和批判性相统一，坚持理论性和实践性相统一，坚持统一性和多样性相统一，坚持主导性和主体性相统一，坚持灌输性和启发性相统一，坚持显性教育和隐性教育相统一的"思政金课"建设。

　　在实践层面，后五章通过积极构建课程、科研、实践、文化、网络、心理、管理、服务、资助、组织等"十大育人""大思政"课教学体系，强化以多元化、立体化、专业化、专家化为特征的质量监控顶层设计，不断完善质量监控的方式和质量监控的体系，从理论原著实践相融合、识变应变求变相结合、融入专业课教学、增进课堂互动挑战度、建设多元化智慧课堂等视角，凝练"原理"课、"概论"课、"纲要"课、"基础"课和"形势与政策"课教学改革的内容和方式，科学论证"四史"课教学改革的视角和路径，不断丰富习近平新时代中国特色社会主义思想融入思政课的内容和途径，探索完善更高质量的思政课教学模式。

本书能够与大家见面，首先感谢单位领导帮忙拨冗赋闲，给予写作提供了充足的时间保障；其次非常感谢家人们全面无私地辛苦付出和大力支持。

由于本人能力所限，书中难免存在疏漏和不足之处，欢迎各位同仁批评指正！

目　录

理论篇

理论篇

第一章　思政课教学改革概述

第一节　情况综述

高校思想政治理论课（以下简称"思政课"）是巩固马克思主义在意识形态领域指导地位，落实立德树人根本任务、培养社会主义建设者和接班人的关键课程。回顾新中国成立 70 多年来高校思政课建设的发展历程，总结高校思政课建设的基本经验，把握其改革创新的发展大势，是新时代进一步加强和改进高校思政课建设的迫切需要。

新中国成立 70 多年来，党和国家高度重视并不断推进高校思政课建设，高校思政课建设经历了创立、发展、改革和完善四个阶段。

一、创立建构阶段

新中国成立至 1956 年是高校思政课的创立构建阶段。这一时期，是建立人民当家做主的中华人民共和国、实现国家由新民主主义社会向社会主义社会过渡的时期。高校思政课的主要任务是引导学生与旧社会遗留下来的封建的、买办的、法西斯主义及唯心主义的思想进行斗争，从根本上改造和转变学生的世界观，为新中国政权的巩固、国家的建设和由新民主主义社会向社会主义社会的过渡奠定坚实的思想基础。新中国成立前夕，《中华人民共和国政治协商会议共同纲领》明确规定了新的教育方针："中华人民共和国的文化教育为新民主主义的，即民族的、科学的、大众的文化教育。人民政府的文化教育工作，应以提高人民文化水平，培养国家建设人才，肃清封建的、买办的、法西斯主义的思想，发展为人民服务的思想为主要任务。"[①] 为了贯彻这一方针，1949 年 12 月，教育部召开了第一次全国教育工作会议，明确要对全国的教育制度、课程和教材等进行全新的变革。按照这一要求，教育部多次开展座谈和调研。1950 年，全国高等教育会议通过了《关于实施高等学校课程改革的决定》，提出全国高等学校要废除政治上的反动课程，开设新民主主义的革命政治课程，开启了高校思政课的建设历程。[②] 按照这一决定的精神，高校开设了"社会发展史""新民主主义论"和"政治经济学"

---

① 中共中央文献研究室.建国以来重要文献选编：第1册［M］.北京：中央文献出版社，1992.

② 全国普通高校"两课"教育教学调研工作领导小组.普通高校思想政治理论课文献选编（1949—2008）［M］.北京：中国人民大学出版社，2008.

三门课程，标志着高校思政课的初步建立。教育部强调这是"改造学生的思想，树立科学的世界观、革命的人生观和全心全意为人民服务的最基本的课程"，是"革命的思想政治教育"。1952 年 10 月 7 日，教育部下发《关于全国高等学校马克思列宁主义、毛泽东思想课程的指示》文件，进一步明确了全国高等学校思政课的建设方案。1956 年 9 月 9 日，教育部下发《关于高等学校政治理论课程的规定（试行方案）》，正式确定了思政课的课程体系，包括"马列主义基础""中国革命史""政治经济学""辩证唯物主义与历史唯物主义"四门课程，并且明确制订了具体的培养方案。

这一时期高校思政课在批判旧社会高校反动课程的基础上，创建了全新的马克思主义课程体系，倡导和鼓励对于马克思列宁主义理论和毛泽东思想的学习，消除剥削阶级思想和唯心主义的影响，不断转变知识分子和青年学生的思想观念，引导知识分子和青年学生树立为人民服务的思想和科学的世界观，为新中国的巩固、发展和由新民主主义社会向社会主义社会的过渡作出重要贡献。

二、曲折发展阶段

1957 年至 1977 年是高校思政课的曲折发展阶段。1956 年，随着社会主义三大改造任务的基本完成，我国步入社会主义社会初级阶段，进入全面建设社会主义时期。这一时期，高校思政课的主要任务是培养一大批德才兼备、又红又专的劳动者，更好地满足大规模社会主义建设对人才的需要。1957 年 2 月，毛泽东主席在《关于正确处理人民内部矛盾的问题》一文中明确提出："我们的教育方针，应该使受教育者在德育、智育、体育几方面都得到发展，成为有社会主义觉悟的有文化的劳动者。"这一教育方针，强调培养德智体全面发展的有社会主义觉悟、有文化的劳动者，体现了德才兼备、又红又专的教育指导思想和人才培养目标，对指导和促进这一时期高等教育的发展和高校思政课建设起到了重要的作用。然而这一时期，受国内外形势估计偏失和阶级斗争扩大化的影响，特别是受"以阶级斗争为纲"的"左"的错误指导思想的影响，我国社会主义建设和高校思政课屡受冲击、几经波折。在当时苏共二十大全盘否定斯大林的思潮的做法的影响下，国内出现了反右扩大化的倾向，高校思政课的正常教学秩序受到很大冲击。1957 年 10 月 12 日，高等教育部、教育部联合下发《关于在全国高等学校开设社会主义教育课程的指示》文件，规定全国范围内的高等学校都要开展"社会主义教育"，全体学生必须参加，"各班级在学习社会主义教育课程期间，原有的四门政治课一律停开"，用"社会主义教育"和"阶级斗争主课"代替马克思主义理论学习，高校思政课受到严重干扰。[①]1960 年开始，党和国家提出国民经济调整的"八字方针"。1961 年 4 月、1962 年 5 月、1963 年 8 月，教育部分别下发《改进高等学校共同政治理论课程教学的

---

① 全国普通高校"两课"教育教学调研工作领导小组. 普通高校思想政治理论课文献选编（1949—2003）[M].北京：中国人民大学出版社，2008.

意见》《关于高等学校共同政治理论课教学安排的几点意见》《试行"关于高等学校研究生政治理论课的规定（草案）的通知"》，调整、恢复、充实、发展了高校思政课。1966 年至 1976 年"文化大革命"期间，社会主义建设事业、高等教育事业和高校思政课遭到严重的冲击、干扰和破坏。

这一时期，对于高校思政课建设有冲击、有干扰、有挫折，但也有调整、充实和发展，特别是开设了"形势与政策"课、研究生思政课，开展了生产劳动教育等。可以说，这一时期是高校思政课曲折发展的阶段。

三、改革探索阶段

1978 年至 2012 年是高校思政课的改革探索阶段。1978 年，党的十一届三中全会召开，标志着我国进入改革开放和社会主义现代化建设新时期。这一时期，思政课建设不断适应改革开放的时代要求，对课程体系、教材建设、教学内容、教学方式等各方面都进行了深入探索和改革，取得了长足进步。1978 年 4 月，教育部办公厅颁布《关于加强高等学校马列主义理论教育的意见》，对马克思主义理论课的地位作用、目标任务、课程体系、教学方法、教师队伍、领导体制等问题做了明确规定，决定在高校开设"辩证唯物主义与历史唯物主义""政治经济学""中共党史""国际共产主义运动史"四门课程。"国际共产主义运动史"是首次开设的思政课程，后来调整发展为"当代世界政治与经济"课程。1982 年，教育部决定在高校逐步开设"共产主义思想品德"课程。按照培养"有理想、有道德、有文化、有纪律"的社会主义"四有新人"的目标要求，1985 年 8 月 1 日，《中共中央关于改革学校思想品德和政治理论课课程教学的通知》明确了"两课体系"——思想品德课和政治理论课，并且指明了高校思政课改革的关键是坚决贯彻执行理论联系实际的方针，用三年时间推进思想政治理论课的改革。1986 年，国家教育委员下发了关于在高等学校贯彻《中共中央关于改革学校思想品德和政治理论课程教学的通知》的意见，明确了"马克思主义原理""中国革命史""中国社会主义建设""世界政治经济与国际关系"等课程设置。1987 年，针对学生普遍关心的形势、政策、人生、理想、道德、价值、民主、法制等方面的问题，国家教育委员会颁发了《关于高等学校思想教育课程建设的意见》，规定设置如下五门课程："形势与政策""法律基础"两门为必修课，"大学生思想修养""人生哲理""职业道德"三门课程可因校制宜有选择地开设。① 这一次课程改革的最大特点是适应了国家战略重点向经济建设转移，增加了"中国社会主义建设""世界政治经济与国际关系"课程和一批思想品德课程。1987 年 6 月 15 日，国家教育委员会下发了《关于高等学校研究生马克思主义理论课（公共课）教学的若干规定》，对硕士、博士研究生思政课的整体建设做出了规定。至此，我国高校思政课实现了由本科到硕士、博士研究生的全程覆盖，构建了系统性、多层次、

---

① 中共中央文献研究室.十六大以来重要文献选编：上［M］.北京：中央文献出版社，2006.

全覆盖的思政课程体系。1994年8月31日通过的《中共中央关于进一步加强和改进学校德育工作的若干意见》指出：学校政治理论课和思想品德课是系统地对学生进行马克思主义理论教育和品德教育的主渠道和基本环节，要重点进行教学内容和方法的改革。1998年6月10日，中共中央宣传部、教育部印发《关于普通高等学校"两课"课程设置的规定及其实施工作的意见》，对思政课规范性建设做出了系统规定。进入新世纪，2004年8月26日，中共中央、国务院颁布了《关于进一步加强和改进大学生思想政治教育的意见》，指出"要按照充分体现当代马克思主义最新成果的要求，全面加强思想政治理论课的学科建设、课程建设、教材建设和教师队伍建设"。按照这一要求，2005年2月7日，中共中央宣传部、教育部颁布了《关于进一步加强和改进高等学校思想政治理论课的意见》，将大学本科思政课必修课程正式整合调整为"马克思主义基本原理概论""毛泽东思想、邓小平理论和'三个代表'重要思想概论""中国近现代史纲要""思想道德修养与法律基础"四门课程，并决定单独设立马克思主义理论一级学科，为思政课提供学理和学科支撑。

这一时期的高校思政课建设，在实践中探索，在改革中发展，适应了改革开放和社会主义市场经济发展的需要，适应了社会大变革时期对青年学生思想困惑、价值迷茫的科学引领的需要，适应了经济全球化进程中辨别、抵御西方社会思潮和价值观念的需要，适应了思政课对马克思主义理论学科建设的需要，较好地发挥了大学生思想政治教育的主渠道作用。

四、深化创新阶段

2013年至今是高校思政课的深化创新阶段。这一时期，中国特色社会主义进入新时代，高校思政课建设的主要任务是创新发展，更好地为培养担当民族复兴大任的时代新人服务。党中央、国务院更加重视高校思政课建设，把高校思政课作为立德树人的关键课程，以提高质量为主题，以教师队伍建设为根本，以落实意识形态责任制为抓手，在协同中推进，在改革中深化，在创新中发展，有力地促进了高校思政课建设。2015年7月27日，中共中央宣传部、教育部印发《普通高校思想政治理论课建设体系创新计划》，明确指出思政课是核心课程，要把思政课立体化教材体系、教学人才体系、课堂教学体系、第二课堂教学体系、学科支撑体系、科学评价体系、综合保障体系七个方面作为创新建设的重点内容，推进思政课建设的综合发展。2016年12月7日，习近平总书记在全国高校思想政治工作会议上指出，高校思想政治工作关系培养什么人、怎样培养人、为谁培养人这个根本问题，高校思政课要坚持在改进中加强，提升亲和力和针对性，把立德树人作为中心环节贯穿到教育教学全过程中。2017年12月5日，教育部颁发《高校思想政治工作质量提升工程实施纲要》，明确提出了课程育人、科研育人、实践育人、文化育人、网络育人、心理育人、管理育人、服务育人、资助育人、组织育人的"十大"育人体系，把课程育人置于高校思想政治工作质量提升工程之首，并把2017年定为高校思政课建设质量年,开展了广泛的调查研究,总结了建设经验,提出了加强改进的措施,强调把"思政课程"与"课程思政"紧密结合起来协同推进。2018年4月26日,教育部印发《新时代高校思想政治理论课教学工作基本要求》,强调抓住思政课教学前、中、后全过程,在操作层面加强衔接和落实。2019年3月18日,习近平总书记主持召开学校思想政治理论课教师座谈会,强调要贯彻党的教育方针,落实立德树人根本任务,按照"政治要强、情怀要深、思维要新、视野要广、自律要严、人格要正"的要求,建设一支德才兼备的教师队伍,遵循思政课建设的规律,坚持政治性和学理性相统一,坚持价值性和知识性相统一,坚持建设性和批判性相统一,坚持统一性和多样性相统一,坚持主导性和主体性相统一,坚持灌输性和启发性相统一,坚持显性教育和隐性教育相统一,坚持理论性和实践性相统一,深入推动思政课改革创新,不断增强思政课的思想性、理论性和亲和力、针对性。2019年8月14日,中共中央办公厅、国务院办公厅印发《关于深化新时代学校思想政治理论课改革创新的若干意见》,强调深化大中小学思政课一体化建设,建立健全大中小学思政课教师一体化备课机制。

这一时期,党中央、国务院立足新时代培养担当民族复兴大任的时代新人的需要,加强高校思政课建设的战略谋划,提出了改革创新的整体思路,推出了一系列重大举措,为深入推进高校思政课的创新发展、开创新时代高校思政课建设的新局面指明了方向、增强了动力。

第二节 经验总结

新中国成立70多年来,高校思政课建设在实践中不断探索、创新、发展,积累了丰富的经验。

一、坚持党对高校思政课建设的领导

坚持党对高校思政课建设的领导,是高校思政课建设的根本要求,是推进高校思政课建设的关键,是加强和改进高校思政课的根本保障。党对高校思政课建设领导力的强弱,直接关系到高校思政课在坚持社会主义办学方向、巩固主流意识形态、促进学生全面发展中作用发挥的强弱。新中国成立初期,1952年9月,中共中央转发中共教育部党组《关于在高等学校试行政治工作制度的报告》,明确指出要"在高等学校中建立政治工作制度,以加强政治领导,开展马克思列宁主义的思想建设,为全国高等教育建设事业打下坚强的政治基础"①。1958年9月19日,中共中央、国务院在《关于教育工作的指示》中指出:"在一切高等学校中,应当实行学校党委领导下的校务委员会负责

---

① 中共中央文献研究室.建国以来重要文献选编:第3册[M].北京:中央文献出版社,1992.

制。"党的领导保证了高校思政课的顺利开展。1980 年 7 月 7 日,教育部印发《改进和加强高等学校马列主义课的试行办法》,提出"搞好高等学校马列主义课教学的关键是加强党的领导,建立和健全领导体制"①。1984 年 9 月 4 日,中共中央宣传部、教育部印发《关于加强和改进高等院校马列主义理论教育的若干规定》,明确"学校党委和校长要把抓好马列主义理论教学和师资队伍建设作为自己的重要职责,帮助他们搞好自身的思想建设和业务建设"。1990 年 7 月 17 日,针对高校党的领导和思想政治教育特别是思政课受到削弱的情况,《中共中央关于加强高等学校党的建设的通知》明确规定高等学校实行党委领导下的校长负责制。中组部、中宣部和教育部还从 1990 年开始,连续召开高校党建与思想政治工作会议,研究党的建设、思政课建设等重大问题,极大地加强了党对高等学校及思政课建设的领导。2016 年 12 月 9 日,习近平总书记在全国高校思想政治工作会议上指出:"高校党委对学校工作实行全面领导,承担管党治党、办学治校主体责任,把方向、管大局、做决策、保落实。"②2019 年 3 月 18 日,习近平总书记主持召开学校思想政治理论课教师座谈会,强调"办好中国的事情,关键在党。各级党委要把思政课建设摆上重要议程,抓住制约思政课建设的突出问题,在工作格局、队伍建设、支持保障等方面采取有效措施。要建立党委统一领导、党政齐抓共管、有关部门各负其责、全社会协同配合的工作格局,推动形成全党全社会努力办好思政课、教师认真讲好思政课、学生积极学好思政课的良好氛围"。新中国 70 多年来高校思政课建设的历史表明:凡是坚持和巩固党的领导,高校思政课就会不断得到加强和改进;凡是动摇和削弱党的领导,高校思政课就会遭受严重干扰和挫折。因此,党的领导是高校思政课不断得到加强和改进的有力保障和定海神针。

二、坚持以立德树人为根本任务

立德树人是高等学校的根本任务,也是高校思政课的根本任务。高校思政课是大学生思想政治教育的主渠道,是铸魂育人的核心课程,承担着培育社会主义建设者和接班人的历史重任。新中国成立 70 多年来,高校思政课始终坚持以立德树人为根本任务,全面贯彻党的教育方针,把牢正确政治方向,培养和造就了一大批社会主义的栋梁之材。新中国成立初期,着力培养"为人民服务,首先为工农服务,为当前的革命斗争与建设服务"的人才;社会主义建设时期,着力培育德智体全面发展的、有社会主义觉悟的有文化的劳动者;改革开放以来,着力培育德智体美全面发展的社会主义建设者和接班人;进入新时代,着力培育能够担当民族复兴大任的有理想、有本领、有担当的时代新人,推进新时代中国特色社会主义事业的蓬勃发展。

---

① 教育部思想政治工作司. 加强和改进大学生思想政治教育重要文献选编(1978—2008)[M]. 北京:中国人民大学出版社,2008.

② 中共中央宣传部. 习近平谈治国理政(第2卷)[M]. 北京:外文出版社,2017.

新中国成立 70 多年来高校思政课建设始终坚持以立德树人为根本任务，注意处理好课程与育人的关系，坚持以学生为导向，以问题为导向，自觉服从和服务于学生的成长和发展；处理好知识传授和价值引领的关系，寓价值引领于知识传授过程中，运用丰富知识支撑价值引领，把育德与育智结合起来，把立德与树人结合起来，不断提升大学生的思想水平、政治觉悟、道德品质和文化素养，促进大学生德智体美劳全面发展和健康成长；处理好"思政课程"与"课程思政"的关系，加强"思政课程"与"课程思政"的协同建设，坚持思政课对哲学社会科学的引领，推进思政课与哲学社会科学和自然科学课程协同育人，更好凝聚全员育人、全程育人、全方位育人的合力。实践证明，坚持以立德树人为根本任务，把课程建设与立德树人紧密结合起来，把知识传授与价值引领有机统一起来，把思政课程与课程思政高度协同起来，才能不断提高高校思政课立德树人的实效。

三、坚持理论与实践的紧密结合

坚持理论与实践相结合，是提升高校思政课建设质量和效果的根本要求，也是高校思政课建设的基本经验。新中国成立 70 多年来，高校思政课建设在坚持理论与实践结合方面，进行了积极而深入的探索，积累了重要经验。一是联系实际开展理论教育。思政课充分重视联系中国革命、建设和改革的实际，联系中华民族和中国人民站起来、富起来到强起来的历史成就，联系不同年代青年学生的生活环境、成长经历、发展需要和思想实际，深入开展马克思主义理论教育、中国化马克思主义理论教育和大学生思想道德教育，引导大学生联系实际，深入学习马克思主义基本原理和中国化马克思主义理论创新成果，掌握马克思主义立场、观点和方法，加深对自然界和人类社会发展普遍规律、中国特色社会主义建设规律、人的全面发展规律的认识，使高校思政课更加贴近实际、贴近生活、贴近学生，真正入耳、入脑、入心。二是运用理论指导社会实践。引导学生深入社会实践，注重运用马克思主义的立场、观点、方法分析和解决社会实践中的现实问题，提高分析和解决现实问题的能力，指导和推动社会实践的发展，并通过社会实践来检验理论，加深青年学生对马克思主义理论特别是中国化马克思主义理论的理解，进一步丰富和发展马克思主义理论。三是深化社会实践教育。加强和深化高校思政课实践教育环节，采取多种方式，通过组织学生参加生产劳动实践、社会考察、对口支援、智力扶贫、挂职锻炼、志愿服务、科学实验、毕业实习等，引导学生深入开展社会实践活动，促使学生深入实践、深入社会、深入群众，更好地了解国情、体察生活、感悟现实，在实践中受教育、长才干、做贡献，在与社会实践、与人民群众相结合的过程中，更好更快地发展与成长。新中国成立 70 多年来高校思政课注重理论与实践相结合的历史表明，坚持理论与实践紧密结合，既能加深学生对马克思主义理论特别是中国化马克思主义理论的深刻理解，又能运用理论指导和推进社会实践，还能提高学生分析、解决实际问题的能力，促进学生走青年知识分子成长的正确道路，这是高校思政课建设的一条重要经验。

四、坚持教学与科研的相互促进

教学是思政课的基本途径，科研是思政课的重要支撑。教学与科研密不可分，坚持教学与科研的相互促进，是新中国成立70多年来高校思政课建设的重要经验。一方面，坚持以教学实践带动科学研究。高校思政课承担着传道、授业、解惑，帮助学生确立正确的世界观、人生观和价值观，扣好人生第一粒扣子，把好人生总开关的重任。为了回答学生在思想认知、政治认同、价值取向、人生发展等方面的问题，澄清学生的思想困惑，高校注重组织思政课教师开展科学研究，把教学的热点、难点、重点问题转化为科学研究的重要课题，把个人智慧和集体智慧结合起来，加强集体攻关，深入剖析问题的实质和根源，揭示事物发展的客观规律和趋势，形成了一批高质量的科研成果，增强了教师实事求是、独立思考、勇于创新的科研能力。另一方面，坚持以科学研究服务教学实践。高校思政课教师的科学研究始终围绕和服务高校思政课教学，不断总结新实践、新成就、新经验，创造新成果、新思想、新话语，及时将科研成果转化为教学成果，充实教材体系，更新教学内容，创新教学方式，提高释疑解惑、回应和解决学生思想认识问题的能力，进一步增强了思政课的吸引力、感染力和说服力，为青年学生坚持坚定正确的政治方向和价值取向提供了重要的学理支撑。新中国成立70多年来高校思政课建设的实践表明，正是由于坚持教学与科研的紧密结合，以教学带动科研、促进科研，以科研服务教学、提升教学，实现了教学与科研的相互转化和循环上升，有力推动和支撑了高校思政课的质量提升。

五、坚持主导与主体的有机统一

教师与学生的双向互动构成思政课教学活动的整个过程。高校思政课离不开教师的教育与引导，也离不开学生主体作用的发挥。坚持主导与主体的有机统一，是新中国成立70多年来高校思政课建设的又一重要经验。一方面，高校思政课充分发挥教师的主导作用。新中国成立70多年来，党中央、国务院和各级领导高度重视高校思政课教师队伍建设，加强对高校思政课教师队伍建设的领导和指导，关心、爱护高校思政课教师，高校思政课教师队伍不断充实壮大，内生动力得到有效激发，主导作用得到了更好的发挥。高校思政课教师主动加强对学生的教育引导，发挥思政课的主渠道教育作用，把好学生全面成长成才的方向，加强对思政课教学的整体设计、教学组织的构建和氛围营造，改革教学内容和方法，激发学生学习、钻研马克思主义理论的内在动力，引导学生树立正确的理想信念，弘扬社会主义核心价值观，厚植爱国主义情怀，掌握科学的思维方法，形成正确的世界观、人生观和价值观，奠定了学生全面成长和发展的坚实思想基础。另一方面，高校思政课重视发挥学生的主体作用。教师是高校思政课教学的主体和主导，学生是高校思政课教学的主体，高校思政课教学最终是为了"教学生学"，让学生深入学习、掌握马克思主义基本原理、中国化马克思主义理论和思想道德理论，做到内化于心、外化于行、同化于群。在这方面，高校思政课教师进行了长期的探索和努力，坚持以学生为导向，推进教育与自我教育的紧密结合，实现主导与主体的有机统一，不断激发学生的积极性、主动性、创造性，引导他们自觉参与思政课教学全过程，加强双向互动，积极主动学习、研究、思考和提出问题，在双向互动中澄清思想困惑，在国际比较中认清发展大势，在自我教育中提升思想觉悟，在社会实践中深化思想认识，把高校思政课科学的内容转化为青年学生正确的思想认知、政治认同、价值取向、道德品行，培养造就了一批批合格的社会主义建设者与接班人。新中国成立70多年来高校思政课建设的实践表明，教师主导作用与学生主体作用的有机结合，是教育与自我教育相结合、内因与外因相结合的过程，是双向互动、教学相长的过程，激发了教育活力，增强了教育合力，进一步活跃了思政课教学，有力提升了思政课教学的实效性。

六、坚持内容与形式的高度契合

高校思政课教学实效的提升，离不开高校思政课教学内容创新，也离不开高校思政课教学形式创新。坚持内容与形式的高度契合，是新中国成立70多年来高校思政课建设发展的又一重要经验。一方面，内容决定形式。高校思政课建设坚持内容为王，坚持把马克思主义理论体系转化成课程体系，把课程体系转化为教材体系，把教材体系转化为教学体系，构建了以马克思主义基本原理为基础、以中国化马克思主义理论为核心、以人的全面发展理论为重点的思政课的内容体系，并且坚持把马克思主义基本原理、中国化马克思主义理论和人的全面发展理论与中国革命、建设和改革的具体实践以及人才培养实践紧密结合起来，推进马克思主义中国化、时代化、大众化，坚持用习近平新时代中国特色社会主义思想铸魂育人，不断总结新经验，研究新情况，解决新问题，充实新内容，使高校思政课教学内容与时俱进、常教常新、常学常新。另一方面，形式服务内容。高校思政课坚持丰富更新教学内容的同时，不断适应时代进步和现代社会信息技术的发展，创新教学形式，充分利用网络时代的多媒体开展教学，创造了远程教学、翻转课堂、微课堂等多种形式，并且把课堂教学与网络教学结合起来、网上教学与网下指导结合起来、校内教学和校外实践结合起来、知识考核与素质评价结合起来，形成了新媒体、全方位、立体化、多层次的高校思政课教学创新体系，生动而深刻地阐释了高校思政课教学内容，提高了思政课教学的吸引力、感染力和说服力。新中国成立70多年来高校思政课建设的实践表明，坚持教学内容与形式的高度契合，以内容创新推动形式创新，以形式创新服务内容创新，有力地促进了马克思主义大众化传播和学生个性化需求的满足，更好地实现了高校思政课铸魂育人、立德树人的根本任务。

第三节 问题分析

中共中央办公厅、国务院办公厅印发的《关于深化新时代学校思想政治理论课改革创新的若干意见》中指出："思政课建设只能加强、不能削弱，必须切实增强办好思政课的信心，全面提高思政课质量和水平。"办好思政课、全面提高思政课质量和水平需要持续不断推动思政课改革创新，不断增强思政课的思想性、理论性、亲和力和针对性。党的十八大以来，以习近平同志为核心的党中央高度重视思政课建设，思政课教学改革实践取得显著成效。目前，教师参与思政课教学改革的积极性、主动性和创造性明显提高，思政课的思想性、理论性和亲和力显著提升，学生在思政课教学改革中的参与度、满意度和获得感持续增长。不过，思政课教学改革实践在取得显著成绩的同时，一定程度上仍然存在教学改革目的认知偏差、教学改革形式化凸显、教学改革载体运用错位、教学改革实效性有待提升等问题，亟须审慎对待、理性反思。

一、思政课教学改革目的认知偏差

习近平总书记指出："办好思想政治理论课关键在教师，关键在发挥教师的积极性、主动性、创造性。"[①]为了提升思政课教师参与教学改革的积极性、主动性和创造性，党和国家高度重视思政课教学改革创新，不仅加大了对思政课教学改革创新的政策资金支持力度，而且强化了教师教育教学业绩在教学评价、职称评定、绩效考核、津贴分配中的比重。然而，在通过教学评价、职称评定、绩效考核等手段提升思政课教师参与教育教学改革的主动性、积极性和创造性，不断激活课堂教学的同时，部分教师由于缺乏对教育教学改革目的的正确认知，对教学改革目的产生了认知偏差，影响了思政课教学改革创新的实效性。

一方面，部分教师在参与教学改革时只是被动地适应，缺乏对教学改革目标一致性高度认同基础上的积极主动性。由于当前在教学评价、职称评定和绩效考核中增加了教学改革的权重，部分教师为了能够获得更多的个人经济利益而被迫从众参与教学改革，缺乏对教学改革目标的正确认知。教师作为有个人利益需要的理性教学活动主导者，如果其积极参与教学改革能够获得更多的项目资金支持和更好的教学评价，必然会强化其参与教学改革的内在动力。但是，教师参与教学改革不能仅仅拘泥于个人利益得失，更要有情怀和担当，有更为崇高而纯粹的参与目的。正如习近平总书记指出的，"思想政治理论课是落实立德树人根本任务的关键课程。青少年阶段是人生的'拔节孕穗期'，最需要精心引导和栽培"。思政课教学改革只有超越个人的利益追求、围绕立德树人的价值目标、服务于学生的成长和发展，才能真正地提升思政课教学的实效性、提升学生

---

① 习近平主持召开学校思想政治理论课教师座谈会 强调用新时代中国特色社会主义思想铸魂育人 贯彻党的教育方针落实立德树人根本任务 [N]．人民日报，2019-03-19（1）.

的获得感。

另一方面，部分教师在思政课教学改革创新的过程中，仅仅把教学改革的目标局限于课堂教学是否活跃、学生的积极性是否提高、学生的评价是否满意等外在的形式化目标，认为气氛活跃、学生参与度高并且喜欢的课堂就是好课堂，体现出他们对教学改革目标的认知偏差。固然，这些目标的实现能够给教师带来高度的自我认同感和获得感、提升教师参与教学改革的积极性，但是教师参与教学改革创新的目标如果仅局限于打造形式多元、互动性强、学生参与度高并且喜欢的课堂，就容易陷入教学改革的形式化陷阱，难以凸显思政课教学应有的政治性、思想性和理论性价值，不利于思政课教学实效性的提升。

二、思政课教学改革形式化凸显

长期以来，我国高校思政课教学中存在的学生到课率、抬头率和点头率均处于相对较低水平的窘况，严重影响了思政课教学实效性的提升。为了提升学生的学习热情、激发学生学习的积极主动性，各高校在思政课教学改革实践活动中采取了形式多样的教学方法和较为先进的教学技术手段，在很大程度上提升了思政课的教学效果。但是，任何形式的教学方法创新改革和教学技术手段的运用都必须能够更好地呈现教学内容，服务于内在的教学目标，实现教学形式、教学内容和教学目标的一致性。比如，微课、慕课、翻转课堂等现代教学方法和技术手段在思政课中的恰当运用，能够使课堂教学更加鲜活生动，更具时代感，从而增强思政课的亲和力和针对性；但是，教学方法的改变和教学技术手段的运用只是一个载体，是为了能够更好地呈现教学内容、传递思政课价值理念、凸显思政课教学价值目标，而不能取代思政课的内容教学。如果在思政课教学改革实践中仅仅关注教学形式的改变、教学手段的创新，而脱离教学大纲、偏离教学目标、忽视教学重难点或者弱化教学内容，则必然会陷入追求形式主义的教学改革陷阱与误区，不利于思政课教学应有价值目标的实现，不利于学生获得感的提升。部分教师在教学改革实践中为了提升学生参与教学的积极性而过分迎合学生，导致课堂教学娱乐化、形式化和庸俗化。虽然教学改革表面上形式新颖多样、方法多元、互动充分、参与积极，但由于缺乏应有的理论深度和学理阐释，难以触及学生的灵魂深处，难以凸显思政课应有的政治性、理论性和学理性的统一，不利于思政课教学实效性的提升。

三、思政课教学改革载体运用错位

在党和国家高度重视思政课教学改革的背景下，教育主管部门和高校在政策和资金上为以教学研究项目、教学比赛等为主要载体的思政课教学改革创新提供了大力支持，这在一定程度上提升了思政课教师参与教学改革的积极性、主动性和创造性，对提升教学质量具有显著效果，但仍需谨防教学改革创新载体运用错位可能带来的潜在不良后果。思政课教学改革创新实践活动的目的是提升课堂教学的水平和质量，不断满足学生健康成长的需要，最终仍要回归落实到常态化的日常课堂教学。虽然教学研究项目、教学比赛等教学改革实践活动载体是推动教师重视思政课教学改革的重要手段，但是仍然不能取代常态化的课堂教学载体；而且，名目繁多的项目化教学改革举措容易把教师的工作重点从日常课堂教学转移到教学研究项目的申报、在线开放课程建设、教学比赛等非课堂的教学工作之中，从而导致教学改革成果的课堂化运用难以完全落实。

四、思政课教学改革实效性有待提升

学生作为思政课教学改革实践活动的直接受益主体，对当下的思政课教学改革实践整体上给予了较高评价。据调查，80.5%的大学生对思政课教学总体状况表示满意，其中，表示"非常满意"的占36.1%，表示"比较满意"的占44.4%。[①]但按照把思政课真正建设成为"学生真心喜爱、终身受益、毕生难忘的金课"的要求，当前思政课教学改革实践的实效性仍然有进一步提升的空间。一方面，思政课教学改革过程中的目的认知偏差、内容弱化、载体错位等必然会影响教学的实效性。部分教师把主要的精力集中在申报各种形式的教学研究项目、一流课程、在线课程、教学成果奖励以及参与各种形式的教学比赛等能够凸显个人教学业绩的教学行为上，却缺乏对教学对象的真切关怀。部分教师在教学改革实践中缺乏对教学改革目的的正确认知，对于为什么要进行教学改革、如何进行教学改革以及如何与教学改革相适应等前提性问题认知不清，片面地追求各种新颖的教学方法的运用带给课堂的改变，没有深层次地去思考这些方法的运用是否有效地实现了教学目标。[②]部分教师通过各种教学模式和方法的改革不断强化教学过程中的师生、生生互动，看似热闹，却缺乏营养，严重挤压理论教学时间，使得教师没有足够的时间进行常态化的课堂教学并进行有效的学理阐释、思想启发和价值引领，这必然会影响日常课堂教学效果。另一方面，教学效果的提升不仅仅取决于教师的努力程度、教学的创新程度，还需要教学对象的积极配合。即使是基于先进教学理念的教学方法、教学模式，其教学效果也并不完全取决于教学模式本身和教师的主观努力，还取决于能否激发学生学习的积极性、主动性和创造性以及能否促使其自主性学习。比如，慕课、微课、翻转课堂等较为成熟的教学模式在实践过程中都有其独特的价值优势，能够打破传统教学的时空限制，不过此类教学模式效果的实现都需要学生积极主动配合，在课外时间完成教师布置的学习任务。然而，当学生在课堂内缺乏充足学习动力的情况下，其是否会主动在课外时间学习是一个值得进一步探讨的问题。尤其对于部分基础较差、缺乏自主学习动力的学生来说，他们并不习惯于课下准备教师提前布置的学习任务。当各种

[①] 佘双好，王珺颖. 新时代思想政治理论课建设的新举措与新变化［J］. 思想理论教育，2020（5）：12–17.

[②] 吴潜涛. 提升"思想道德修养与法律基础"课教学质量的几点思考［J］. 思想理论教育导刊，2017（9）：30–33.

考核评价机制并不能对大多数学生产生实质性影响时，学生就可能会以一种应付的心态完成老师布置的任务。而且当所有课程都采取翻转课堂等新型教学模式时，必然会增加学生在课堂教学以外的学习负担，学生将会面临准备不足、疲于应付的困境，学习兴趣难以在课堂教学过程中被真正激发，无法进行充分有效的对话、讨论和交流；一旦激情散去，课堂教学可能会比较沉闷，学生难以真正成为课堂教学的重要主体，无法实现预期的教学目标。如果教师不能把握好合适的度，过多占用学生课余时间，增加学生课前、课后的学习负担，就有可能导致部分学生产生学习疲劳，反而会挫伤其学习积极性，从而影响教学改革的实效性。

第四节　改进方向

新中国成立 70 多年来，高校思政课建设取得了很大成就，形成了丰富的历史经验，为高校思政课守正创新夯实了根基。进入新时代，肩负培育担当民族复兴大任时代新人的高校思政课，面临建设的新情况、实践的新要求、学生的新期待，需要立足时代前沿，回应发展期待，把握高校思政课发展大势，不断推进新时代高校思政课的改革创新。

一、加强针对性

新时代高校思政课的改革创新，要始终坚持以学生为导向，围绕学生，关爱学生，服务学生，从学生的思想实际和成长需要出发，加强针对性，有的放矢地推进供给侧改革，全面提高创新创造的供给能力，更好地满足学生思想道德素质提升和全面发展的需要。

一是注重学生成长的代际性。每个年代的大学生，生活的环境、成长的特点、自身的需要不同，接受马克思主义理论教育的规律也不相同，呈现出明显的代际差异。进入新时代以来，高校学生群体的主力军是"90后""00后"，这一代青年成长于改革开放和社会主义市场经济深入发展的阶段，成长于国家富强、民族振兴、国民经济快速发展时期，生活环境和物质条件较之前有了很大改善，既享受着相对丰富的物质生活和精神生活，也面临着巨大的就业压力和竞争压力。同时，这一代青年也是网络环境下成长起来的一代，无人不网，无时不网，无处不网，是"网络原住民"。网络深刻影响和改变了青年学生的学习方式、思想方式、生活方式和行为方式，网络上各种社会思潮和思想观点也渗透到青年学生之中，影响青年学生的思想观念和价值取向。他们强调个性发展、喜欢接受挑战、热衷突破自我，是注重追求自我价值的一代；他们善于独立思考，积极表达观点，注重人生选择与成长发展，能够意识到自己的社会角色，希望能产生影响力，是务实的一代。因此，面对这一代青年学生的特点，高校思政课要有针对性地进行改革创新，把大众化传播和分众性引导结合起来，把满足学生的个性化发展和共同性成长需要结合起来，选择符合当代学生特点的教学内容与教学方式，更好地满足学生成长成才的需要。

二是注重学生学科的差异性。不同学科、专业的学生，因学科的性质、特点不同，知识结构不同，学习研究方法不同，马克思主义理论功底不同，对马克思主义理论同本学科专业结合的理解不同，因而学习马克思主义理论的需要、特点和接受规律都不相同。高校思政课教学除了要从整体上把握学生的一般特点外，还要依据不同学科、不同专业、具有不同知识结构学生的具体特点，进一步强化教学针对性，紧密结合学生的学科专业开展马克思主义理论教育，把学习马克思主义理论与学习学科专业知识紧密结合起来，因地制宜，因材施教，不断提高思政课的吸引力、亲和力和引导力。

三是注重学生发展的层次性。高校思政课教学对象，有专科生、本科生、硕士生和博士生，具有不同的层次。不同层次的学生，发展起点不同、理论基础不同、学习能力不同、研究兴趣不同、思维方式不同、成长心态不同，具有不同的特点和明显的差异。[①]高校思政课的改革创新，也要根据教学对象的层次性，体现教学目标、内容和要求的层次性，更好地满足学生不同层次的需要。

二、增强时代性

进入新时代，中国特色社会主义理论与实践获得创造性发展，国内外形势发生了重大变化，互联网特别是移动互联网获得了迅速的发展，这些都日益深刻影响着社会生活和青年学生的思想行为。面对时代发展的新形势、新问题、新挑战，高校思政课要深化改革创新，增强时代性，着力推进马克思主义时代化，回答和解决时代发展提出的新课题。

一是要充实新思想。党的十八大以来，以习近平同志为核心的党中央团结带领全党、全国人民奋力推进中国特色社会主义建设事业，我国经济、政治、文化、社会、生态文明建设等多个领域取得了全方位、开创性成就，总结实践经验，集中全党、全国人民智慧，形成了马克思主义中国化的最新成果——习近平新时代中国特色社会主义思想。新时代高校思政课改革创新，要充分吸收这一最新成果，不断推进习近平新时代中国特色社会主义思想进教材、进课堂、进头脑，与时俱进，坚持用习近平新时代中国特色社会主义思想铸魂育人，把青年学生培养成为拥护党的领导和我国社会主义制度，立志为中国特色社会主义事业奋斗终生的有用人才。

二是要拓展国际性。随着改革开放和社会主义现代化建设的发展，中国综合国力迅速提升，中国日益走近世界舞台的中央。美国把中国视为战略竞争对手，为了维护一超独霸的地位，改变对华战略，挑起中美贸易摩擦，加大了对中国全面打压、遏制的力度，并利用现代互联网技术的优势，加强西方价值观念和意识形态的渗透，也给青年学生带来了新的思想疑虑和困惑。新时代高校思政课必须重视这一问题，以更加开阔的国际视野，引导大学生科学分析和判断当前国际形势，正确认识中国和世界发展大势，加强国

---

① 陈金龙. 提高教学实效须坚持"内容为王"［N］. 人民日报，2019-01-25（9）.

际比较，认识中国发展道路的特色、优势和成就，深化和强化中国发展道路的认同和自信，"不畏浮云遮望眼""咬定青山不放松"，坚定走中国特色社会主义道路的政治信念，厚植爱国主义情怀，把爱国情、强国志、报国行融入建设社会主义现代化强国、实现中华民族伟大复兴的奋斗之中。

三是要运用新载体。信息时代互联网特别是移动互联网技术的迅猛发展，推动了新媒体、多媒体、融媒体、全媒体、自媒体及其新兴衍生媒体的产生，全时空、无障碍渗透到青年学生的学习生活之中，深刻改变了青年学生获取信息、学习知识、沟通思想、交流情感、开展交往的方式，对青年学生成长发展的影响越来越大。新时代高校思政课的改革创新，要适应这一新情况，充分利用新的网络载体，不断创新教学载体和教学方法，加强交互式、立体性、可视化教学，将深刻的理论教学内容以更加生动活泼的方式呈现出来，增强思政课的魅力，拉近思政课与学生的距离，不断提升教学的吸引力和感染力。

三、提升科学性

新时代高校思政课的改革创新，要深入探索和自觉遵循课程建设的客观规律，循序渐进地开展教学，避免教学的纵向脱节和横向重复，推进整体优化，不断提升新时代高校思政课建设的科学性。

一是加强衔接性。人的认知能力的发展具有规律性，不同年龄、不同学段、不同层次的学生，其认知能力的发展也不同。年龄越小、学段越低、层次越低，学生的认知能力就越低。年龄越大、学段越高、层次越高，学生的认知能力也就不断发展和提高。从小学到中学再到大学，学生的认知能力不断发展。高校思政课教学要遵循学生认知能力、理解能力和接受能力不断增强的规律，循序渐进地开展教学，逐步加深教学的深度和难度。小学讲故事，中学讲知识，大学讲理论；小学阶段重在启蒙道德情感，初中阶段重在打牢思想基础，高中阶段重在提升政治素养，大学阶段重在增强使命担当；由感性上升到理性，由初级发展到高级，逐步提升学生思想政治素质和综合素质。要加强和推进大中小学思政课教学一体化，加强大学与中学思政课衔接，防止和克服大学与中学思政课脱节的现象，形成紧密结合、循序渐进、螺旋上升的纵向发展机制。

二是避免重复性。高校思政课建设要加强各门课程之间的相互协调，加强本科生、硕士生和博士生思政课程的协调，防止交叉重复。高校思政课每一门课程都有设置的科学依据，都有自己的课程定位，都有需要通过这门课程解决的问题，并且具有这门课程需要培养和赋予学生的思想政治素质核心素养。硕士生、博士生的思政课体现了硕士、博士思想政治理论素质培养的特殊定位和更高要求。[①] 因此，要加强高校思政课建设的顶层设计和相互协调，在课程设置、教材编写、教师培训、集体备课等方面都要加强沟通，密切合作，协同创新，整体优化，形成合力，更好地发挥思政课不同课程的协同育人作用。

---

① 王双群，曾丽华. 思想政治理论课"MOOC+SPOC+翻转课堂"混合式教学模式探索［J］. 思想理论教育，2019（6）：68-73.

　　三是体现规律性。新时代高校思政课建设和改革，要体现规律性、提升科学性。注重探索和遵循高校思想政治教育理论体系转化为课程体系的客观规律，不断提升思政课程整体设计的科学性，构建合理的知识结构体系；注重探索和遵循高校思政课程体系转化为教学体系的客观规律，不断优化教师、学生、教材、教法、教学环境等要素构成的教学体系，提高思政课教师整体的教育教学能力和水平；注重探索和遵循高校思政课教学体系转化为大学生综合素质体系的客观规律，将教师的主导性和学生的主体性有机结合，相互转化，引导学生自觉学习、钻研、掌握和运用马克思主义的立场、观点和方法，提高认识和解决现实问题的能力，并把改造主观世界和改造客观世界结合起来，将学习掌握的马克思主义科学理论知识，内化为自身的思想道德素质，外化为良好的行为习惯，坚持德才兼备、知行统一、内外兼修，更好地促进学生的全面发展和健康成长。

第二章　思政课教学改革导向

第一节　政治导向

一、高校思想政治教育的政治导向功能

高等院校大学生兼顾理论与实践的双重任务，加强大学生的理想信念教育，发挥思政课程的政治导向功能尤为重要。随着价值观的多元化和互联网的普及，高校思想政治教育面临着方式方法的创新。思想政治教育是当代大学生意识形态教育的主阵地，对大学生的个体发展具有重要的指导作用。思政理论课程对于学生来说是知识的传授、信念的确立和行动的先导。大学生处在人生的关键阶段，他们的世界观、人生观、价值观也处于发展成熟期，理想信念教育是其思想政治教育的核心。现在的思政课教育仍然存在一定程度上的形式化和理想化、教条化的问题，没有完全从学生的实际出发，教育的内容虽然遵循了课本知识，却忽略了学生的主观能动性，最终让学生产生厌学情绪，甚至错误地认为理论教育课程就是死记硬背，没有灵活变通的学习方式。这样一来，思想政治教育内容的信服力和影响力被弱化，在实际教学中存在单调冗长、内容枯燥的现象。当前，在"互联网＋"和多元价值观的影响下，学生接受知识的方式和理念正在转变，互联网使传统的、单向的授课方式受到冲击，灌输式的教育模式逐渐被多元的授课方式所取代。互联网的应用改变了以往的单一传授方式。互联网本身最大的优势来源于网络的交互性和知识的覆盖性，学生既可以通过网络学习多种多样的知识内容，也可以充分发表自身的观点。现阶段高校的大学生，随着网络的大门被打开，一些西方的价值观念、生活方式传播到学生当中。面对纷繁复杂的网络世界，大学生往往真伪难辨，经常会被网络所"利用"。所以加强政治导向、理想信念教育尤为重要，这关乎个人发展、民族振兴、国家富强。所以，要加强思想政治教育的信服力和影响力，也就是加强思想课教学教育的政治导向功能。

二、高校思想政治教育的思想构建功能

习近平总书记在庆祝五四运动 100 周年讲话中强调：新时代中国青年要树立远大理想。青年的理想信念关乎国家未来。青年理想远大、信念坚定，是一个国家、一个民族

无坚不摧的前进动力。青年志存高远，就能激发奋进潜力，青春岁月就不会像无舵之舟漂泊不定。正所谓"立志而圣则圣矣，立志而贤则贤矣"。目前，少数大学生理想信念淡薄，特别是当面对学习、升学、就业、人际交往等一系列实际问题时，往往会感到困惑，内心无所适从，找不到方向，无心于学业，没有明确的人生理想和目标，使得学业和正常的人际交往都会受到影响。所以高校在思想构建方面就需要多管齐下，加强理论知识的教育的同时，充分发挥思想政治教育的德育性，从小的方面抓起，课堂内和课堂外相结合，以此达到思想构建的目的。高职院校学生注重专业知识学习，忽视公共基础课程，也就是间接忽视德育教育，高职学生重技轻德的现象很普遍，部分学生认为拥有一技之长便足够了，这是高职教育的一个误区，教育培养学生应该以德为先，德行是检验思想政治教育成效的重要内容，更是衡量一个人成人成才的重要标准，充分发挥思想政治教育功能是生成和传递社会精神财富的有力工具，也是加强大学生理想信念的重要载体。

三、高校思想政治教育的道德内化功能

高校思想政治教育是内化于心、外化于行，使学生将外在的道德要求内化为坚固的品质，进而经过知、情、信、义、行的转化，生成相应的道德行为并运用到生活实践中。这就要求我们在教育中发挥教师的言传身教作用。尽管随着网络的应用，教师对学生的影响力在下降，但不能忽视其主要的引领的作用。这就要求在教育中要"以人为本"，始终坚持以学生为本的教育理念。提高大学生的主动性和创造性，是思想政治教育的前提和基础。首先，要明确我们的目标。实现中华民族的伟大复兴，我们比历史上任何时刻都要接近这个目标，而最终就要依靠青年一代实现伟大复兴的中国梦。其次，明确我们仍然处于社会主义初级阶段，要认识到我们的差距与不足。最后，明确我们所处的中国特色社会主义是社会主义，不是别的什么主义，中华民族的伟大复兴也是中华民族近代以来最伟大的梦想、东方文明的复兴。

四、高校思想政治教育的实施策略

（一）加强理想信念教育

作为大学生中的一个部分，高职院校学生有着与大学生普遍存在的共性，也有其特性。高职院校学生往往存在基础知识薄弱、自我约束能力差、理想信念缺失等问题，个别学生进入学校就等于自我放弃，个别的学生认为学好技术远比道德素养重要。职业院校在理想信念教育方面存在很多问题。如何破解这些问题，首先要以树立学生正确的价值理念为主，让学生确立"五个认同""四个自信"，明确自己的人生目标和理想信念，学会明辨是非，尤其是认清在学会技术的同时更要提升道德修养的道理。

（二）创新课堂教学方式方法

加强教育的理论创新意识。马克思主义学院青年教师占多数，青年人想法新奇、追求独特，这就为创新提供了不竭源泉，要把理论教育、实践教学、新媒体三者合一，让思政课堂活起来，让枯燥死板的内容生动形象。思政课程也要与时俱进，也要融入全心全意为人民服务和工匠精神、职业道德等内容，提高大学生的道德观念意识，不断适应变化的社会。

转变教学方法手段。习近平总书记在全国高校思政课程教师座谈会上对教师提出了全新的要求，讲好思政课要做到"八个相统一"。传统的教授方式过于单一，直观式的理论讲解，学生接受较慢，并且对课程失去了兴趣，缺乏新颖性，教学设计没有创意，达不到实际的教育效果，同时也忽略了"以学生为导向"的教育理念①。通过方式方法的转变，融入信息化的教学手段，并且把教师的"讲授"转为学生的"思考"，使学生充分参与到课堂中，提高学生的学习兴趣。

加强实践教学。思政课程与其他专业课程相比，实践教学占比低，且学生无法将理论与实践相结合，抽象的内容无法真正理解。这就要求学生在学习过程中，不仅以理论学习为主，辅以不可或缺的实践过程，充分利用假期深入企业、社区，不放过任何锻炼的机会，带着问题去学习，在实践中寻找答案。例如，职业道德这个内容在课堂中仅是一个具象的理论概念，而学生在假期实习等过程中就能深刻体会到职业道德的重要性，就会转化为提高自身素质的动力。同时，也要将实践课程规范化、长期化。学生处在价值观的形成过程，只有将实践教学固态化、经常化，才能确保正确价值观的形成，提升学生独立解决问题的能力。

从课堂抓起。转变学生只对专业课感兴趣、花工夫、下力气的现象，突出思想政治教育课程在学生全部课程中的核心位置。思想政治教育课程是贯穿学生学习生涯全过程的课程，思想政治教育课程与专业课程是同等重要的。从加强思想建设方面考量，高等院校的思政课程要与专业教学相结合、与学生的职业规划相结合，最终才能发挥思政课程的目标导向作用。

（三）思想政治工作的实效性

通过思政理论课教师、辅导员、专业课教师、企业负责人多方配合，从课堂内延展到课堂外，从校内到社会，思想政治教育不是一蹴而就，也不是单方面的，既不是高深莫测，也不是传统理论式的灌输，而是接地气、生动的，从一件件小事着手去教育，需要水滴石穿的功夫。

做到理论与实践的知行合一。与课程理论相结合的实践教学，组织案例分析会、课外阅读活动、网上教学活动、小组讨论会、情景剧教学等增加学生学习的趣味性和思想政治理论课的感召力。与社会实践相结合的实践教学。主要以专业实习、生产实习相结合，专业实习结束后，由专业指导教师汇总综合性实践报告，按思想政治理论课实践教学考核标准的要求组织评阅。作为新时代的青年学生，弘扬工匠精神，体现中华民族艰苦朴素、吃苦耐劳的优良作风是思想政治教育的重要内容。学生的专业能力固然重要，

---

① 国家中长期教育改革和发展规划纲要（2010—2020年）［N］.人民日报，2010-07-30（14）.

但道德教育不容忽视。通史与专业相辅相成。将中国传统文化、法律知识、就业指导等内容融入学生的文化课程，将价值导向与知识传授相融合，明确课程思政教学目标。在知识传授、能力培养中，弘扬社会主义核心价值观，传播爱党、爱国等积极向上的正能量，培养学生的科学精神、工匠精神。将思想价值引领贯穿课程方案、课程标准、教学计划、备课授课、教学评价等教育教学全过程，将专业知识与思政元素深度融合，传统与网络双向交流。从单一的课堂教学模式转变为复合型的课堂教学模式。通过现代化的教学模式，如翻转课堂、微视频、微信公众号等方式，引导正确的网络导向，将思政教育与学生的生活、学习密切联系，利用大数据的优势，让学生从读、写、做、讲四个方面进行立体式的学习。思政平台资源库的建设将丰富教师的教学体验和学生的学习体会，更多地利用"互联网＋"线上线下的互动模式，进一步提高教学质量，拓宽教师教学能力，改变以往教师单一的复述型的课堂模式，进一步激发学生的学习主动性。

第二节　问题导向

思政理论课是思政教学的重要载体，当前思政理论课教学存在教学方法单一、教学内容相对陈旧的问题，阻碍思政理论课教学质量的提高。以问题为导向开展思政理论课教学，有利于优化思政理论课的教学模式，提高思政理论课的教学效率，为学生思想政治教育质量的提高注入动力。新时代背景下，学校重视思政理论课的开展，将问题理念、问题思维融入其中，培育学生的思政思维意识、问题解决能力，促进学生的全面发展，从而彰显思政理论课教学的有效性。

一、坚持问题导向对思政课实践教学具有重要价值

问题导向是一种以问题为中心的思维方式，指在教学过程中充分发挥"提出问题、分析问题、解决问题"的教学策略的作用，引导学生勤于思考、善于主动思考，提高学生的学习参与性与自主性，促使学生主动吸收知识、接受价值、拓展思维，从而有效帮助学生将理论与实际联系起来，提升问题解决能力，提高教学质量和效果[1]。近年来，高校思政课实践教学处于不断探索和发展的过程中，在这一过程中坚持问题导向能够适应当前社会发展的时代要求，有效改善教学的针对性和实效性从而更好地实现教学目标。这样做，对于激发学生学习兴趣，启发学生思考，促进学生全面发展有着重要的应用价值。

（一）问题导向适应当前社会发展的时代要求

习近平同志2006年11月24日在"之江新语"专栏发表短评《问题就是时代的口号》，

---

① 马永双.学生问题意识研究的困境与出路［J］.四川教育学院学报，2010（1）：45.

指出："每个时代总有属于它自己的问题，只要科学地认识、准确地把握、正确地解决这些问题，就能够把我们的社会不断推向前进。"当前世界政治经济形势并不乐观，局部地区依然动荡不安，各地思想文化交流随着互联网的快速发展更加频繁深入，摩擦越来越严重，恐怖主义和贸易保护主义更是有抬头趋势；从我国现实情况来看，虽然从总体上来说我国经济、政治、文化在平稳中运行，但是随着改革开放越来越深入，已经走到了需要下大力气"啃硬骨头"的时期，并且随着社会主要矛盾的转变，社会利益关系调整日趋复杂，竞争日益激烈，甚至到了白热化阶段，摆在人民面前的困难和压力也越来越大。国际国内环境的变化对高校思政课实践教学培育新时代人才提出了新的要求，当前如何坚持问题导向、用问题思维引领大学生成长成才，增强大学生的思想政治素养以及分析解决问题的能力，是高校思政课实践教学改革创新的时代机遇与挑战。

坚持问题导向是高校思政课教学改革的着力点，是当前促进教育现代化的一个关键举措。思想是行动的先导，马克思主义理论体系从建立之初就坚持问题意识，马克思主义的发展史，就是一部不停提出问题、分析问题、解决问题的历史。马克思主义坚持将问题导向作为自己的固有品质，也是其不断与时俱进、充满生机与活力的内在逻辑和基本动力。作为我国思政课教学的根本指导思想，马克思主义也是我们进行思政课实践教学改革和创新所必须坚持和贯彻的指导思想和基本原则。现阶段，思政课实践教学只有尊重社会现实发展情况、坚持具体问题具体分析，才能真正迎合时代发展新需求。

（二）问题导向契合思政课实践教学目标要求

思政课实践教学和思政课理论教学是高校思政课教学的有机组成部分，它们虽然在许多方面有着较大差异，但是思政课实践教学、思政课理论教学与思政课教学在教学目标上是完全一致的，即通过对大学生进行全面系统地马克思主义教育，帮助大学生树立正确的世界观、人生观和价值观，为中国特色社会主义事业培育合格的建设者和接班人。在思政课教学过程中，教师除了要帮助大学生坚定"以人民为中心"的政治立场，还要在实践教学过程中加强引导，锻炼大学生的综合能力素质。现如今，互联网技术越来越发达，在人手一部手机就可足不出户掌握世界各地信息和时事新闻的互联网时代，大学生由于"三观"尚未健全，在面对铺天盖地的复杂信息以及错综复杂的现实社会问题时，很容易迷失方向、迷失自我，在面临选择时摇摆不定，容易误入歧途。坚持问题导向是创造思政课实践教学良好效果的强大武器。在思政课实践教学过程中，教师需要把重点放在对大学生关注的焦点问题的解答和引导他们思考上。如果脱离了对现实问题的解答，常常会陷入理论与现实相脱离的死循环上，从而疏远了课堂教学和现实社会的距离，在教学过程中理论一旦与现实相脱离，教学目标将难以实现。因此，在思政课实践教学中坚持问题导向，提升大学生面对现实问题的分析能力和解决能力，既是实现高校思政课实践教学目标的重要环节，也是今后高校思政课实践教学发展的重大方向。

（三）问题导向符合大学生身心发展要求

高校大学生具有高校思政课实践教学过程中教学主体与教学对象的双重身份，因此，开展思政课实践教学必须从大学生的思想矛盾和心理需求两个角度出发，抓住学生思想关键点，才能具备现实的实践基础。作为信息化时代下成长起来的当代大学生，他们的世界观、人生观、价值观以及对整个世界、对整个国家和社会的想法，在纷繁复杂的社会大潮之下呈现出复杂多样且多变的特点，因此他们在当前人生阶段容易产生许多思想疑惑和问题。当代大学生思维活跃、猎奇心强，对于过去以说教形式为主的思政课理论教学和具有形式主义意味盛行的思政课实践教学不感兴趣，甚至对思政课产生恐惧心理，一碰到思政课就无心学习，导致教学效率低下。为了吸引、激励并且引导大学生更好地参与到思政课实践教学中来，思政课教师必须要找准大学生在思政课学习中的痛点和关切点，尤其是理论和现实中的焦点问题，在思政课实践教学过程中坚持问题导向，从现实生活中的具体事例出发，通过问题设置调动大学生的参与兴趣，引导学生提出并且深入分析探究更多的问题，最终结合理论知识与现实实际自主解决问题，以这样一种问题导向的逻辑思维，让大学生们亲自参加讨论和分析，激发他们的好奇心与求知欲，帮助他挖掘、探索并领会马克思主义理论的思想精髓和独特魅力[①]。只有这样，才能在潜移默化之中引导他们树立正确的价值观念，实现教师教书育人的职能。因此，思政课实践教学坚持问题导向不仅有利于提升思政课本身内容的亲和力和针对性，而且符合大学生的身心发展需要，有助于他们更好地认同并接受教材所传达的思想和精神，克服错误观念和思想，实现身心的健康发展。

二、问题导向的思政理论课教学模式的实施原则

（一）问题性原则

以问题为导向的思政理论课教学模式的实施，需要遵从问题性原则。问题性原则是指在实施问题导向的思政理论课教学模式的过程中，教育设计者应具有问题意识，将问题融入教学的方方面面，如思政理论课的教学目标、思政理论课的教学理念、思政理论课的教学方法等，以实现思政理论课教学模式的优化，促进思政理论课教学质量的提高。同时，在思政理论课教学模式实施中，以问题性为原则就是以问题为突破口，实现思政理论课教学模式的重组，将问题贯穿于教学的每一处，以问题启发学生思维，促进学生对问题的思考，做到"转知识为智慧"的教学模式，深化学生对思政理论课知识的理解。

（二）理论联系实际原则

在以问题为导向实施的思政理论课教学模式中，问题的设计应与实际衔接，与生活相关联。同时，教师在设计问题时应关注学生，即根据学生所思、所想设计问题，融入情感教育因素，使学生在问题探析中进一步解决生活问题。因此，在以问题为导向的思政理论课教学模式的实施中，教师应遵从理论联系实际的原则，以思政理论为基础，设

---

① 丁国浩. 问题意识导向下的高校思想政治理论课教学研究［D］. 上海：上海大学，2013.

计与学生生活密切关联的实际问题，调动学生探究、思考的积极性，进而促进学生对思政理论课知识信息的理解与掌握。

（三）探究性原则

在以问题为导向实施的思政理论课教学模式中，教师借助问题的设计来引领学生进行探究、实践，使学生在问题的思考、分析中获取源源不断的知识信息。苏霍姆林斯基指出："个体心理深处的需要，是渴望自身成为一个研究者、发现者、探索者。"而以问题为导向开展的思政理论课教学，符合这一思想理念，通过问题思考、探究，学生扮演研究者、发现者、探索者，从而增强学生的学习自信心，进而促进学生智育、德育有效性的提升。因此，在以问题为导向的思政理论课教学模式实施中，教师应遵从探究性原则，为学生构建一个探究性的教学活动，让学生进行知识探究，进而彰显思政理论课教学的有效性。

三、问题导向的思政理论课教学模式的实施策略

（一）以问题为导向转变思政理论课的教学观念

在思政理论课教学中，教学理念起着引领整个教学过程的作用，有助于实现思政理论课教学模式的优化。在以问题为导向实施的思政理论课教学模式中，教学观念的转变需要贴近思政理论课教学的实际情况，践行素质教育理念，实现观念的有效性转变。首先，实施以问题为导向的思政理论课教学模式，需要树立"传统"与"启发"相融合的教学观念。在思政理论课教学中，以问题为导向，不仅要延续传统的灌输式教学理念，更要推进传统灌输式教学理念与启发式教学理念的融合，树立先进的思政理论课教学理念，实现思政理论课教学模式的优化。例如，在讲解马克思主义基本原理时，首先，教师运用传统灌输式教学方法向学生传递马克思主义的信息内容，之后以问题为导向，启发学生思维，让学生深入思考马克思主义的内涵，促进学生对马克思主义的深入理解与掌握。其次，实施以问题为导向的思政理论课教学模式，需要树立"外引"和"内生"融合的思想理念。在思政理论课教学中，"外引"是外部的引导与灌输，以外界的知识信息内容推进与内部的信息内容相融合，拓宽思政理论课教学视野，达到"外引"与"内生"相结合的教育目标。再次，实施以问题为导向的思政理论课教学模式，需要树立"感性"与"理性"融合的思维理念。在思政理论课教学中，教师不仅需要重视学生感性的引领，更要培育学生的理性思维，以问题为导向，使学生在问题思考、分析中，实现自身理性与感性的融合，从而正确地看待事物的本质。例如，在思政理论课教学中，教师以情感为导向，传递思政理论课知识信息内容，在此过程中重视学生理性与感性教育，促进学生对知识的掌握与对问题的进一步解读。

（二）以问题为导向更新思政理论课的教学内容

在思政理论课教学中，以问题为导向，能够实现思政理论课教学内容的优化。首先，以问题为导向实施的思政理论课教学模式，立足课程教材内容，提炼聚焦性的教学问题，以此问题促进学生思考、探析，促进学生对课程知识的进一步理解。与此同时，通过提

炼聚焦性的问题，教师能够以问题拓展思政理论课教学内容，丰富学生思政理论知识体系，为学生实践能力的培育奠定基础。其次，以问题为导向实施的思政理论课教学模式，重视文化信息内容的渗透。以问题为导向，立足教材信息，结合学生的实际情况，挖掘具有教育意义的文化信息内容，通过问题的设计，引领学生探析文化，发挥思政理论课教学的人文性，促进学生文化意识的培育，实现中华民族优秀传统文化的弘扬与发展。例如，在思政理论课教学中，以问题为导向，引领学生探析社会主义核心价值观，并且结合文化的融入，促进学生对社会主义核心价值观内涵的理解，从而培育学生的核心素养。再次，以问题为导向实施的思政理论课教学模式，重视热点信息、新闻信息的融入。思政理论课的教学内容与社会发展密切关联，在思政理论课教学中，渗透时效性强的信息内容，包含社会热点信息，拓宽思政理论课教学内容的广度，实现思政理论课教学与生活的融合，以此为导向引领学生探析思政理论课的内容。

（三）以问题为导向创新思政理论课的教学方法

在思政理论课教学中，教学方法的革新是重点，而以问题为导向实施的思政理论课教学模式，能够实现思政理论课教学方法的创新。首先，以问题为导向实施的思政理论课教学模式，重视问题引导教学方法的运用。思政理论课的教学应立足学生的实际发展需要，根据学生兴趣设计问题，引导学生学习。这能吸引学生的注意力，使学生融入教学活动中，引领学生进行问题的思考与研究，培育学生的问题意识。其次，在以问题为导向实施的思政理论课教学模式中，教师重视问题启发式教学方法的运用。在思政理论课教学中，以问题为导向，融入小组合作学习模式，根据课程知识提出教学问题，启发学生思维，使学生通过问题思考，对思政理论课知识内容获得深入的理解与感悟。再次，以问题为导向实施的思政理论课教学模式，重视问题探究式教学方法的运用，进而提高思政理论课的教学质量。最后，在思政理论课教学中，教师可以通过情境创设，在多媒体教学工具的支撑下，创设探究性的问题情境，引领学生融入情境中，探析、解决实际问题，增强学生对思政理论课知识的运用能力，促进学生实践能力的培育。

第三节　学生导向

一、思想政治理论课"教学改革之基"——以学生为导向

（一）以学生为导向的历史审视

"以学生为导向"理念的提出要追溯到 19 世纪末到 20 世纪初期。在当时的教育教学中，无论是基础教育，还是高等教育都充斥着"以教师为中心"的教学模式，即统一的教材、大班的授课、教师主导等。此种教学模式在给教育体系带来效率的时候，却忽略了个体的"特性"，导致"千人一面""千篇一律"的教学形式。19 世纪末期，欧洲

进步主义教育运动对"以教师为中心"的教学模式进行了猛烈地抨击，认为此种教学模式压抑着学生的个性发展，忽视了学生的主观能动性等。美国教育学家杜威提出了"以儿童为中心"的教育理念，主张"教育即生长""教育即经验的不断改造""从做中学"等[①]，并发起了进步主义教育运动。这种教育观念与20世纪初期欧洲的存在主义哲学理念有着异曲同工之处。存在主义"以人为中心"，尊重个体的选择与自由，认为当前的同质化的教学模式导致了人的"异化"，要实现人的"去蔽"，则要采用个性化的教育模式。20世纪50年代，哈佛大学教授卡尔·罗杰斯首先提出了"以学生为导向"的观点，并发展出了人本主义思潮，使得"以学生为导向"的理论逐渐形成体系。另一方面，心理学的发展为"以学生为导向"的理论成熟奠定了坚实的基础。皮亚杰的认知发展理论将人的发展分为四个不同的阶段，每一个阶段其认知有着独特的发展特点。同时，他认为每个人由于生活经验、知识水平等不同，每个人在大脑中会形成各异的"认知图式"，在教学过程中教师将面对的是不同的"认知图式"[②]。最后，他提出了人的认知是内外部因素共同作用的结果，主要通过"同化 – 顺应 – 平衡"三种形式实现认知的发展。此后建构主义的发展、多元智能理论的出现、人本主义的成熟等促使"以学生为导向"教学改革理论逐渐趋于完善，推动着教育教学改革。

（二）"以学生为导向"理论的内涵

"以学生为导向"的教学改革理论，提出教育教学要"以学生发展为中心、以学生学习为中心、以学习效果为中心。"

第一，以学生发展为中心。首先，每个学生都是独特的个体，教育要尊重个体的差异性。"以学生为导向"的理论认为每个学生有着独特的生活经验、知识准备和个性特征。认知心理学认为每个个体在进入课堂学习时，学生大脑已形成了独特的认知图式。认知图式通过"同化""顺应"，这两种方式对所学的知识、经验进行处理。"同化"，即学生在学习中接收到的信息与已有的认知图式相融合，并整合进原有的认知当中，巩固与强化原有的认知图式。"顺应"，则是学生在学习中接收到与已有认知图式相矛盾的知识、经验，大脑通过顺应新的认知图式而适应外部环境，进而实现主体与环境之间的平衡。由此，在教学中教师面对的是多种多样的认知图式。这要求教师在教学中尊重每个学生的差异，进行个性化的教学。其次，在教育教学目的方面，"以学生为导向"的理论强调教育的目的是充分挖掘学生的潜能，实现人的全面、自由地发展。

第二，以学生学习为中心。首先，强调由"教"到"学"的范式转换。"以学生为导向"的理论认为教学的目的是促进学生的"学习"。没有学生的学习，课堂教学再精彩、内容再丰富，也是空洞的、毫无意义的。传统的"以教师为中心"教学模式，将教师的

---

① 薛继东."问题导向"的大学课堂教学［J］. 山西财经大学学报，2013，35（53）：76-78.

② 石军辉. 基于批判性思维培养的翻转课堂问题导向式学习模式研究［J］. 中国成人教育，2017（9）：102-104.

教学置于目的，忽视了学生的学习，导致教学目的本末倒置。"以学生为导向"的理论强调学生在学习中的主动性与建构性，认为学生要为自己的学习负责，教学的目的是让学生"学会学习""学会做人""学会做事""学会生存"。其次，教学中师生角色的转变。传统的"以教师为中心"的理论将教师置于知识的垄断者、课堂的主导者、知识的传授者等。然而，随着信息咨询的便捷性、学生自主学习能力的提高、多元化的学生需求等，传统的教师角色受到挑战与冲击，要求教师在课堂教学中角色的转变。"以学生为导向"坚持学生的主体地位，认为教师应向教学的设计者、学习的引导者、环境的营造者、合作的促进者等转变。

第三，以学习效果为中心。首先，强调关注学习效果。传统的"传授模式"以学校的教学投入、教师的教学效果、教学工作量为衡量标准，却忽略了学生的学习效果。然而，根据认知心理学的观点，知识并不是线性的、累计的，而是"观念网络的编织与互动"。由此，"教师的教"与"学生的学"的发生不是线性的关系，并不是有了教师的教学就一定会发生学生的学习。所以，"以学生为导向"的理论强调教学的考核标准应该是学习的效果。只有通过学习效果的衡量，才能判断教师教学的好坏。其次，注重教学反馈，实现由"结果性评价"向"过程性评价"的转变①。对学习效果的强调要求转变教学考核方式，即由传统的、统一的、静态化的"终结性考试"为评价标准，向创新的、多元化的、动态化的"过程性评价"转变。实现考核方式的变革要求教师要注重教学活动中的反馈，加强师生之间的互动，进而提高学生的学习效果。

"以学生为导向"的理论适用于我国高校本科生思想政治理论课的改革。从教育目的来看，该理论与马克思主义的"人的解放理论"有着异曲同工之处。马克思认为，人受到外部环境的制约、制度的奴役，导致人的"异化"。他将实现人的自由与解放作为终极追求目标，认为"每个人的自由发展是一切人的自由发展的条件"。继而，马克思提出要尊重人的个性化与主体性，正视人的需求的多样化。

二、思想政治理论课"教学改革之思"："理念""内容""方法""评价"四位一体创新模式

(一) 教学理念：由"教"到"学"的转型

理念是行动的先导，先进的教学理念指导教学的改革。"以学生为导向"的教学改革理论要求思想政治理论课转变教学理念，即由传统的"以教师为主导""以教材为主要内容""以教室为主要空间"的"传授模式"向"以学生为主体""以学生的成长为目

---

① 谭希培. 学生热点难点问题导向———深化思想政治理论课专题教学及其针对性的一条途径 [J]. 思想理论教育导刊, 2011 (1)：63-65.

的""以学习效果为衡量标准"的"学习模式"转变。教学目的是教育理念的具体体现。[①]
由此，思想政治理论课在教学目的要实现价值塑造与个体发展相结合。在具体教学目标
上，既要实现意识形态的灌输、价值观与世界观的塑造，又要实现本科生抽象思维能力、
批判能力、反思能力与问题解决能力等的提升。美国教育心理学家布鲁姆将教学的目的
分为了六个层次：记住、理解、应用、分析、评价和创造。其中，记住、理解是低阶学
习，应用、分析、评价和创造是高阶学习。我国高校本科生课程大多还集中在"记住""理
解"的低阶层面，而培养学生的问题解决能力、分析能力、创造能力等高阶的教学较少。
然而，作为高层次的专门人才，本科生在高中阶段积累了一定的基础理论知识，在本科
的学习过程中，一方面要注重知识的系统新与创新性，还要重视问题分析、解决的能力
的培养。因此，高校本科生思想政治理论课要实现价值性与知识性、知识传输与能力提
升的有机结合。在宏观的教育目的层面，高校本科生思想政治理论课应在国家要求与个
体发展之间实现平衡，既要为我国培养高层次、专业化、合格的社会主义建设者与接班
人，又要通过该课程的学习帮助学生个体的发展；既要帮助本科生树立正确的世界观、
价值观等，坚定中国特色社会主义理论的信仰，又要通过课程的学习促进学生专业知识
的学习，拓宽理论视野，提升个体能力，为本科生的发展提供支持与帮助。

（二）教学内容：由"单一抽象性"向"多元实用性"的创新

"以学生为导向"的教学改革理论还要求在具体的教学内容上实现创新，即实现教
学内容由单一性、理论性、抽象性向多元性、真实性与实用性的转型。首先，由单一教
材主导向多元教学材料的创新，突出教学内容的时代性。思想政治理论课内容可围绕我
国基本国情、经济发展、政治建设、文化建设、社会建设、生态文明和党的建设等展开。
教师应以此为依据，增添新的内容与案例。例如，在讲述"当代我国基本国情和发展现状"
等，可向学生重点介绍习近平新时代中国特色社会主义思想，并以此对当前中国与世界
出现的问题进行分析。在对当代世界经济、政治、社会、生态等方面的讲授中，可重点
阐述习近平新经济思想、治国理政思想、共建共治共享的社会治理制度、生态文明思想
等，详细讲述当前我国各方面的发展状况。在阐述当代中国与世界的关系时，应强调习
近平主席的"人类命运共同体"的重要观念，推进全球治理体系的构建与国际秩序的稳
定。其次，教学内容应实现抽象理论与学生生活实际相结合，体现教学内容的真实性与
实用性。学生的学习与情境高度相关，如果学生在课程中所学的知识与认知模式发生冲
突，同时脱离生活实际，将严重制约教学效果。这也就是当前高校思想政治理论课普遍
出现的"空洞""抽象"的问题。知识的实用性、情境的真实性将有利于促进学生的学习，
进而提升教学效果。由此，要实现思想政治理论课教学内容的创新，应注重传统知识体
系与教学内容的创新相结合、理论与实际相联系。

[①] 中共中央马克思恩格斯列宁斯大林著作编译局. 马克思恩格斯全集：第1卷［M］. 北京：人民
出版社，1995：203.

（三）教学方法：由以讲授为主导向多元方法的改革

教学方法是课堂教学的关键，是提升教学质量的抓手。传统的高校本科生思想政治理论课的教学方法以"教师讲授"为主，由此经常导致"一言堂"现象、"照本宣科"、课堂氛围"毫无生气"等问题。"以学生为导向"的教学改革理论针对以"传授为主"的教学方法，提出了多元化教学方法的改革。根据"以学生为导向"的理论，人类是社会性动物，学生的学习具有主观能动性，学生的学习需要合作与交流，同时每个学生具有不同的学习特点。因此，在思想政治理论课的教学中应采用多种教学方法促进学生的学习。首先，充分调动学生的主动性。在课堂教学中应充分发挥学生的主体作用，创新教学方法，如案例教学法、专题讲座法、课堂讨论法、课堂辩论法、研究教学法、问题教学法等形式。针对当前大班教学的问题，可以采用课前阅读＋课中讨论＋课后写作的形式对学生进行教学；或者可采用大班讲授＋小班讨论，即针对大班人数过多的问题，采用课堂部分时间教师讲授，部分时间将学生分成小组进行讨论[①]。其次，发挥学生学习的合作性与社会性。人是社会性动物，"以学生为导向"理论发现学习需要合作、合作促进学习。高校本科生已有一定的知识积累、独立思考能力，针对这一特点可在课堂上采用合作学习法、小组项目法、专题研讨法等形式，加强学生的合作，促进学生对知识的理解。再次，充分利用当前科技的发展创新教学方法。当前在线网络课程盛行、网络技术不断发展、大数据广泛使用，教师可利用科学技术对课堂进行改革，实现线上教学＋线下讨论与问题解析等的结合，实现教学方法的创新。最后，"以学生为导向"的教学改革并不意味着老师地位的降低，也不意味着讲授法的淘汰。在师生角色方面，教师由从前的主导者向环境的创建者、课程的设计者、思考的引导者、合作的促进者等转变。在具体方法方面，只要适合并有利于学生学习的教学方法都是好方法，教师应根据教学内容进行恰当地选择。

（四）考核方式：由结果性评价向过程性评价的变革

"以学生为导向"的教学改革理论认为，教学的目的在于"学习"、在于"学会"，只有当学生学会了某个知识点、习得某种技能的时候，教育才真正得以产生。由此，衡量教师的教学效果应以学生的"学习"效果为主要标准。然而，当前我国高校本科生思想政治理论课在考核方式要出现着"一刀切"的模式，即主要以"闭卷""开卷"考试或"课程论文"为评形式。此种考核模式忽视了学生的个体差异性、学习的动态性。高校本科生思想政治理论课亟须创新考核方式，由一次性的结果性评价向动态性的过程性评价转变。在平时考核中，将学生课堂表现、小组讨论、项目完成、实践学习等全方位结合起来进行综合性评价。在期末考试中，主要考核学生的基本知识的掌握与解决问题的能力。由此，构建全方位、立体式、动态化的学生学习考核体系。其次，考核方式的变革必然

---

① 赵洁."思想道德修养与法律基础"课问题导向式教学的探索与思考［J］.思想理论教育导刊，2018（8）：120-123.

带动师生沟通体系的构建。高校思想政治理论课是师生情感交流、智慧启迪、思想碰撞、生命相遇的特殊场域，在这一场域中应构建平等交流的师生关系，打破教与学的二元分离，实现教与学的和谐统一。由此，应畅通师生沟通渠道，完善课堂教学的反馈机制，教师要关心学生学习的进度与效果，了解学生学习的重难点，推动个性化教学；学生可以更好地知晓自身学习的进步与困难、查缺补漏，通过沟通以更好地进行学习相关理论知识，实现个性化学习。

第四节　产出导向

作为青少年走向独立和成长的关键一步的"人生拔穗期"的大学阶段，思想政治教育与高校人才培养能力产出关系密切，成为立德树人铸魂育人的重要战场。尤其在当前新冠疫情之际，高校思政课程利用互联网优势搭建起网络大课堂，全国大学生积极参与讨论，感受国人之家国情怀和青年人之责任担当，在特殊时期发挥了增强自信凝聚力量的重要作用，显示出思政课程这些年建设的成效。但高校思政课建设在力度和深度上仍有很大的探索空间，尤其在思政课程教学环节设计和实施阶段，应结合高校当下人才培养整体方案和导向，进行有效的探索和创新。以《思想道德修养与法律基础》（以下简称"基础课"）课程为例，分析"能力产出导向"视野下思政教学环节的创新尝试。

一、思政课程的能力产出导向

立德树人、铸魂育人的思政课程，其能力产出到底是什么，是高校思政课程首先要考虑的问题。思政课程的能力产出，具有思维性特点，产出的实践性和操作性非常弱，难以用量化的标准去衡量。基于高校人才培养模式对能力产出导向的重视程度，思政课程的能力导向有必要进行具体的阐述，即说明产出的载体和显示问题。一般认为，学生在实践活动中的说和做以及某一学习阶段完成后基本素养的变化增量，是思政课程能力产出的具体内容。基于素养能力的产出导向，思政课程的学习评价重点应是实践成效而非理论知识水平。用学生实践活动来显示学生能力的达成度，评价学习效果，是结合思政课程自身特点的，具有可行性和操作性。

二、产出导向为指导的课程改革实践

（一）教学内容的安排紧密联系能力培养

关于思想政治的基本理论知识普及任务，交由学生通过线上网络学习平台在课下自主完成。思政课堂教学内容，将直接提升为与理论知识相关的实践操作能力练习。以基础课为例，将 48 个课时进行相应主题设计，如第一章到第六章将主题相应设计为：我的大学人生规划、30 年后的我、我和我的祖国、我眼中的璀璨中华文化、身边的道德楷模以及以案说法治等六个部分，全部以学生视角展开。教学要求学生在具体的主题背景下自己进行实践，主动进行操作训练。训练的内容包括描述、思考、辨别和展示等在内的观察、思考、表达等能力。这样的教学内容设计和尝试，是将理论知识在现实环境中的具体应用，注重学生输出或产出的成效，并以操作能力的提升为目标，是一种完全以学生为主体的教学内容设计方法。

（二）教学实施的重点和核心是实践教学

教学实施需要在翻转课堂的基础上进行深化，实践教学范围应覆盖课堂内外、校园内外。思路是从理论应用实践再印证理论的完美闭环。在理论学习或实践感受或验证理论的各个阶段，实施主体都是学生。理论知识的积累已经通过课程辅助平台自学完成；理论应用于实践将通过教师布置相应任务来实现；实践对理论的印证，将通过学生展示和表达的方式达成，即实践教学成效的输出，这也是思政实践教学的关键核心和重头戏。围绕着教学内容设计的主题，需要学生通过包含课堂实践、校内实践和校外实践的操练完成相应任务，着重训练学生的知识重组、反思和辨别的能力，最后以课堂展示或演讲或辩论的形式体现出成效。如对道德楷模的人生故事解读，体会出积极向上无私奉献的人生观的重要性。实践教学实施的整个过程，学生是主体，教师退至幕后进行整体把握。通过教学环节学生主体的实践教学训练，达到以理论知识为基础的基本素养的渐进主动养成而非被动接受。

（三）教学评价侧重过程性和多元化

上述教学实施的过程中，学生的所有课内外实践活动和课堂展示活动都成为对学生学习效果达成的评价内容。教学评价方式从单一向综合进行深化，实现线上线下、书面网络、专题个性等多元化倾向。评价的重心从注重期末考试结果评价转向注重平时课程过程性成果评价，由传统理论掌握水平的评价转向实践能力增量的评价，大大提升了过程评价和实践评价在课程综合评价中的比例。以基础课为例，平时成绩内容包括实践展示、志愿活动、日常考勤等，其考核比例目前已从 30% 提升至 50%，下一步建议继续提升实践展示在平时成绩中的比重，平时考核比例应继续提升。

三、高校思政课程教学的展望

高校思想政治课程改革已经从单一的"教"转向了"教和学"并重，教学理念创新需要继续深化，需要以"能力产出"为导向侧重对"学"的认识，与学生能力达成和产出指导教学。另外，高校思想政治课程教学的效果导向应当明确。现有课程教学效果评价中，课程考核指向学生，考核知识普及而非能力增量；教学质量评价指向教师，对象是教学而非学习，不同评价反映出方向分散聚力不足的问题。在深化创新过程中，要将两者有机结合，共同为教学效果服务。

第三章　思政课教学改革内容

第一节　教材体系

党的十九大，习近平新时代中国特色社会主义思想被确立为党的指导思想。高校思想政治理论课是贯彻习近平新时代中国特色社会主义思想"三进"（进教材、进课堂、进头脑）的主渠道。从 2018 年春季开始，高校思政课逐步开始使用新版教材。新教材增加了党的十八大以来马克思主义中国化的最新理论成果——习近平新时代中国特色社会主义思想，并覆盖了所有现行思想政治理论课程体系。习近平新时代中国特色社会主义思想"三进"的路径探索有两个关键性"转化"——思想体系转化为教材体系、教材体系转化为教学体系。[①] 前一个转化是以教师为重点的，后一个转化以学生为重点的。

一、思想体系转化为教材体系

思想体系向教材体系的转化教师是主体。教与学同步进行，在教中学，在学中教。任何教学活动都是教育学的双向互动过程。思想体系向教材体系的转化包含两个紧密相连的过程："教中学"和"学中教"。

"教中学"。教育者首先也是受教育者，教师是学习新思想的先行者。教师真学、真会、真懂，才可能教给学生。所以，高校思想政治理论课任课教师要做习近平新时代中国特色社会主义思想的先学者。另外，新知识不断涌现，任课教师的教育教学过程也是一个不断学习、丰富自身的过程。教育教学不止，学习不止。可以充分利用从教育部、教育局到学校、教研室的多层次、立体培训网络，还可以通过参加学术研讨会议、专题报告会等集中学习的方式以及大量查阅、参考已有文献资料等自学途径进行学习。

"学中教"。通过教学过程，教师在习近平新时代中国特色社会主义思想"三进"工作中又扮演着践行者、传播者，承担着将学习成果转化为自身实际行动和传播出去的责任担当。边学边教，教师在具体的教书实践中发现问题和需求，在与学生的互动中丰

[①] 王鲁玉. 习近平的语言风格及其对马克思主义中国化的启示［J］. 宁夏大学学报（人文社会科学版）. 2015（04）：58–62.

富教学内容、改进教学手段、总结教学经验。教师要不停顿地精选学习内容，融入教材体系，转化为教学内容①。例如，"毛泽东思想和中国特色社会主义理论体系概论"（以下简称"概论"课）将 2018 年习近平总书记在纪念马克思诞辰 200 周年大会上的讲话、2019 年党的十九届四中全会的基本精神等内容融入教材中，将习近平新时代中国特色社会主义思想部分，尤其是与教学中的民主政治、社会治理等方面紧密结合。

二、教材体系转化为教学体系

习近平新时代中国特色社会主义思想是马克思主义中国化的最新成果。2018 年版教材融入了习近平新时代中国特色社会主义思想。在第二个转化中要注重讲好中国故事，突出"创新性"。

（一）重视课程逻辑体系的讲解

首先，讲清楚新教材的整体逻辑体系。坚持历史与逻辑相统一的原则理解教材的逻辑体系。以"概论"课为例，新教材调整了框架结构，按照马克思主义与中国实践相结合在不同时期产生的理论成果为准划分了三个部分。第一部分为毛泽东思想，第二部分为邓小平理论、"三个代表"重要思想、科学发展观，第三部分为习近平新时代中国特色社会主义思想。这样的教材逻辑体系是与马克思主义中国化的历史进程相统一的。这样的逻辑顺序与新中国从站起来、富起来到强起来的历史逻辑是一致的。在教学过程中要始终对教材的逻辑体系进行强调，在讲到任何一个中国化理论成果时都有必要介绍其在整个理论体系中的逻辑地位。

其次，讲清楚教学章节内部的逻辑体系。以"概论"课教材为例，从每一部分内部的逻辑安排看，毛泽东思想前后共四章。毛泽东思想部分突出毛泽东思想的历史地位，将其列为一章，按照其产生的背景、形成过程、主要内容、历史地位的顺序介绍。根据毛泽东思想形成与发展在三个重大历史时期的积极成果，分别将新民主主义理论、社会主义改造理论、社会主义建设道路初步探索的理论成果分别单列章节。而邓小平理论、"三个代表"重要思想、科学发展观则各为一章，均按照形成、主要内容、历史地位的逻辑顺序进行介绍。

再次，讲清楚习近平新时代中国特色社会主义思想的逻辑体系。新版"概论"教材增加了习近平新时代中国特色社会主义思想，并单列为独立部分，设计了大量的篇幅，字数总量占总字数的 40% 多。章节安排上从第八章到第十四章，总共七章。分别为习近平新时代中国特色社会主义思想及其历史地位、坚持和发展中国特色社会主义的总任务、"五位一体"总体布局、"四个全面"的战略布局、全面推进国防和军队现代化、中国特色大国外交、坚持和加强党的领导等七个部分②。

---

① 季卫兵.解决好高校思想政治工作"最后100米"［N］.新华日报.2018.06-19（012）.

② 人民日报评论部.习近平用典［M］.北京：人民日报出版社，2015.

（二）紧扣教材，介绍好新概念、新表述、新概述

新概念。例如，新时代、新发展理念、供给侧结构性改革、人类命运共同体、"一带一路"、新型国际关系等等。

新表述。关于中国共产党的指导思想的新表述，在原有马克思列宁主义、毛泽东思想、邓小平理论、"三个代表"重要思想、科学发展观的基础上，新增习近平新时代中国特色社会主义思想，并对习近平新时代中国特色社会主义思想的历史地位进行了比较系统、全面、科学的界定；还有习近平强军思想、"四个全面"战略布局、建设世界一流军队、坚持走中国特色强军之路等新表述。

新概括。新的理论成果——习近平新时代中国特色社会主义思想。新的奋斗目标：从 2020 年到 21 世纪中叶划分两个阶段建设社会主义现代化强国。我国社会的主要矛盾的表述为"人民日益增长的美好生活需要和不平衡不充分的发展之间的矛盾"。原有"四位一体"总体布局最新概括为"五位一体"，增加了建设生态文明的重大战略部署。完整表述"四个自信"，在道路自信、理论自信、制度自信基础上突出强调文化自信，等等。

（三）讲好习近平总书记的故事，让思政教育更有魅力

习近平个人的品格就是最好的学习榜样。通过习近平总书记言行，将领导人的个人魅力融入教学，会使教学更具感染力。

首先，习近平总书记个人的身体力行。用案例教学的形式对青年习近平的成长经历励志青年、以国家主席习近平（成长历程）的日理万机感召青年。习近平陕北七年知青的岁月让青年感悟习近平成长的密码，是引领青年筑梦的"活教材"。作为总书记的习近平为国为民呕心沥血，始终把人民利益放在首位，让青年感受领导人的魅力。例如，2020 年新冠疫情发生以来，党中央高度重视，习近平总书记亲自部署、亲自指挥，多次召开会议、多次听取汇报，做出重要指示，并亲临疫区考察。无论是 2020 年 1 月 20日习近平总书记对新型冠状病毒感染的肺炎疫情做出重要指示，还是大年初一（2020年 1 月 25 日）主持中共中央政治局常务委员会会议研究新型冠状病毒感染的肺炎疫情防控工作，还是亲自考察武汉（2020 年 3 月 10 日），传递坚决打赢"湖北保卫战、武汉保卫战"的鲜明信号，都是对"以人民为中心"理念的践行。

其次，将习近平用典引进教学活动中。善于用典是习近平总书记阐释中国治国理政主张和思想的一种语言表达形式。自党的十八大以来，习近平总书记在一系列重要讲话、文章中，大量引用中国优秀传统文化经典中的名篇名句。这些典故是中华民族在漫长的历史中智慧的凝练，是中国优秀文化传统的现代表达。对内，习近平总书记使用中国人民熟悉的语言表达治国理政的立场、观点，言简意赅、通俗易懂，从而更容易被广大民众接受。对外，习近平总书记引经据典、旁征博引，既表达出中国治国理政的立场、观点，拉近彼此距离，让世界更多理解中国，也传扬了中国优秀文化。

总之，高校思政理论课教材更新是非常快的。将习近平新时代中国特色社会主义思想贯彻到高校思想政治理论课教学体系中去是一个实践课题，实践不停顿，理论无终期，

教育教学改革也要与时俱进。

第二节　教师队伍

　　教育是国之大计、党之大计，承担着立德树人根本任务。思政课是落实立德树人根本任务的关键课程，在培养什么人、怎样培养人、为谁培养人的教育根本问题上发挥着不可替代的作用。习近平总书记在学校思想政治理论课教师座谈会上指出："办好思想政治理论课关键在教师，关键在发挥教师的积极性、主动性、创造性。"[①] 因此，培养一支"可信、可敬、可靠，乐为、敢为、有为"的思政课教师队伍是办好思政课的关键和根本。

一、新时代高校思政课教师队伍建设的难点剖析

　　党的十八大以来，在党和国家的高度重视下，思政课建设取得显著成效，思政课教师队伍规模和素质稳步提升，形成了一支有情怀、有本领、有担当的思政课教师队伍，为培养担当民族复兴大任的时代新人贡献了重要力量。同时，我们也要看到，与党和国家对思政课作为落实立德树人根本任务关键课程的期待相比，与学生健康成长成才的需求相比，思政课教师队伍建设中还存在诸多亟待改进之处，如教师选配和培养方面存在不足、师资结构有待优化、整体素质有待提升等。这些问题也正是思政课教师队伍建设中亟待攻克和突破的难点与瓶颈。

　　1. 师资配比达标压力大，存在降低质量门槛的"一刀切"现象

　　充足的思政课教师数量和师资队伍规模是思政课教学质量提升的前提和基础。作为面向全体在校本科生和研究生的公共必修课，思政课教学的课时多、任务重、要求高，对配齐建强思政课教师队伍有着明确要求。从现实情况看，由于学校重视投入程度不等、学校办学条件不同，特别是部分学校存在由于历史原因造成的编制超标等现实困难，不少学校难以达到中央和教育部文件要求的 1 ∶ 350 的师生配比，有的学校思政课教师缺口甚至超过规定数量的半数。在党和国家的高度重视下，各级教育管理部门先后出台了在限定时间内完成思政课教师队伍配比达标的相关文件和具体政策要求，各高校积极贯彻落实教育管理部门要求，制订本校思政课教师队伍建设方案，在编制计划等方面向思政课教师队伍倾斜，通过引进人才、转岗专任、聘用兼职教师等途径快速扩充思政课教师队伍，一大批学校在较短时间内完成了思政课教师队伍的配比要求。截至 2020 年 11 月，登记在册的全国高校思政课专兼职教师总数突破 10 万人大关，有力缓解了思政课教师数量不足的压力。

---

　　① 中共中央宣传部. 习近平谈治国理政（第三卷）［M］. 北京：外文出版社，2020.

随着思政课教师数量规模的快速提升，部分学校思政课教师队伍建设又出现了结构失衡、质量参差不齐等新问题。一些学校通过大批转岗专任教师和兼职教师在数量上快速充实了思政课教师队伍，但从学科背景、专业基础、思政课教学经验、投入时间精力等方面看，部分转岗专任教师和兼职教师难以在短时间内达到思政课教学的要求，更难以胜任马克思主义理论学科建设的专业任务。值得注意的是，短时间内大批量集中引进、快速补充思政课教师队伍，不可避免地会引起教师队伍的结构失衡，影响思政课教师队伍的梯队建设，导致教师在职称评聘、评奖评优等环节竞争压力加大，极易对学校思政课教学可持续发展带来消极影响。

2. 传统教育评价导向惯性大，存在教学与科研之间"顾此失彼"现象

教学与科研是高校教师的两项主要工作任务，合理统筹兼顾教学与科研两个方面的任务要求是所有高校教师需要共同面对的问题。中共中央、国务院印发的《深化新时代教育评价改革总体方案》指出，教育评价事关教育发展方向，有什么样的评价指挥棒，就有什么样的办学导向。如何科学合理地评价教学与科研的关系，将决定高校教师能否正确对待教学、全力投入教学。由于科研成果相对易于量化而教学质量和效果则不易测评等原因，在长期以来的教育评价体系中，重科研、轻教学仍是不争的事实。这无疑会导致部分教师将科研看作"自留地"、将教学看作"公家田"，在科研上全力以赴、在教学上勉力应付的现象发生。实际工作中，在科研上投入更多时间、精力的教师往往在职称晋升、导师遴选、评奖评优等方面更占据"显性"优势；在教学上投入多的教师则因"显示度低""收益率低"而比较"吃亏"。这样的现实状况进一步强化了重科研、轻教学的不良倾向。思政课教师承担大量的公共课教学任务，而且思政课教学本身集政治性、思想性和生活性于一体的特点对教师提出了更高的要求，所以思政课教师往往承担着高于其他课程教师的教学压力。这在客观上导致思政课教师面临的教学要求与科研任务之间的矛盾较其他专业教师更为突出。虽然近年来政策导向在不断纠正和扭转重科研、轻教学的局面，但政策的落实落地仍处于过程之中，将上好课作为第一天职、科研必须服务于教学的理念，尚未得到绝大多数思政课教师自觉自愿的认同和践行。

3. 队伍建设进入接棒区，存在中青年骨干教师重点培养中的"揠苗助长"现象

思政课教学是一项攸关党和国家千秋伟业的"灵魂工程"。思政课教师队伍的梯队建设既是思政课教师队伍可持续发展的重要任务，也决定了思政课教学能否担负起"共和国精神国防"的职责和使命。从目前思政课教师队伍现状看，20世纪五六十年代出生的马克思主义理论教育研究者已陆续进入退休阶段，"70后""80后"成为思政课教师队伍的主力军，"90后"成为思政课教师队伍的新生力量。一方面，一批中青年思政课骨干教师在党和国家的着力培养支持之下苗壮成长，在教学、科研方面崭露头角，逐渐成为思政课教师队伍的领军人物；另一方面，相较于"40后""50后""60后"等老一代马克思主义理论学者，"70后""80后""90后"等成长在改革开放年代和社会主义市场经济条件下的中青年思政课教师也暴露出一些不符合思政课教学要求的短板。

例如，接受西方文化影响多而在马克思主义经典原著等本学科基本功训练方面不够扎实；未经受过大的风雨历练而思想简单、政治敏锐性不强、政治站位不高，不善于从政治上看问题；缺乏对党史、新中国史、社会主义史的深切体验和理解，对共产主义远大理想和中国特色社会主义共同理想的认知认同不够深切，等等。如何帮助思政课教师队伍的"新生代"顺利接棒？各级教育管理部门和各高校多举措助推中青年骨干教师成长，积极为广大青年教师创造发展机遇、搭建成长平台，新生代思政课教师在思想政治素质、专业理论修养、教育教学能力方面获得显著提升。值得注意的是，在多举措积极助推、重点培养中青年骨干教师成长的过程中，也不同程度地出现了中青年教师平台过多、荣誉过多、任务过重的现象，导致部分中青年教师或流于功利浮躁或疲于奔波应付，反而缺失了甘坐冷板凳、静心求学问教的扎实教风学风，长此以往，难免出现背离初衷而"揠苗助长"的消极影响。

二、新时代高校思政课教师队伍建设的着力点

结合当前思政课教师队伍建设中存在的瓶颈问题，聚焦思政课教师的核心素养，应着力从如下三个方面有所突破。

1. 立足学校实际，量质兼顾，既要配齐更要建强

没有规模，思政课教师队伍建设就缺乏基本的人力支撑；没有质量，思政课教师队伍建设的规模就没有实际意义。因此，在思政课教师队伍配备过程中，既要按照规定的基本师生比要求，为思政课教师队伍建设提供数量和规模保障；同时，还要避免仅仅着眼于完成任务、应付督查的数量上的"配齐"，确保这支队伍在内涵提升、持续发展质量上"建强"。为此，应根据各校具体问题和实际情况，实行"一校一策"的思政课教师队伍配备计划和方案。

一方面，各高校应充分认识思政课教学之于党和国家事业的特殊重要性，之于一流大学、一流学科、一流人才培养的特殊性和重要性，自觉将思政课教师队伍配比达标作为一项对党和国家负责的重要政治任务来落实，在编制、指标、职称、评优等重要环节给予重点支持；另一方面，又要时刻将思政课教师队伍建设的质量提升和内涵发展放在首位，防止"一刀切"的"懒政"思维，从思政课教师队伍的年龄结构、学科结构、职称结构等多方面统筹考虑，从思政课教师队伍发展的当下实际和未来着想，切忌以形式上的机械完成任务而为思政课教师队伍建设留下未来发展的障碍和隐患。

2. 着眼核心素养，内外兼修，综合提升教学水平

思政课教师个人要加强在政治素质、理论素养、教学能力和师德师风等方面的自我修养和锤炼。对思政课教学的真心热爱是做好思政课教师的基本前提。思政课教师应树立正确的职业认同感、责任感、荣誉感，始终保持在思政课教学研究中的积极性、主动性、创造性。特别是要正确认识教学和科研的内在一致性，树立科研服务教学、支撑教学、提升教学的大科研观，以及教学指引科研、教学激发科研、教学检验科研的大教学观"，

在相辅相成的教学科研观指引下潜心教学研究，切实提升个人的专业理论素养和教学能力水平。其中，深耕马克思主义经典原著原理、夯实专业理论基础是关键。马克思、恩格斯在《德意志意识形态》中对资产阶级"普世价值"的批判堪称用彻底的理论来透彻地解读现实问题的典范。"占统治地位的将是越来越抽象的思想，即越来越具有普遍性形式的思想。因为每一个企图取代旧统治阶级的新阶级，为了达到自己的目的不得不把自己的利益说成是社会全体成员的共同利益，就是说，这在观念上的表达就是：赋予自己的思想以普遍性的形式，把它们描绘成唯一合乎理性的、有普遍意义的思想。"在这里，马克思主义经典作家之所以能如此彻底地揭穿"自由""平等""民主"的虚伪面纱，正是基于他们在唯物史观这一科学理论上的彻底性。

3. 抓好"接棒区"，新陈相接，科学助推中青年教师发展

思政课教学不能仅仅依靠少量的领军人物和教学名师。"一花独放、一枝独秀"难以实现思政课教学质量和水平的整体提升。能否建立合理的教师梯队和优秀的教学团队，是影响甚至决定思政课教师队伍全面发展、持续发展的关键。

抓好思政课教师队伍的梯队建设。当前，思政课教师队伍建设进入新陈代谢的"接棒区"。如何科学设置"接棒区"、确保"接棒区"不掉棒是决定思政课教学事业后继有人的重大课题。在近几年思政课教师队伍建设的交接时期，抓好思政课教师的梯队建设是一项立足当下、着眼未来的关键工程。既要把好思政课教师遴选的入口关，又要设置不合格教师的淘汰机制，更需要加强思政课教师的培养培训和过程管理。特别要着眼于当前思政课教师队伍进入新陈代谢的"接棒区"的关键时期，通过设置科学有效的接力机制，采取为优秀中青年骨干教师配置导师，大胆使用、大力助推中青年骨干等举措，实现思政课教师队伍的有序代际传承和可持续发展；同时，要积极倡导正确教育评价导向，培育优良学风教风，引导中青年教师健康成长、可持续发展。

抓好思政课教师队伍的团队建设。如果说梯队建设主要着眼于思政课教师队伍的"纵向"传承发展，团队建设则是重在思政课教师队伍的"横向"协同发展。"蓬生麻中，不扶自直。"思政课教师队伍建设的实践证明，思政课教师个体的成长和发展，离不开良好的团队环境。优秀的团队环境可以大大激励和助推青年教师的成长。以团队建设带动个体的健康成长和快速发展，是一项行之有效而又"经济实惠"的思政课教师队伍建设举措。优秀教师团队建设是一项涉及多方面因素的系统工程，其中团队带头人的培养是关键。加强团队领军人物的培养，可收到"提纲挈领"之效。此外，近年来许多学校通过集体备课、集体教学攻关等途径，在思政课教师团队建设方面开展了积极有益的探索，取得了显著成效，也积累了丰富的宝贵经验。

思政课教学是一项有挑战、有意义的事业，思政课教师是一个光荣、神圣的称号。只要精准把握新时代思政课教师队伍建设的正确方向目标，紧紧抓住思政课教师核心素养培育这个关键，着力突破思政课教师队伍建设中的难点和瓶颈，就一定能打造一支优秀的思政课教师队伍，切实提升新时代思政课教学的质量和水平，服务于实现中华民族

伟大复兴与社会主义现代化建设的宏图伟业。

第三节　教学方法

　　一切教学方法或手段都是为教学任务和目的服务的，因此，在探讨思政课的教学方法之前，教师首先应明确思政课的教学任务和目的。对于思政课的教学任务和目的，习近平总书记在2019年3月18日主持召开的学校思想政治理论课教师座谈会上强调指出："思想政治理论课是落实立德树人根本任务的关键课程。"① 而找到正确的教学方法和手段在实现立德树人的过程中至关重要。为达到立德树人的教学目的，笔者结合自身长期从事思政课教学的具体实践，发现以下三种教学方法值得尝试。

一、带入式教学法

　　"带入式教学法"又称"感染式教学法"，即教师将思想性和理论性很强的教学内容用富有感染力、易于学生接受的方式表达出来，使学生在不知不觉中被带入情境，从而在轻松的氛围中潜移默化地接受某种思想观念和行为规范的教学方法。这种教学方法要求教师在讲授的过程中尽量用通俗的语言来阐释深刻的道理，用循循善诱的表达方式来代替教条式的说理，用真挚的感情来调动学生的学习热情，目的在于克服思政课由于理论性和思想性太强而产生的枯燥感。学生只有跟随教师声情并茂的讲授，真切地感受理论的真谛和信仰的力量，才会热爱理论，坚定理想信念。正如习近平总书记指出的："推动思想政治理论课改革创新，要不断增强思政课的思想性、理论性和亲和力、针对性。"② 而增强思政课的亲和力自然离不开带入式教学法。

　　思政课教师在使用带入式教学法时要注意以下三点。首先，带入式教学法要求思政课教师必须有坚定的政治信仰和理论自信。习近平总书记指出："政治要强，让有信仰的人讲信仰。"③ 因此，思政课教师必须有坚定的政治立场。教师在授课过程中，对理论的掌握应该是熟练的，逻辑应该是严谨的，表情应该是自信的，表达应该是流畅的，这样学生自然会对教师的授课内容加以信服。而在授课过程中，如果教师自己没有底气、没有自信，自己都说服不了自己，或者只是照本宣科，学生也会对学习的内容产生疑惑。因此，思政课不同于一般单纯的知识讲授课，它是理想信念的教育，只有教师自己真学、真懂、真信、真用，才能在举手投足之间把这种感染力散发出去，从而让学生坚定理想信念。可见，坚定的政治信仰和理论自信是落实带入式教学法的首要条件。其次，思政

---

① 宋来新. 以"七字经"提升思政课教育教学实效性［J］. 中国高等教育，2020（10）：25-27.

② 同①.

③ 同①.

课教师必须深入了解学生的所思所想。思政课的理论性很强，在授课的过程中教师极易过度关注理论本身的讲解，而没能联系实际，尤其是学生本人的实际。这样的教学方式会给学生一种单一灌输的刻板印象，从而影响学生的学习兴趣。要改变这一点，教师就要在课堂教学中尽量联系学生关注并且发生在他们身边的事，用他们熟悉的事情举例。这样，既有助于激起学生听课的兴趣，也能对他们的行为起到积极的引导作用，让学生切实感受到思政课是一门和自己联系密切的课程，从而变"要我学"为"我要学"。最后，思政课教师必须掌握讲课过程中的动作和语言艺术。一堂好课如同一件精致的艺术品，是值得回味的。当聆听有经验的教师授课时，学生往往会有一种如沐春风的感觉，这种感受与教师深厚的理论功底、深入浅出的讲解、生动形象的语言风格是分不开的。作为一名思政课教师，如果想让课堂吸引住学生，就必须在表达上下功夫，即语言要做到风趣幽默，同时肢体动作还要配合到位，眼神要能很好地与学生交流。只有这样，才能增强课堂授课的吸引力，从而把学生带入到特定的情境中。当学生跟随教师的精彩讲解不断思考和体悟学习内容时，就会在不知不觉中掌握知识并坚定理想信念。

二、启发式教学法

我国古代大教育家孔子十分重视启发式教学。他曾说："不愤不启，不悱不发。"杨伯峻在《论语译注》中对这句话做了清晰的阐释："教导学生，不到他想求明白而不得的时候，不去开导他；不到他想说出来却说不出来的时候，不去启发他。"[①] 启发是启动学生的心灵，要让学生心有所想、心有所求。如果学生没有想法、没有追求、没有兴趣，那么他对教师的讲课内容也不会认真听。虽然这表面上是对学生的要求，但对于整个教学过程来说，这其实是对教师做好引导、把握好启发时机提出了要求。正如习近平总书记指出的："注重启发性教育，引导学生发现问题、分析问题、思考问题，在不断启发中让学生水到渠成得出结论。"

思政课教师在使用启发式教学法时，应注意以下三点。首先，教师要在课前做好导学资料的准备工作。启发式教学的前提是让学生有思考，而要启发学生的思考，单靠教材内容是难以满足学生的需求的。这时，教师就需要在课前给学生发放一些与授课内容相关的导学资料。导学资料的选择要注意以下几个方面。一是相关性要强。导学资料一定要与授课内容有密切联系，它应是授课内容的拓展和延伸。这类材料或是可以帮助学生深入理解教材内容，或是带有一定的问题探索性质，让学生有思考的空间。二是难易要适中。教师要选择适合青年学生阅读能力和理解水平的导学资料，难度过高和过低的资料都会让学生失去阅读的兴趣。因此，教师需要根据学生的知识储备情况慎重把握导学资料的难易程度。三是要有一定的启发性。导学资料可以选择具有一定问题意识但以

---

① 冯秀军. 守正创新：让思政课"时时在线、永不掉线"［J］. 社会主义核心价值观研究. 2019（02）：23-26..

开放性答案结尾的理论文章。学生在阅读过程中，既可以发现问题，又有一定的解答，但没有最完整、标准的答案，教师可以让学生自己多加思考。总之，用心挑选导学资料既能让学生提前了解所学内容，又能起到扩大学生知识面、启迪学生思维的重要作用。学生在结合教材阅读导学资料后，就会对所学内容有一个较为全面的了解，同时在阅读过程中也能产生思想的火花，从而形成启发式教学的前提。其次，教师在课堂上要鼓励学生说出自己的问题和困惑。中国学生较于西方学生，在课堂上更倾向于听教师讲解，较少主动提出问题。这并不是说学生没有问题、没有困惑，而是他们在课堂上不太愿意表达。这种不太愿意提出问题的原因可能是学生担心自己说错被其他学生嘲笑，也可能担心自己的问题过于简单而被别人轻视。在这种情况下，教师一定要以鼓励为主，让学生大胆地提出自己的问题。因为发现问题是解决问题的前提条件，所以学生能够把自己思考的问题提出来本身就是阅读效果的直接体现。这样，一方面，教师能够了解学生对课堂教学内容的理解程度，从而更有针对性地授课；另一方面，学生主动提问也为教师在上课过程中答疑解惑提供了基础。最后，教师在授课过程中要注意引导学生自己找答案。学生提出的问题教师直接给出答案还是让学生自己找答案，往往会得到不一样的教学效果。教师直接给出答案看似准确、快速，但没有启发学生的思维，往往只能在学生的头脑中一闪而过，虽然他们当时感觉自己弄明白了，但是课后很快就会忘记。如果在课堂教学过程中，教师能够有针对性地对这些问题做出提示和引导，然后锻炼学生自己概括出答案，学生就会发现通过学习自己也能够解决困惑，也就自然而然地会跟随教师的讲解主动听、认真学。

三、研讨式教学法

如果说启发式教学法更多的还是启迪思维的层面，需要教师的循循善诱，那研讨式教学法就是学生在通过一段时间的学习后，在掌握基本理论知识的前提下，由教师设计问题，学生围绕问题来表达自己观点的一种教学方法。这种教学方法变通常的"以教师讲为主"到"以学生讲为主"，实现了学生从知识的输入方到输出者的转变。正如习近平总书记指出的："思政课教学离不开教师的主导，同时要加大对学生的认知规律和接受特点的研究，发挥学生主体性作用。"

思政课教师在使用研讨式教学法时，要注意以下三点。首先，设计研讨题是整个研讨式教学法实施过程中的关键环节。经过教师精心构思巧妙设计的研讨题是帮助学生理论升华、理解加深以及活学活用的重要手段。研讨题的设计要紧扣教学的重点、难点，围绕教学目的和要求进行设计，既要有一定的理论深度，又要与学生的认知水平、知识储备相匹配，同时还要让学生有话可说、有话想说、有话要说。因此，教师必须在研讨题的设计上下功夫。思政课的研讨题往往源于现实生活，因此，只要设计合理，很容易引起学生强烈的兴趣。其次，教师要鼓励学生积极参与研讨[①]。研讨式教学强调充分发挥学生的主体性作用，但教师的作用也不是可有可无的。在研讨过程中，教师要发挥好"导演"的作用。研讨一开始，教师可以鼓励一些善于表达的学生先发言，调动起课堂研讨的氛围；但如果遇到研讨题抛出来后没有学生主动发言的情况，教师可以参照孔子的做法。孔子上课时，也时常遇到学生不发言的情况，这时孔子就会提问："求，尔何如？""赤，尔何如？""点，尔何如？"可见，在使用启发式教学法时，教师不能完全放任学生，而要在为学生提供足够空间的前提下对教学过程进行必要的引导。教师提问和学生主动发言的方式都是对学生的思维进行启发。在没有学生站起来发言时，教师采取提问的方式也不失为一种应对之策。当有学生开始发言时，他们的观点可能引起其他学生不同的看法；当其他学生有不同的见解时，他们就更有主动发言的欲望，这样课堂气氛很快就会被调动起来。要注意的是，教师的行动更多地取决于课堂研讨的实际效果，如果学生的讨论是围绕研讨题展开的，那么教师就不用介入，但如果由于学生的不同观点，讨论偏离了研讨题，那么教师就要在合适的时机介入讨论，适时地将学生引导回原来的主题上[②]。因此，在启发式教学法的课堂教学过程中，教师一方面要尽可能地调动学生参与讨论，另一方面要善于倾听，及时引导和掌控全局。最后，教师要做好研讨的总结点评工作。研讨课的点评既是对学生研讨内容的概括总结，也是对学生价值观的再次引导。研讨的目的就是让学生说出自己的看法，教师要对学生的观点表达情况给出明确的点评。思政课以"立德树人"为主旨，学生的发言很多时候是其价值观的自然流露，这就涉及思政课教学目的的根本。对此，教师必须进行明确的价值引导，对于正确的价值观要给予充分肯定，而对于带有错误倾向的价值观要坚决指出问题并做出正确引导。

思政课肩负着"立德树人"的重大责任和使命，因此对思政课教师提出了很高的要求。习近平总书记强调指出："办好思想政治理论课关键在教师，关键在发挥教师的积极性、主动性、创造性。"教师作为教学的主导者，要高质量地完成这一使命，就必须积极探讨教学方法和手段的改革创新；无论是带入式、启发式还是研讨式教学法，都要围绕改革创新的主旨展开，而教学手段的丰富和创新也将为达成教学目的、实现教学效果提供重要的途径和保证。

---

① 戴颖. 新时代高校思政课对大学生思想成长的引领力研究［J］. 贵阳学院学报（社会科学版）. 2021，16（03）：117–120.

② 邹丹. 提升思政课育人功能［J］. 共产党员，2020（17）：1.

第四节　教学监控

高校思想政治课教学质量监控是督促高校教学方式改革的一种重要方式，对于各高校能够得到有效的改革在目前还是非常困难的。思想政治理论教育在高校的发展中具有重要的战略地位，因此搞好思想政治课教学质量监控刻不容缓。

一、高校政治理论课教学质量监督存在的问题

思想政治教学过程中管理不当。思想政治课教学质量监控重点在于对思想政治课课程教学的监控，对其他的诸如教学目的、教学纲领等教学环节的监控则较为偏少；由于教学环境等不同因素的制约，导致导师对思想政治理论课较为重视，缺乏相应的实践教学。

思想政治课教学质量监控机制还不够完善，不能很好地将表面的教学升华到教学内涵建设上。由于思想政治课教学质量监控对思想政治理论较为重视，许多高校的导师只是将自己的经验、知识生搬硬套给学生，没有很好地将思想政治课知识的内涵传授给学生，教学中导师没有主动引导学生快速适应环境，否定学生原有的兴趣爱好以及学习积极性[①]。

思想政治课教学质量监控对学生的学习能力考核方法不够完善。就目前的教育体制看，成绩是对学生考核的主要依据，思想政治课的教育目的是要求学生在如今的政治体系中形成自己的立场，并有自己独立的鲜明观点，思考社会上出现的问题。而这些是无法通过考试来考察的，重视结果而忽视过程，重理论知识考核，忽视学生的实践能力，传统的考试考核引导不了学生学习的积极性。

二、高校思政课教学质量监督对策创新研究

加强完善思想政治课教学质量监控机制，促进教学管理规范化。国家制定和完善了各种教学规章制度，对教学目的、教学纲领等教学环节进行了严格的考察，使之更有效地将思想政治课课程理论与实际相结合，保证思想政治课的教学质量[②]。强化监控机制，强化教学监控，本着以"以人为本"的基本原则，加强教学管理。在实际管理中，督只

---

① 周有健. 供给侧结构性改革语境下高校思政课教学存在的问题及对策［J］. 现代教育科学. 2016（11）：49–53.

② 冯霞. 微时代背景下高校思政课教学存在的问题研究［J］. 管理观察. 2017（22）：109–110.

是一种管理的手段，而导才是管理的目的，在高校开展全面的思想政治课教学质量监控，建立专门的部门对高校教师进行督导，以督察为管理手段，引导导师对教学方式进行改革，从而使导师的教学素质得到有效提升。通过逐级反馈，内外循环，建立较为完善的质量反馈体系，通过这种反馈体系能够总结经验，探讨不足，明确方向，为思想政治课改革提供重要的依据。

　　思想政治课教学质量监控机制要引导学生重视和参与社会实践。高校可以通过鼓励学生参加假期学习任务来培养学生重视和参与社会实践的意识，学生在假期期间将所学理论对社会现象进行分析是掌握思想政治理论的最好方式。这是学生认识社会、了解社会，提高学生实践能力的最佳途径。将社会主义核心价值观运用到实践中是思想政治课的基本要求。为了让学生们充分了解到社会主义核心价值观，大多数高校正在丰富教学方法，着力构建教师引导、学生主导的教学环境。这样做，能够得到思想政治的教育效果，激发学生参与的热情，达到思想政治课的教育目的。思想政治课教学质量监控是检验思想政治课教学质量的重要途径，也是如今高校思想政治教学管理的重难点，对思想政治课教学质量进行公平公正的评价是非常难以实现的，而完善思想政治课教学质量监控确实是保障思想政治课教学质量重要途径。

　　通过完善思想政治课教学质量监控机制，保证了新时代思想政治课的教学计划顺利进行，保障了高校思想政治理论课的教学质量。

第四章　思政课教学改革思路

第一节　政策背景

党的十八大以来，以习近平同志为核心的党中央立足实现中华民族伟大复兴的战略高度，围绕高校"培养什么样的人、如何培养人以及为谁培养人"这一根本问题，高度重视高校思想政治工作，强调加强思想政治理论课建设，相继出台一系列重大举措，稳步推进思政课教学改革并取得显著成效。回顾与总结党的十八大以来高校思政课教学改革的实践探索与经验启示，对于在新时代条件下进一步办好高校思政课具有重要理论价值和实践意义。

一、党的十八大以来高校思政课教学改革的时代背景

党的十八大以来，高校思政课教学改革起因于高校肩负的重要使命，得益于习近平总书记关于思政课改革的重要指示，缘于高校思政课教学亟待解决的现实难题。

（一）践行高校肩负重要时代使命的必然要求

2013 年 11 月 12 日，党的十八届三中全会通过了《中共中央关于全面深化改革若干重大问题的决定》，强调深化教育领域的综合改革。高校深化综合改革要全面贯彻党的教育方针，坚持立德树人，加强社会主义核心价值体系教育，完善中华优秀传统文化教育，形成爱学习、爱劳动、爱祖国活动的有效形式和长效机制，增强学生社会责任感、创新精神和实践能力[①]。这一改革任务本身就是高校思想政治工作的题中应有之义。2016 年12 月，全国高校思想政治工作会议指出：高校肩负着人才培养、科学研究、社会服务、文化传承创新、国际交流合作的重要使命。习近平总书记在大会讲话中强调，高校思想政治工作关系高校"培养什么样的人、如何培养人以及为谁培养人"这个根本问题。做好高校思想政治工作，事关党对高校的领导，事关全面贯彻党的教育方针，事关中国特色社会主义事业后继有人。要用好课堂教学这个主渠道，思想政治理论课要坚持在改进

---

① 中共中央文献研究室.十八大以来重要文献选编（上）［M］.北京:中央文献出版社，2014.

中加强，提升思想政治教育亲和力和针对性①。2017 年 9 月，中共中央办公厅、国务院办公厅明确提出，要创新思想政治教育方式方法，注重理论与实践相结合、育德与育心相结合、课内和课外相结合、线上和线下相结合，解决思想问题和解决实际问题相结合，不断增强亲和力和针对性②，等等，进一步提出了扎根中国大地办大学、办好中国特色社会主义高校的时代使命。践行高校肩负的这一重要使命，必然要求改革高校思政课教学。

（二）落实习近平关于思政课改革重要批示的必须举措

习近平总书记曾专门为思政课做出重要批示，指出高校思想政治理论课必须办好，关键是把教材编好，把教师队伍建设好，把课讲好③。落实好习近平总书记重要指示，深化思政课教学改革是其必须举措。办好高校思政课，教材是根本，"把教材编好"是讲好课的前提和保证。党的十八大以来，以习近平同志为核心的党中央多次强调要系统推进大中小学教材建设，全面有机融入社会主义核心价值观，把好教材的政治关、思想关和质量关，唯此才能保证课堂"源头活水长清"，真正把立德树人的根本任务落到实处。具体到思政课，以《思想道德修养与法律基础》课程为例，把教材编好，就要立足新时代，把握教材承载的时代使命，充实时代内容，展现时代气象，引导大学生认清时代发展方向，奋发有为、努力奉献，自觉融入实现中华民族伟大复兴中国梦的时代洪流中；就要贯穿新思想新理念新内容，以习近平新时代中国特色社会主义思想为指导，将其贯穿于思想建设、道德建设和法律建设之中；就要着眼新实际新要求，既充分体现党和国家对大学生的发展要求，也自觉回应大学生在学习生活等方面的思想困惑和发展诉求。"把教师队伍建设好"是办好思政课的关键环节。党的十八大以来，广大思政课教师爱岗敬业、勤奋工作，队伍建设呈现良好发展态势；但仍存在一些不能很好适应新形势新任务的薄弱环节，如有的学校对思政课教师认识缺位、重视不够，教师队伍数量不足、整体素质有待提升，优秀中青年学术带头人缺乏、学科支撑薄弱，等等。在全面实施思政课教学改革的背景下，加强思政课教师队伍建设、提升教师队伍整体素质和水平尤为迫切。"把课讲好"是办好思政课的根本归宿。课堂教学是学生获取知识和能力的主要途径，是教育培养学生的主要形式。不断提升思政课教学的吸引力、说服力、感染力，提高思政课教学的实效性、针对性，归根结底在于教师把课讲好。讲好思政课，是检验是否充分发挥思政课主阵地、主渠道作用的主要试金石。要落实好习近平总书记的重要批示，必须深化思政课教学改革，遵循教育教学规律、思想政治工作规律、学生成长规律，坚

① 习近平在全国高校思想政治工作会议上强调：把思想政治工作贯穿教育教学全过程开创我国高等教育事业发展新局面 [N].人民日报，2016-12-09（1）.

② 中共中央办公厅、国务院办公厅印发《关于深化教育体制机制改革的意见》[N].人民日报，2017-09-25.

③ 逄锦聚.关于讲好高校思想政治理论课的几点建议 [J].思想理论教育导刊，2014（10）:86-90.

持主渠道和多途径相结合、理论教学与实践教学相统一、传统手段与现代技术相融合。

（二）解决思政课教学中现实问题的必选方式

一段时间以来，高校思政课教学存在不少问题，集中表现为：一是少数高校没有把思政课教学摆在首位并贯穿教育教学全过程，办法不多，投入不够，思政课教学存在"边缘化"倾向。二是部分思政课教师囿于传统教育理念，强调教师主导作用的同时，较少考虑被培养对象的个体需求，课堂教学"一言堂"，忽视或漠视学生的主动性、创造性。三是思政课教学内容与教学话语生活化不够。教材内容审美性、创造性凸显不足，外延边界略显模糊，对学生缺乏必要的吸引力；部分思政课教师不重视整合最新教育资源、不接受新鲜话语内容，固守传统内容，沿袭学术话语和文本话语，降低课堂教学吸引力和感染力。四是思政课教师团队建设存在差距。部分思政课教师马克思主义理论功底薄弱、政治素养欠缺，大局意识、底线意识淡薄，课堂教学不能将党的路线方针政策、马克思主义理论的最新成果说清、说透，政治导向不够、价值引领偏颇，甚至带来负面影响。部分高校思政课教师团队建设略显乏力，运行模式单一，合力效应未能充分显现。五是思政课教学方式方法创新不够。部分思政课教学要么是停留于传统的填鸭式灌输方法，忽视学生主体性，教学实效低微；要么过分注重教学互动，导致课堂教学热闹但缺乏理论深度、忙碌但缺乏价值引领，"观光者""游离者"现象校多。

二、党的十八大以来高校思政课教学改革的实践探索

党的十八大以来高校思政课乘时代契机，进一步推进教学改革，以"05方案"为基础，以习近平总书记关于"用好课堂教学这个主渠道"等系列重要讲话为指引，遵循科学原则，选择正确路径，开展了富有成效的实践探索。

（一）严格遵循思政课教学改革的基本原则

多年来，高校思政课教学改革始终是在遵循科学原则基础上稳步推进。首先，遵循以立德树人为根本任务的基本原则。党的十八大报告强调，把立德树人作为教育的根本任务[1]，明确提出了教育事业的发展要坚持立德树人的根本任务，发展教育事业的目标是培养社会主义建设者和接班人。高校思政课教学改革，遵循了始终以立德树人为根本任务的基本原则，明确了如何引导大学生正确认识肩负的历史使命，努力成为德智体美全面发展的中国特色社会主义事业的建设者和接班人，这一必须认真研究解决的重大而紧迫的课题[2]。课堂教学是思政课的主渠道，思政课教学改革的最终指向是为了立德树人，并将此贯穿于改革的全过程、全方位。其次，遵循以强化实践为重要支撑的基本原则。党的十八大以来，高校思政课教学改革严格遵循强化实践为重要支撑的基本原则，

---

[1] 共中央文献研究室.十八大以来重要文献选编(上)［M］.北京:中央文献出版社,2014.

[2] 育部思想政治工作司.加强和改进大学生思想政治教育重要文献选编（1978—2014）［M］.北京：知识产权出版社，2015.

重点围绕课堂教学、实践教学、网络教学开展教学方法改革创新，其中实践教学是互动性、参与性和生动性三者兼具的教学形式。实践教学作为课堂教学的延伸拓展，重在帮助学生巩固课堂学习效果，深化对教学重点难点问题的理解和掌握。实践环节是高校思政课教学的重要环节，通过实践环节提升了学生的参与度、体验感，将课堂教学内容与实践教学内容相结合，形成知行合一良性运行的思政课教学机制。最后，遵循以协同各方为平台依托的基本原则。实践有力地表明，思政课教学改革绝不是单枪匹马在战斗，需要协调各方力量，依托各种平台，形成教学合力，才能取得好的改革效果。党的十八大以来，思政课教学改革遵循以协同各方为平台依托的基本原则，依托的平台主要有实践教学平台、网络辅学平台、教师备课平台等。对于实践教学平台，充分发掘能够为思政课教学提供帮助的实践元素，与红色文化教育基地、爱国主义教育基地、中华优秀传统文化教育基地加强合作，与博物馆、文化馆、纪念馆等建立联系，通过现场教学、参观调查、艺术创作、视频展播等形式开展教学活动。协同的各方既包括思政课实践教学平台的搭建，也包括思政课与其他课程的有效协同。同时，其他各门课程亦做到与思政课同向同行，共同形成教育教学合力。正如习近平总书记所指出，其他各门课都要守好一段渠、种好责任田，使各类课程与思政课同向同行，形成协同效应。①

（二）积极拓展思政课教学改革的有效路径

党的十八大以来，高校思政课教学改革围绕教学策略、教学模式、教学队伍和教学机制等方面积极探索、拓展有效路径，有序推进教学改革。

首先，实施"主体化"教学策略。"主体化"教学策略就是在思政课多种教学方式中将课堂教学作为"主体"，通过课堂教学主体地位的凸显，达到理论武装、立德树人的根本目的。多年的教学改革进一步拓展了课堂教学"主体化"路径，在实践中主要抓住三大环节：一是提升教师自身素质，让传道者自己首先要明道、信道，切实担负起学生健康成长指导者和引路人的责任；二是强化思政课集体备课制度，通过集体备课打磨教学内容、设计教学课件、形成教学团队、反思教学问题，运用集体智慧提升课堂教学实效性和针对性；三是打造专题化教学模块。课堂教学的核心是教学内容，在全国使用同一本统编教材的基础上，要将教材体系转化为教学体系，将教学体系转化为学生认知体系，既要将教材内容不折不扣讲清楚，又要将最新的理论成果和学生的思想困惑讲明白，这就要求精心设计专题，开展专题教学，实现教学内容的"一"与"多"相统一，即将统一的"马工程"教材体系转化为丰富多样的教学内容体系。

其次，创立"立体化"教学模式。思政课教学模式原主要是指课堂教学，不少高校在教学改革的实践探索中，创立了"立体化"教学模式的有效路径，即创建以课堂教学为主体，以网络教学、实践教学、文化浸润为重要补充，实现教学资源多层次、全方位

---

① 习近平在全国高校思想政治工作会议上强调:把思想政治工作贯穿教育教学全过程开创我国高等教育事业发展新局面 [N] . 人民日报，2016-12-09（1）.

优化整合的立体化教学模式路径。课堂教学以"专题讲授＋深度探究＋互动教学"为主，将教学重点、理论难点、社会热点和学生疑点有机结合，突出理论教学"要精，要管用"的原则。网络教学以"自主学习＋延伸拓展＋教师辅导"为主，将基础知识点、理论拓展点和学生关注点有机结合，使教学"同信息技术高度融合，增强时代感和吸引力"。实践教学以"实践感悟＋合作探究＋研讨反思"为主，将课堂、学校、社会、网络等多种实践相结合，通过各种实践教学的平台，达到"内化于心，外化于行"。文化浸润以"共同参与＋文化熏陶＋氛围感染"为主，将优秀传统文化、革命文化和社会主义先进文化结合起来，打造文化长廊、主题竞赛、艺术创作等特色校园文化，实施"文化讲堂引领、文化经典浸润、文化环境塑造、文化实践历练"的多样化途径，实现以文化人、以文育人。再次，打造"团队化"教学队伍。党的十八大以来，各高校积极探索打造"团队化"教学队伍路径，配齐建强教师队伍，着力提升队伍思想政治素质和教学能力水平，形成了"有理想信念、有道德情操、有扎实学识、有仁爱之心"的高校思政课教师团队。自2008年中宣部、教育部《关于进一步加强高等学校思想政治理论课教师队伍建设的意见》颁布以来，高校加大了思政课教师队伍建设力度，打造"团队化"教学队伍，努力按照1：350的比例配齐队伍，优化学缘、年龄、职称结构，通过教学改革专项、科学研究专项、名师示范教学、择优资助计划、培训实践研修等形式提升队伍的整体水平。

最后，构建"协同化"教学机制。思政课教学改革离不开协同教学，构建"协同化"教学机制成为党的十八大以来拓展的又一教学改革有效路径，即通过多种教学形式的协同形成思政课合力育人的教学机制。具体而言，协同校内校外的实践教学基地，协同线下教学与线上互动，协同课堂教学与文化育人，协同显性教学与隐性教育，从而构建起联动、创新的"协同化"教学机制。在教学机制运行中，以高校为主导，加强与地方政府、企业、社会的合作；与网络技术公司协作研发在线教学平台，形成网上网下互动的网络智慧课堂；利用各种文化资源开展多样多态的文化浸润活动，协同提升育人实效。

（三）客观评价思政课教学改革的显著成效

毋庸置疑，党的十八大以来，思政课教学改革取得了显著成效，集中体现在教学质量和育人效果的显著提升，以及教学改革方法的应用推广和理论研究的不断深入。首先，课堂教学和育人效果显著提升。思政课教学改革的不断深入，增强了学生获得感。例如，西南某大学采用课堂专题教学、网络教学、实践教学、文化育人等举措，探索了主渠道传播马克思主义理论的新方式，实现课堂教学的"精要传播"，网络教学的"互动传播"，实践育人的"情景传播"，文化育人的"浸润传播"，学生对于思政课教学改革的获得感不断增强，网上评教满意度逐年攀升，用人单位对毕业生思想政治素质和职业道德素养高度肯定；涌现出一大批积极向上、勇于担当的群体和个人；学生社团和志愿服务活跃于校内外；思政课实践教学的艺术创作屡获殊荣。其次，示范影响和应用推广不断拓展。思政课教学改革形成了不少可供全国借鉴的实践经验，如课堂教学的主体地位更加牢固，教学策略、模式的改革创新有序推进，教学队伍逐渐配齐建强，教学保障趋于坚强有效，等等。最后，教学改革和科学研究相互促进。多年来各高校思政课教学改革始终将"教"与"学"作为中心环节，强化理论研究的目标指向，让理论研究服务于课堂教学，从课堂教学中发掘理论研究的切入点；将科研的内容瞄准教学改革的前沿，使科研成果成为教学的坚实基础，既促进了教学水平的提升，又促进了科研能力的进步，形成了教学科研联动促进的效应，真正实现了教学科研相互联动、有益促进。

第二节　基本原则

一、政治站位

习近平总书记指出，办好思想政治理论课关键在教师。近年来，党和国家对思政课教师队伍建设高度重视，思政课教师队伍不断壮大，一批博学笃行的老教授仍然老骥伏枥、严谨治学，一批有理想有情怀的中青年骨干逐渐成为中流砥柱，为思政课教师队伍注入了新鲜血液，保证了思政课建设薪火相传。但是，也要清醒地看到，新时代思政课建设面临了很多挑战，必须打造具备顽强的斗争精神、坚韧的斗争意志、高超的斗争本领的高素质的思政课教师队伍。

（一）提高政治站位，才能"干得好"

工作要干好，政治站位是根本，是打头的、管总的。一方面，思政课教师的职能定位要提高政治站位。习近平总书记强调："思政课作用不可替代，思政课教师队伍责任重大。"这一重要论述将思政课和思政课教师的重要作用提升到前所未有的高度。思政课是落实立德树人根本任务的关键课程，思政课教师承担着塑造灵魂、塑造生命、塑造人的历史重任，坚定的政治站位至关重要。另一方面，思政课教师的履职担当要提高政治站位。政治性是思政课的本质属性，是区别于其他课程的根本特性。思政课教师不仅是理想信念的坚守者，还是理想信念的播种者。思政课教师履行立德树人使命、把讲政治的要求落实到授课育人的全过程，必须把提高自身的政治站位作为首要功课，遵循思想政治工作规律，遵循教书育人规律，遵循学生成长规律，政治要强，理直气壮、大大方方讲政治，向主责主业聚焦、与党的要求对标对表，不忘初心、牢记使命，不负重托、坚定信仰，真正做到让有信仰的人讲信仰，让有信念的人讲信念，理想信念才能传得开、信得过、扎下根。

（二）落实政策待遇，才能"配得强"

习近平总书记强调："建设专职为主、专兼结合、数量充足、素质优良的思政课教师队伍。"如何把这支队伍建好建强？一方面，要有严格的准入门槛。想把学生培养成什么样的人，教师首先就应该成为什么样的人。要明确准入条件，优化治理体系，以"政治要强、情怀要深、思维要新、视野要广、自律要严、人格要正"为准绳，重点考核政治素质和岗位能力，化解制约思政课教师建设的突出问题，从政治信仰、业务素质、人格魅力等方面全面提高教师队伍建设水平，打造高素质的思政课教师队伍。另一方面，要有刚性的制度安排。党的十八大以来，党和政府高度重视思政课教师队伍建设，建立起了一支"可信、可敬、可靠，乐为、敢为、有为"的思政课教师队伍，但地区与地区之间、学校与学校之间发展不平衡，一些地方和学校在教师职数、晋职晋级、待遇保障等方面政策落实尚有差距，要着眼从严管理和科学治理相结合，建立起更加科学更加严密更加有效的制度体系①。

（三）实现多元发展，才能"融得进"

要发挥思政课教师的积极性、主动性、创造性，必须走出思政课自身"小循环"、教育系统"内循环"，融入社会的"大循环"。一方面，要为思政课教师的作用发挥搭台唱戏。思政课教师是学生成长路上的方向标，要紧紧围绕"六个要"和"八个统一"的要求，高度重视专职思政课教师的作用发挥，在管理、内容、实施、保障等方面下功夫，积极破除唯文凭、唯论文、唯帽子等顽瘴痼疾，深化教育体制改革，不折不扣地把思政课教师队伍建设的最新要求落到实处，着力解决教育评价指挥棒问题，让"安、专、迷"精神在这支队伍生根发芽。同样要放眼四方，让全社会各个领域有信仰、有情怀、有担当的人们参与到思政理论课教学，推动形成全党全社会努力办好思政课的格局，课堂实践、校园实践、网络实践、社会实践结合起来，让学生既能在学校的"大课堂"受教育，又能在校外的"大舞台"受熏陶。另一方面，要为思政课教师的素质提升铺路架桥。思政课教师从事的是传播知识、传播思想、传播真理的工作，肩负着塑造灵魂、塑造新人的时代重任。对这支队伍的发展要进行整体谋划、系统推进。通过"育"，有计划、有力度地培育各级各类学校的思政课教师，着力推动思想政治教育学科的本硕博一体化贯通培养；通过"引"，将各个领域德才素质高的人才引入到这支队伍，充实队伍力量；通过"学"，选送到知名高校、党校、行政学院学习进行系统培训；通过"援"，将优秀思政课教师有针对性、有规划的选派到师资力量相对薄弱、教育质量相对较差的地区进行对口支援、示范引领。

二、与时俱进

（一）以与时俱进的实践精神指导思想政治教育学建设

实践是主体为满足一定需要而能动地认识和改造客体的活动。实践精神是指人们立足于社会实践的变化和发展来考察和思考问题，从实践的观点来说明客观事物的本质及其发展规律，并以之指导人们认识和改造客观事物的精神。

实践，认识，再实践，再认识……这种形式循环往复以至无穷，这是辩证唯物主义

① 李嘉妍，吕梦函．新媒体环境下高校思政教育的现状、问题及对策研究［J］.新闻传播，2017（15）：64-65.

认识论的总规律。由于理论是实践的产物，实践是理论与时俱进的不竭动力。发展理论不能靠本本，而是靠实践、靠创新、靠实事求是。因此，为实现理论在发展过程中不断实现新的突破，进一步推动理论的完善和发展，必须以一种与时俱进的实践精神不断认识处于运动、变化和发展中的实践，并从实践中总结新经验、提炼新观点、开辟新境界。思想政治教育学建设作为一种理论研究、探索和创新的实践活动，同样应遵循辩证唯物主义认识论的总规律要求。思想政治教育学建设者们只有保持与时俱进的实践精神，适应实践的发展变化对理论提出的要求，不断开拓创新理论发展的新阶段，才能真正做到从发展变化的"实事"中去"求是"。

应该说，思想政治教育学建设以与时俱进的实践精神做指导：一是要把握思想政治教育实践活动的指向、目标，并从中更准确地抽象出思想政治教育学的理论基础、指导思想、学科定位；二是要对在我国全面建设小康社会的伟大实践中涉及思想政治教育学建设的重大问题进行研究，对实践中的经验进行总结，并从中抽象出有一定概括力的理论，以推动思想政治教育学理论的不断创新、完善和发展，同时也更好地用来指导思想政治教育实践；三是要把思想政治教育学现在所形成的理论放到实践中去检验，加以修正、补充和完善，从而不断改进、完善和发展思想政治教育学的理论；四是要对思想政治教育实践的新情况、新问题进行理论研究，发展思想政治教育理论。

当前，在经济全球化、政治多极化、信息网络化，一球两制并存竞争的时代背景下，伴随着我国加入世贸组织和市场经济体制改革的日益深化，思想政治教育的主体、客体、介体和环体都随之发生了前所未有的变化，从而给思想政治工作带来了许多新的问题和挑战。"理论研究只有同社会发展的要求，丰富多彩的生活和人民群众的实践结合起来，才能具有强大的生命力和影响力，才能实现自身的社会价值。"思想政治教育学的建设和发展要求思想政治教育学建设者们善于把握不断变化的实际，并把由变化中积累的实践经验上升为理论，把局部工作的经验抽象为普遍性，将分散的个别研究整合成系统的、全方位的、多角度的研究，从而促进思想政治教育学的建设。

（二）以与时俱进的审视精神指导思想政治教育学建设

审视精神是指人们在从事某一社会实践和理论创新活动中，善于运用科学理论和客观事实去考察、评鉴、认识某一实践经验和理论活动成果所体现的一种精神。与时俱进精神蕴含着审视精神。因为要做到实践和理论活动的与时俱进，就必须对现有的经验，对前人、今人、自己的学术成果进行详审慎视，必须对人的某一活动对象系统进行审查慎究，以发现客观事物和某一理论的本质特征，明确其中可资借鉴的经验和理论成果，从而推进和完善原有的认识。

思想政治教育学自20世纪80年代中期建立并确立为一门科学到学科体系的初步构建，充分说明了该学科是由于时代需要而诞生，其学科体系、学科内容等方面的建设和完善也反映了时代的要求。但是，随着时代主题的转换、党和国家工作重心的转移以及思想政治教育学研究内容等方面的变化和深化，思想政治教育学建设势必要求学科建设者们在致力于理论创新和发展的工作中要随着时代条件、党和国家的中心任务和自身研究的体系、内容等方面的变化和发展而不断返回理论自身去进行审视，既继承理论得以发展的科学基础，又建立起符合时代发展需要和科学理论发展规律的与时俱进的理论体系，才能跟上时代的步伐。以与时俱进的审视精神指导思想政治教育学建设要做到以下几点。一是要科学地审视随着时代的前进，随着客观实际的变化，随着条件的发展，思想政治教育学建设的环境发生了哪些变化。正确把握思想政治教育学建设所面临的世情、国情、党情、民情，对增强思想政治教育学建设的时代性，把握规律性、富于创新性具有重要的意义①。二是要科学审视思想政治教育学现有理论能否说明思想政治教育领域的新现象，思想政治教育学现有的理论与思想政治教育实际之间的符合与不符合的地方及其程度。在思想政治教育学理论建设过程中，对于现有的思想政治教育学理论的每一原理，都要历史地、联系具体的历史经验加以考察，坚持客观性原则和历史分析的方法，研究其形成的客观历史条件，分清在当前的历史条件下哪些理论是应该坚持的，哪些理论是应该根据条件的变化而应予以修正、补充和发展的。三是要在科学地审视前人、他人的关于思想政治教育学建设方面的学术成果的同时，更应对自己这方面的学术成果进行科学审视。

（三）以与时俱进的批判精神指导思想政治教育学建设

批判精神是指人们在解放思想、实事求是的基础上，根据一定的理论和事实，对有关的事实或学说进行批评，指出其正误或优缺点，以明辨是非所体现的一种精神。

以与时俱进的批判精神指导思想政治教育学建设要求思想政治教育学的建设者们，一是要深入了解思想政治教育学建设的现状，充分认识思想政治教育学理论建设过程中需要进一步完善和发展的基础理论问题和前沿问题，为以与时俱进的批判精神建设思想政治教育学奠定基础。二是要通过开展思想政治教育学理论的学术评论、学术争鸣活动，营造思想政治教育学建设的良好学术氛围，共同创新和发展思想政治教育学理论。比如在思想政治教育学内容体系的学术争鸣中，学者之间存在着不同的意见，但不管是"三板块结构说""四板块结构说"或其他的观念和说法，学者们通过开展批判与自我批判的学术争鸣活动，都一致认为思想政治教育学的基础理论或者说理论依据是必不可少的，而且是第一位的。这个理论基础就是马克思主义基础理论。而马克思主义基础理论及它与思想政治教育学之间的关系则堪称是该门学科的首要的根本的学科内容之一。三是要敢于对自己有关的思想政治教育的思想和观点进行自我批判，既敢于对自己以前错误的观点进行自我否定，对自己的那些不适应思想政治教育实践发展的思想和观点进行自我解剖，又善于对自己不完善的理论进行补充和修正。

（四）以与时俱进的开放精神指导思想政治教育学建设

---

① 许辉，郑方明，于兴业.新媒体时代高校思想政治教育途径创新的思考与实践［J］.黑龙江高教研究，2014（12）：135-136.

所谓开放精神是指人们在从事社会实践和理论创新活动中，自觉吸收人类的一切优秀文明成果来满足社会实践和理论创新的需要，以推动社会进步和理论发展所体现出的一种精神。以与时俱进的开放精神指导思想政治教育学建设，要求思想政治教育学的建设者们，做到以下几点：一是要重视思想政治教育学科史的研究。学科史是学科已经发展情况的反映，是前人实践经验智慧的结晶，是学科得以确立和发展的基础。研究学科史的目的，在于从历史发展的角度，对前人在某一学科领域所思考过的理论问题进行系统总结与反思，从中吸取经验与教训，从而为今天的学科发展提供理论借鉴。二是要继承中华民族各个历史阶段的思想政治教育优秀成果。比如，在春秋战国诸子并起、百家争鸣的时代，当时的儒、墨、道、法各家都建立起了自己的思想政治教育学说体系，创造出各具特色的理论成果。如儒家所倡导的"天下为公"的无私奉献精神，"革故鼎新"的改革变通精神，"居安思危"的民族忧患精神；以及"因材施教"法、"循循善诱"法、"立志为先"法等等，这些理论成果在今天的思想政治教育学建设中仍具有鲜明的活力。又如，作为无产阶级思想政治教育的开创者马克思恩格斯创立的辩证唯物主义相统一的原理等都将成为思想政治教育学发展的源泉。当前，在思想政治教育学建设过程中，尤其要继承和发扬中国共产党在革命和建设过程中积累的丰富思想政治教育的经验和理论，因为它是思想政治教育客观规律的反映，也是思想政治教育学发展的根基。三是要冲破封闭的藩篱，大胆吸收和借鉴世界各国创造的一切有关思想政治教育和道德教育的文明成果，以充实和丰富现代思想政治教育学的学科理论体系。要运用马克思主义的观点和方法，考察并总结世界历史上各个国家在不同历史时期，特别是当代资本主义国家的思想政治教育理论和经验，对于那些反映人类共同心理、共同美感、共同时代精神的道德理念以及某些合乎时代要求的教育内容、教育形式和教育方法，我们都应当通过分析、比较和鉴别，批判地加以吸收使之为我所用。

（五）以与时俱进的创新精神指导思想政治教育学建设

所谓创新精神是指人们在科学思想指导下，在认识世界和改造世界的实践中，敢于对技术、制度、管理、市场、组织等进行发现、发明和提出新思想，并首次应用及实现其价值所体现出的精神。以与时俱进的创新精神指导思想政治教育学建设要做到以下几点：一是要坚持以马克思主义基本原理为前提，在坚持与发展的统一下，开辟思想政治教育学建设的新境界。这不仅是因为马克思主义基本原理是思想政治教育学的理论基础，为思想政治教育学理论创新提供了科学的思维方法，赋予了鲜明的政治立场，注入了崇高的理想意蕴，而且还因为马克思主义本身是与时俱进的发展的科学。它必然昭示思想政治教育学的建设者们要以发展的眼光，深深扎根于人民群众丰富的社会实践及思想政治教育实践中去坚持和发展思想政治教育学的理论，不断把思想政治教育学引向充满生机和活力的新境界。二是要把握时代的本质，时代的主题，社会发展阶段，改革开放和现代化建设的基本格局以及特定的时间、空间和环境提供的思想政治教育学发展机遇。要善于根据"时""空""事物""实际"的变化发展及其所带来的"关系"的变化发展来认识思想政治教育和思想政治教育学，使思想政治教育学的建设与发展始终能够与时俱进地得到创新和发展。三是要把与时俱进，开拓创新作为思想政治教育学建设的一条思维主线，坚持走理论创新和实践创新相结合的道路。"一个民族要想登上科学的高峰，究竟是不能离开理论思维的。""理论在一个国家实现的程度，总是决定于理论满足这个国家需要的程度。"作为融创造性和突破性为一体的主客体相统一的活动，创新包括理论创新、观念创新、实践创新、体制创新等多个方面，集中表现为对新的发展的追求和对新的规律的探索。不论何种形式的创新，思维创新总是认识的源头和思维的起点，是统领和指引其他一切创新的关键和根本。把与时俱进、开拓创新作为贯穿思想政治教育学建设的一条思维主线，始终以改革的精神和创新的思维去筹划学科建设思路，在实践创新的基础上致力于理论创新和发展，从而谋求思想政治教育学的长足发展，既是增强学科生命力的有效途径，又是推进思想政治教育学发展的根本要求。

三、内容为王

近年来，关于提高思政课亲和力、吸引力的教学探索颇多，比如翻转课堂、手机互动、影视赏析、课堂辩论等创新手段被应用于教学。部分教师，尤其是青年教师为了"吸睛"而对教学内容和过程进行娱乐化处理，大量使用网络"潮语"等流行性语言……这虽在一定程度上吸引了学生的注意力，但过分重视形式创新难免为思政课改革带来了某种隐忧。

过分注重教学的形式创新可能会削弱思政课的思想性。思政课承担着为党育人、为国育才的艰巨任务，要在帮助学生掌握马克思主义的看家本领上下功夫，为其成长成才奠定科学的思想基础。但在当前一些思政课堂中，有的教师为了追求课堂气氛的活跃和生动，寻找和收集了能够吸引学生眼球的教学素材和视频资料，并将其加工成为课堂教学的"娱乐点"，表面看课堂气氛活跃、欢声笑语不断，但思政课的思想性和知识的系统性却被庸俗化和碎片化了。思政课教学偏离其主旨，理论就可能变得苍白、空洞，教学就可能变得无思想、无立场、无观念。不仅如此，过多使用娱乐元素还可能滋生轻浮教风，使教师弱化了作为知识人在教学中应有的主导作用。思政课教学切不可走"去思想化"的路子，切不可为了抬头率、认可率而以放弃意义追问和现实思考为代价。思政课教学要"创新"，更要"守正"，娱乐元素的使用看似活跃了课堂，实则空洞无味甚至滑向肤浅和庸俗。

教学内容随意化可能消解思政课的政治性。政治性是思政课的本质属性，关系到思政课为党和国家培养什么样的建设者接班人，以什么样的理论武装头脑的重大问题。当前，国内外敌对势力一刻也没有停止在意识形态领域腐蚀青年学生，社会主义初级阶段的各种矛盾和问题也需要教师及时为学生答疑释惑。面对各种错误思潮和思想观点的干扰，以政治性引导学理性、坚持正确的政治方向是思政课教学不可回避的应为之举。思政课教学中的娱乐化倾向，淡化了思政课的教材体系和教学体系；娱乐元素虽与教学内容有一定相关性，但更多的是以借题发挥的形式转移和替代了思政课本来的教学内容，与思政课的教学目标是相悖的。思政课教学内容有其独特的范式，切不可随意选取和替代，"思想"是"政治思想"，"理论"是"政治理论"，思政课教材是教学活动的基本遵循。思政课教师要以教材为蓝本，实现"教材—教学—价值"体系的转化，在教学过程中将教学的重点、难点与大学生思维的兴奋点紧密结合起来，直面各种社会思潮挑战，对各种社会思潮的价值取向和意识形态本质有深刻把握，对社会热点、难点及敏感问题进行透彻的理论分析。只有这样，教师才能游刃有余地引领学生在马克思主义理论和多元文化思潮之间进行比较分析，为青年学生的发展提供科学价值判断，并指明发展方向。

知识结构碎片化可能降低思政课的理论性。思政课具有其内在的研究范畴、推理范式和逻辑架构，理论性是思政课的立身之本和鲜明属性。思政课的理论性蕴含着马克思主义的理论根基，是马克思主义理论家及其继承者在长期的革命、建设和改革过程中积累的基本经验、基本价值、基本思想、基本理论，是一个全面系统的知识体系。只有对理论本身的科学性、逻辑性、学理性有深刻认识，才能达到提升理论素养的目的。然而，过多使用娱乐元素的教学活动，却不同程度地存在着理论弱化和理论短视现象。有的教师追求课程内容的"通俗易懂"而放弃对"元理论"的深入探究，人为增加故事性的内容，用案例代替理论，用话题弱化理论，用形式创新代替理论[①]。课堂上那些被串联在一起的"段子"，在广度上将马克思主义理论的深刻性与系统性割裂，造成了知识结构的碎片化；在深度上将理论讲授局限在常识性或经验性的思维层面，带来了对现实问题解读的随意性，弱化了师生的思维水平和理解能力。思政课教学要突出并彰显马克思主义的理论魅力，缺少坚实理论支撑的教学，势必弱化马克思主义的揭示力度，消解思政课自身的严肃性。思政课教学形式的创新和技艺的运用只是手段，"方法制胜"的前提是"内容为王"。

恩格斯指出："一个民族要想站在科学的最高峰，就一刻也不能没有理论思维。"习近平总书记在纪念马克思200周年诞辰大会上的讲话中引用了恩格斯这一论述，并进而明确地提出："中华民族要实现伟大复兴，也同样一刻不能没有理论思维。"思政课教学需突出思想政治的"政治定位"和理论研究的"学术定位"，两者的有效结合是讲好讲活思政课的前提和基础。不可否认，将丰富的素材引入教学并辅之以情感为基础的表达方式，对提高思政课教学的亲和力有帮助，但亲和力不能通过素材的堆砌、欢娱的制造来提升，思政课的实效性也不能简单用抬头率、到课率、热闹程度及掌声高低来衡量。思政课应该注意解决学生的思想困惑和理论不足，培养青年学生的问题意识并将其内化为他们的心理品质和思维习惯。思政课教学要突出思想性、政治性和理论性，离开"三性"的统摄而过分注重形式就可能成为华丽包装下的"空洞的说教"。思政课教师要树

---

① 曹海燕.新媒体时代高校思想政治教育研究［J］.兰州教育学院学报，2017，33（3）：80-81.

立起高度的理论自信。要知道，并非只有新奇的形式才能获得学生的关注，思想的触动才能真正获得学生持久的认同。

四、注重手段

高校思政教师在教学的过程中要结合新媒体环境，确保思政教学活动的顺利开展，激发学生对思政课堂的参与兴趣，对思政内容展开深入的探究与分析。

从当前高校思政教育的状况分析来看，高校思政教育并不乐观。绝大多数高校为了社会发展的需要，设置专业课程并着重培养学生专业技能，从而忽视了思政教育的重要性；不论是在课程规划上还是在课程投入上都有所欠缺，使得高校思政课程教学质量不高，难以发挥出应有的作用。此外，高校教学创新能力滞后，教学手段过于陈旧单一，难以满足当今时代的发展需要。在信息时代背景下，网络技术在我们生活与工作中发挥了重要的作用，为我们带来了便利的信息获取途径。高校可以利用互联网技术改变思政教学手段，激发学生对思政课堂的学习兴趣，利用网络信息技术的资源共享优势，利用新媒体教学手段，从而提升高校思政课堂的教学质量与效率。

（一）利用新媒体技术，构建创新课堂

新媒体背景下，高校思政教师逐渐利用新媒体模式替代传统课堂教学模式，更加重视大学生的成长需求，为学生构建创新的思政课堂环境。因此，教师在制订教学方案时，需要考虑到不同专业学生的个体差异，目的是在培养学生掌握思政知识的同时，提升学生的思政素养，并且启发学生将自身的专业特长融入思政课堂，从而促使学生综合发展。教师可以将 VR（Virtual Reality，虚拟现实）技术引入思政课堂，使学生获得交互体验，从而激发学生的学习热情，提升课堂效率。此外，教师可以利用微博等平台，举办一场网络辩论赛，让学生将思政知识与自身的辩论才能结合在一起，从而调动学生参与思政学习的兴趣，引导学生对思政知识进行深入的探究。这些新颖的课堂结构，能够满足当今学生对思政学习的需求，能够凸显出学生在课堂中的主体地位，促使学生积极主动参与思政课堂，获取思政知识。

（二）利用网络课堂结构，开拓教学空间

随着新媒体时代的到来，慕课、微课等网络教学形式也相继出现，扩大了高校思政教师的教学范围。在传统高校思教学课堂中，教师用一本教材、一支粉笔、一面黑板完成思政教学活动。在这样枯燥乏味的课堂模式下，学生会逐渐对思政课堂丧失兴趣，难以保证思政课堂的教学质量。将网络课堂应用到高校思政教学中，可以打破时间与空间的束缚，学生可以在任何时间、地点，按照自身的学习需求进行思政学习；教师可以在课堂中运用微课视频，为学生提供视频、图片等学习信息，在丰富课堂内容的同时，激发学生对课堂的参与热情，提高思政课堂的教学效率。在思政课堂中应用网络技术，能够让思政教师根据学生思政学习的需要，有针对性地为学生筛选教学内容。高校思政教师可以利用互联技术的丰富资源为学生带来丰富的课堂体验，使得学生在获取思政知识的同时，提升自身的知识储备量，促进学生身心健康发展。

（三）拓展课堂教学内容，调动学生思政学习激情

长久以来，高校开展思政教学的目的就是培养学生形成正确的情感价值观。在教学过程中，教师会以教学大纲为主要依据，难以拓展学生的思维、开阔学生的视野，没有意识到学生对思政课政治的学习兴趣与热情在课堂教学中的重要性，使得高校思政教学工作难以得到进展与提升。为此，高校思政教师要从原有的教学模式中跳出来，在新媒体环境下对思政教学内容进行拓展，从而调动学生参与思政课堂的热情与积极性。首先，为了激发学生对思政课程的兴趣，高校思政教学要对教学方案进行改良，丰富课程内容安排，增强思政课堂的趣味性。为此，教师要将新媒体技术与课堂教学相结合，利用网络技术为学生搜集教学内容，丰富教学课堂，不断完善思政教学设计，为学生提供创新的思政教学模式。教师可以利用微博、微信等平台，将课堂资料传递给学生，帮助学生积累思政知识；学生也可以通过相同的途径向教师反馈学习情况，从而有目的、有方向地拓展学习内容。其次，高校思政教师要意识到不仅可以在课堂上开展思政教学，也可以进行课后延伸。教师可以利用课余时间，组织学生通过自主探究活动的方式，对思政知识进行深入的学习与探究。此时，教师可以以新媒体技术的共享性，引导学生在思政课堂学习开始前，在网上搜集相关的内容信息，在丰富学生思政知识储备量的同时有针对性地开展学习活动。教师可以根据学生的信息反馈了解学生的思政课学习情况，掌握其思想发展趋势，从而在思政课堂中更好地引导学生进行思政理论学习，帮助其解决在学习中遇到的困难，从而提升思政教学质量与效率。最后，教师要具备灵活运用思政知识的能力，构建完整的思政知识体系。为此，教师要帮助学生巩固思政知识，巩固思政知识概念，从而使学生能够在生活中灵活运用思政知识解决现实问题。但是，从当前高校思政教师的教学情况分析来看，教师在为学生设计教学活动的时候，对课后思政知识学习这部分有所忽视。由此一来，会出现学生学得快忘得也快的现象，从而导致思政课堂的教学效率提升缓慢，最终打击学生向往思政课堂的积极性。此时，慕课、微课等多媒体教学手段可以发挥出积极的作用，其不但能够帮助学生预习所学知识，还能为学生提供随时随地预习知识点的便利，为学生提供课后复习的便利，从而保证高校思政课堂的教学质量。

在新媒体环境下，为了进一步促进高校思政教学的发展与进步，需要把现代化技术设备应用到思政课堂教学中，从而调动学生对思政知识的学习兴趣。为此，高校思政教师要明确认知新媒体技术的优势，并将其与思政教学科学合理地结合在一起，改变原有的教学理念与教学方式，使得高校思政教学与时代共同发展进步。引导高校大学生更好地掌握思政知识，帮助其形成正确的情感价值观，培养高校大学生成为高素质、高水平的国家发展人才，从而促进新时期社会主义建设与国家发展。

第三节　重点难点

一、高校思想政治理论课教学重点难点问题研究的必要性分析

高校思想政治理论课教学方案设计，需要由教学重点与教学难点概念分析而知。教学重点主要是指教学的要点所在、重心所在，认知教学重点能够准确掌握高校思想政治理论课教学本质，及时发现高校思想政治理论课教学规律。教学难点主要是指教学过程中不易理解、掌握与利用的知识、技能等，是制约教学质量与效率提升的关键因素。认知教学难点能够准确掌握高校思想政治理论课教与学存在的矛盾，及时发现高校思想政治理论课教学矛盾成因，从而让教学方案设计能够有组织、有规划开展，提升理论课教学精准性、科学性、有效性。

马克思主义理论学科研究与思想政治理论课教学互动需要。马克思主义理论作为具备科学性、人民性、实践性、开放性的理论，在中国特色社会主义事业建设中发挥着重要指导作用，是中国共产党人在全心全意为人民群众服务过程中所坚定的理念信仰基础。

高校思想政治教育课程体系改革需要。基于高校思想政治理论课教学重点难点问题研究，我们能够从整体层面对高校思想政治理论课教学现状进行审视，掌握新时期高校思想政治理论课教学新情况、新变化。[①] 例如，在文化多元化、全球化发展下，学生思想、意识、行为等发生改变，学生思想问题呈现出多样化、复杂化发展态势。这在一定程度上对高校思想政治理论课教学提出了更高要求，如何解决学生生活、学习、就业、情感、人际交往等方面的问题，成为理论课所应关注的重点内容。通过进一步了解高校思想政治理论课教学变化与要求，能够有针对性进行教学体系、教学方法等改革与创新，有效改善教学内容、教学方法与受教主体之间存在的矛盾与问题，提升课程教学质量与效率。

二、当前高校思想政治理论课教学重点难点问题主要表现分析

基于高校思想政治理论课教学重点难点问题的深入研究，发现当前思想政治理论课教学重点难点问题主要体现在以下几方面：一是如何发挥学生学习主体作用，提高学生思想政治理论课教学活动参与的积极性、主动性；二是如何促进高校思想政治理论课教学由教材体系转向教学体系，使思想政治理论课教学内容符合学生认知需求、心理需求，解决教学内容与教学对象之间存在的矛盾；三是如何处理理论教学与实际教学相脱节问

---

① 郝清杰.高校思想政治教育热点问题研究［J］.学校党建与思想教育.2018（16）：20–22.

题，让思想政治理论课教学更具针对性、时代性、目的性、时效性，促进理论教学育人功能的有效发挥；四是如何使思想政治理论课教学与马克思主义中国化建设更密切，让学校、教师、学生等成为推动马克思主义理论大众化发展、时代化发展的重要载体。

三、高校思想政治理论课教学改革创新路径分析

（1）改进理论课教学模式，发挥学生主观能动性。例如，在《毛泽东思想和中国特色社会主义理论体系概论》教学过程中，引入任务驱动型项目教学模式进行思想政治理论课教学创新。在此过程中，立足《毛泽东思想和中国特色社会主义理论体系概论》教学总目标，结合课程教学内容进行学习项目任务编制（如服务型政府建设、精准扶贫、反腐倡廉、生态文明建设等），实现教学目标的科学分解，促进教学目标与教学内容的有效结合。

（2）丰富理论课教学内容，密切理论与实践教学。要想有效化解高校思想政治理论课教学内容与学生之间的矛盾，突破客观与主观、理性与感性屏障，需将高校思想政治理论课教学融入学生现实生活中，通过学生情绪调动，提高学生对主流意识形态的认知、理解、重视与支持。因此，在实践教学过程中：一要增强教学内容时代性，立足改革开放以来中国各领域各方面的变化，渗透中国特色社会主义核心价值观念，加强学生对"全面建成小康社会""中国特色社会主义事业'五位一体'总体布局"等基本方针、重大决策、重要部署、关键举措的理解；二要注重社会资源整合利用，通过组织开展中华优秀传统文化传承活动、红色基因寻找活动、校园红色文化建设活动、法制讲座进课堂活动、二十年工业变化与十年科技进步调研活动等，丰富学生经验，增强学生体验，让学生充分认识到马克思主义中国化、中国特色社会主义核心价值观、中国特色社会主义制度等所具有的科学性、优越性。

（3）创新理论课教学手段，完善理论课教学体系。高校思想政治理论课教学改革应与时俱进、取长补短，善于利用现代科学技术激发传统理论课教学活力，让高校思想政治理论课教学体系更完善，教学方式更灵活。例如，根据当代大学生特征，依托计算机网络技术、多媒体技术构建翻转课堂、微课堂；利用互联网技术、移动终端技术，打造师生互动平台，实施远程教学、移动教学；利用大数据挖掘技术探寻学生学习兴趣，挖掘社会热点问题，做好舆论引导工作等。

（4）提升理论课教学能力，促进教学与科研互动。教师作为引领学生健康发展的领路人、指导师，自身需要具备正确价值观念，拥有丰富马克思主义理论研究经验，做先进思想、先进文化、主流意识的传播者、坚守着、支持者；能够运用自身行为、自身品质、自身知识、自身技能落实教学任务，提升教学质量。

办好中国特色社会主义高校，促进高等教育"立德树人"教育任务的有效实现，开创高等教育事业全面育人新局面，已经成为新时代高校建设与发展关注的重点所在。在此过程中，高校应明确认知思想政治理论课所具有的积极影响与作用，不断深入研究高

校思想政治理论课教学重点难点问题，从根本上落实高校思想政治理论课教学改革与创新措施，为学生发展指明方向，更好地培育中国特色社会主义事业建设人才。

第四节　提质增效

习近平总书记强调，我们办中国特色社会主义教育，就是要理直气壮开好思政课。[①] 开好思政课，要坚持用习近平新时代中国特色社会主义思想铸魂育人，牢牢抓住立德树人这个根本任务，努力做到守正与创新相统一，不断推动思政课教学提质增效。

思想政治工作是学校各项工作的生命线，思政课是落实立德树人根本任务的关键课程，也是培养一代又一代社会主义建设者和接班人的重要载体。针对以往思政课教学不同程度存在的"说起来重要、做起来次要"问题，我们注重下真功、见实效。大力推进习近平新时代中国特色社会主义思想进教材、进课堂、进头脑，结合自身的专业特点，坚持把习近平同志关于教育、卫生、健康的重要论述融入思政课教学全过程。[②] 严格思政课教师准入制度，实行政治考察一票否决，为青年教师配齐指导教师，积极开展集体备课、岗位实践、师德考评等活动。成立教学质量管理机构，认真落实教学巡查、随机听课、评教评学等制度，评选和推广思政课教学的优质课件和精品课件。

开好思政课，应把课程思政和思政课程有机统一起来。要深挖每门课程的育人内涵，让其守好一段渠、"种好责任田"，着力形成从思政课程到课程思政的圈层效应，解决好思政教学与专业教学"两张皮"问题。我们健全双带头人制度，由学术带头人担任党支部书记，明确专业课教师思政教育与技能培养双重职责。健全师德师风考评和年度目标考核体系，将育人责任和师德标准纳入师资队伍建设规划和教师个人规划，让每位教师都成为思政课教学"局内人"，实现全员育人。实施思政课程和课程思政示范项目，挖掘专业课程蕴含的思政教学元素，将其融入教材编写、课程建设、课堂教学、实验实训之中，促进各类课程与思政课同向同行。坚持把职业道德纳入人才培养目标、思政课程建设标准，指导学生制定个人发展规划，让专业课在授业中传道，努力把育人理念贯穿到学校各项工作中，实行全程育人，如构建课程思政育人、思政课程育人、科研育人、实践育人、文化育人、网络育人、管理育人等"十大育人"体系，形成全方位教学育人格局。

推动思政课教学提质增效，必须坚持理论性和实践性相统一，重视思政课教学的实

---

① 本报评论员. 把思政课办得越来越好——论学习贯彻习近平总书记在学校思政课教师座谈会上重要讲话［N］人民日报，2019-03-19（1）.

② 刘伟，陈锡喜. 高校思想政治理论课教学体系建设论析［J］. 思想教育研究，2018（02）：92-96.

践性，通过实践教学努力让学生加深对科学理论的理解，教育引导学生立鸿鹄志、做奋斗者。作为实践教学的重要途径，思政课教学要着力把理论教学与实践教学、校园小课堂与社会大课堂结合起来，引导青年大学生学以致用、用以促学、知行合一，使课堂教学成果在实践中得到升华。我们要坚持把思政课教学与党建工作实践结合起来，打造学生"五微"实践课堂，即健全"微积分"学生党员培养机制，建立"微阵地"学生公寓站点，实施"微活动"党性修养提升计划，成立"微社团"学生党员志愿服务团队，打造"微通讯"学生党建工作平台；坚持把思政课教学与文明创建实践结合起来，组织文明校园创建评比，利用重大节日开展征文、演讲、辩论等活动；坚持把思政课教学与实习实践结合起来，强化实习实践的育人导向，教育学生爱岗敬业、增长本领；坚持把思政课教学与践行社会责任结合起来，加强德育实践课程建设，开展青年大学生下乡服务活动，组织绿色环保、爱心助残、文明劝导等志愿活动。

第五章　思政课教学改革创新

第一节　坚持立德树人

一、坚持"立德树人"的教育理念

2016 年 12 月，习近平总书记在全国高校思想政治工作会议上指出，"高校培养什么样的人、如何培养人以及为谁培养人"，是一个根本问题。2018 年 9 月 10 日，习近平总书记在全国教育大会上的讲话中指出，"坚持把立德树人作为根本任务""要把立德树人融入思想道德教育、文化知识教育、社会实践教育环节"。回顾历史，不难发现"立德树人"是我们的教育传统。所谓"立德"就是指树立德业。《左传》中"太上有立德，其次有立功，其次有立言，虽久不废，此之谓不朽"。这句话的意思就是在说，一个人要想取得成功，首先要严格要求自己，提高自己的道德修养，树立好的德行；其次要尽自己所能维护国与家的利益，多做一些有益于人民的事情；最后要著书立说，提高自己的文学修养。如果能以好的诗书流传于后代，这便是永垂不朽的，这样即使过了很久，人们也不会把你忘记。从这里我们知道了"立德、立功、立言"是人生"不朽"的表现，"立德"处于最高位，它影响着一个人的发展方向和发展水平，所以树立好的德行是非常重要的。所谓"树人"是指培养人才，就是要通过合适的教育来塑造人、发展人、改变人。"树人"这一概念最早出现在《管子·权修》中，即"一年之计，莫如树谷；十年之计，莫如树木；终身之计，莫如树人"。这句话的意思是，如果打算一年就有收获，不如去种粮食；打算十年收获，就去种植树木；打算去培养人才，却需要用百年的时间。这表明了培养人才不是一件容易的事情，而是长远之计。"立德"重点强调要培养什么样的人；而"树人"强调怎样培养人。"立德"与"树人"的关系也是非常密切的："立德"是根本，是"树人"的前提，"树人"是"立德"的目的和归宿。"立德树人"就是指在培养人才时首先要注重培养人的好德行。

自从中华人民共和国成立以来，中国共产党的历代领导人始终坚持"立德树人"的教育理念，以德育的方式来培养人才①。毛泽东强调要加强对青年的思想政治教育，培

---

① 马力，邓伟. "立德树人"优化高校思想政治教育［J］. 文教资料，2018（02）：2.

养在德育、智育、体育几方面都发展的人才；邓小平强调要加强青年的思想道德教育，努力提高他们的思想道德修养，培育"有理想、有道德、有文化、有纪律"的四有新人；江泽民强调各学校要注重发挥思想政治教育这门课程的作用，要培养出德智体美全面发展的人才；胡锦涛强调育人为本，德育为先。党和国家领导人提出要将"立德树人"作为教育的根本任务，这也将"立德树人"提升到了一个新的高度。

随着中国特色社会主义进入新时代，国家的发展与繁荣需要越来越多优秀的人才，思想道德教育也越来越重要。习近平总书记在人才培养方面也多次阐释"立德树人"这个根本任务，强调要认真领会党的教育方针，努力落实"立德树人"这个根本任务。对于各高校来说，"立德树人"是高校一切工作的出发点和落脚点。各高校必须真正做到以德育人，检验学校一切工作的根本标准是要看"立德树人"的成效。落实"立德树人"根本任务的关键课程是思想政治理论课，上好思政课很重要。

二、稳步推进高校思政课改革创新，彰显"立德树人"的根本任务

在中国共产党领导下，办好中国特色社会主义大学是高校建设的根本目标。高校在人才培养方面有着特殊的责任和使命。习近平总书记提出要办人民满意的教育，就要高度重视思想政治理论课的建设问题。思想政治工作是高校各项工作的生命线，思想政治理论课是落实"立德树人"根本任务的关键课程，所以各高校必须要遵循思想政治工作规律，努力开好思政课，让思政课更好地发挥"立德树人"的作用。

（一）加强党的领导，为高校思政课提供坚强的组织保障

办好中国事情，关键在中国共产党。想要办好思政课，高校的各党组织责任重大，要做好相关工作，共同推进思想政治课改革创新，营造良好思政课的氛围。要想让思政课发挥更大的作用，各高校的党组织首先要让思政课教师继续用马克思主义理论武装自己的头脑，并把它转化为自己行动的指南；其次要努力推进思政课改革创新，把加强思政课建设提上重要日程，找出思政课建设过程中存在的问题，积极解决问题；再次要提升对思政课改革创新的领导力，加强政治领导与组织领导，让思政课教师强化自己的问题意识、学习意识与责任担当意识；最后要加强党和国家的服务意识，提高自己的战斗力。不断强化党组织对高校思政课改革创新的引领，为高校上好思政课提供组织保障，从而使党对高校思政课的领导紧紧围绕"立德树人"这一根本任务，发挥党组织在"立德树人"中的政治引领作用，推动思政课紧跟时代潮流，迈上新台阶。

（二）对标"立德树人"，切实加强高校思政课的改革创新

要落实"立德树人"的根本任务，思政课教师需要有更大的担当，要牢牢把握思政课作为落实"立德树人"根本任务的关键课程的总基调。教育不能只是简单的传授知识，教育更是一门值得深入理解的艺术，要随着时代的进步，不断更新它的方式方法。思政课作为一门引导学生发现真善美的艺术，更要加强改革与创新。要改变传统的理论讲授法。传统的理论讲授法有时候对学生没有吸引力，学生会出现注意力不集中、打瞌睡的

现象，因此必须创新思政课的方式方法。首先，可以通过案例分析法、交换角色互动式等方法，提升高校思政课的吸引力；其次，大数据时代，网络在学生的生活与学习中起着很重要的作用，在思政课教学中，教师可以利用网络这个载体，线上线下一起教学，从而达到全方位、多领域的育人效果；再次，要不断地向学生传授新的内容，使所传授的内容与时俱进，理直气壮地讲好思政课，让思政课深入人心；最后，要注重发挥学生的主动性，让学生学会自己学习。

（三）坚守初心、牢记使命，建设高素质教师队伍

习近平总书记强调办好思政课关键在于教师，要积极发挥思政课教师的影响力。思政课教师作为学生成长的领路人，要积极引导学生树立正确的价值观。要想成为一名优秀的思政课教师，首先要对马克思主义有坚定的信仰，自己要真学、真信、真懂马克思主义，不断提升自己的马克思主义理论素养；其次，作为思政课教师要有专业素养，要紧跟时代潮流多学习，不断开阔自己的视野。上好思政课不是一件容易的事，要做好教学设计，掌握好教学策略，争取让教学内容做到有深度、有高度、有温度，牢牢掌握住本学科的知识体系；再次，在讲授过程中要做到有生气、有灵气、接地气，理直气壮地讲好思政课，要做到以理服人，尽自己所能让学生掌握更多的知识；最后，作为思政课教师要严于律己，善于反思，要用堂堂正正、高尚的人格去熏陶学生[1]，无论在课上还是课下都要做学生的好榜样，要如春风化雨般感染学生。总而言之，每一位教师都要有坚定的政治信仰、专业的理论知识、丰富的授课技巧、堂堂正正的人格，只有这样才能打造出一支高素质教师队伍，着力落实"立德树人"的根本任务。

（四）把握时代需求，提升思政课的亲和力、理论性和时效性

落实"立德树人"的根本任务，必须利用好思想政治教育这个主渠道，不断提升思想政治教育的亲和力、理论性和时效性。习近平总书记说："推进思政课改革创新，就要不断提升思政课的亲和力、理论性和时效性。"要想提升思政课的亲和力、理论性和时效性，就要坚持贯彻落实习近平总书记所强调的八个统一。第一，要坚持政治性和学理性相统一。不但要向学生传授学术知识，还要帮助学生树立正确的政治观。第二，要坚持价值性和知识性相统一。思政课不仅仅要为学生传授知识，更要通过所学的知识引导他们形成正确的价值观。第三，要坚持建设性和批判性相统一。思政课是具有建设性和批判性的。所谓建设性就是指思政课要坚持正确方向，向学生进行正面引导。所谓批判性是指要勇于指出各种错误观点，在进行思政课教学时就要教会学生坚持正确方向，树立批判性思维。第四，要坚持理论性和实践性相统一。在思政课教学中，理论性与实践性是相辅相成的，不能只讲理论性的知识而忽视了实践性的知识。也不能只顾实践而忽视理论，需要将二者结合起来。要让学生将所学的理论知识付诸到实践中，最终将理论知识内化于心，外化于行。第五，坚持统一性与多样性相统一。统一性是指在教育目

---

① 付晓玲.思政课落实"立德树人"根本任务的路径研究［D］.安徽工程大学，2017.

的和教学目标上要统一。多样性是指在不同的地区、不同的学校，教学的内容和上课的方式要具有多样性。第六，坚持主导性和主体性相统一。在思政课授课过程中，不但要发挥教师的主导作用，而且还要注重发挥学生的主体性作用，要调动学生的积极性，提升学生的参与度。第七，坚持灌输性和启发性相统一。在思政课教学时不能一味地灌输，更要注重如何启发学生，引导学生去发现问题、解决问题，要将二者统一起来，只有这样思政课才会发挥出更大作用。第八，坚持隐性教育和显性教育相统一。在思政课的教学中，既要给学生在思政课教授思想政治教育内容，又要学会在其他课程中挖掘所隐含的思想政治教育内容，使思政课程与课程思政同向同行，从而实现全方位、多领域育人。

综上所述，要想使思想政治教育课的理论性、亲和力和时效性不断提升，就必须围绕"立德树人"这个重心，做好高校思想政治课的改革与创新；只有这样，思政课才会更有理论性、时效性、亲和力。

三、聚焦立德树人根本任务，推进高校思政课改革创新的时代价值

在推进思政课改革创新中聚焦"立德树人"这个根本任务具有重要价值。从理论层面上看，它不仅继承和发扬了中华民族优秀传统文化，也继承和创新了马克思主义教育理论，丰富了马克思主义理论的知识宝库。从实践层面看，它既有利于帮助学生塑造健全的人格，也有利于推进思想政治教育学科改革创新，从而不断发展和完善思想政治教育这门学科。

（一）理论意义

聚焦"立德树人"的根本任务，进行思政课改革创新具有重要理论意义。首先，"立德树人"这个教育理念继承和发扬了中华民族的优秀传统文化。"立德树人"的教育理念中包含了丰富的中华传统文化，它倡导育人应以"立德"为先。要想培育一个人，必须先帮助他树立起好的"德行"。这里的"德行"就包含"仁、义、礼、智、信"等多种中华民族的传统美德。除此之外，"立德树人"在新时代还有新的要求，它倡导广大青年要树立远大理想、热爱伟大祖国、担当时代责任、勇于砥砺奋斗和锤炼品德修为。其次，"立德树人"这个根本任务继承和发展了马克思主义的教育理念[①]。它将马克思主义的灌输理论、德育观与我国教育的实际情况相结合，为我国培养出了一代又一代为社会主义奋斗终生的优秀人才。再次，"立德树人"的根本任务贯彻和落实了党的各项教育政策和方针，为"如何培养人、培养什么人"指明了方向。最后，聚焦"立德树人"根本任务，极大地促进了思政课改革创新，它使高校积极回归"立德树人"这个教育使命，推动各高校的思想政治工作不断创新，也为高校如何做好思想政治工作提供了行动指南。

（二）实践价值

① 习近平. 坚持中国特色社会主义教育发展道路. 培养德智体美劳全面发展的社会主义建设者和接班人［N］. 人民日报. 2018.09-11（1）.

聚焦"立德树人"的根本任务，推进思政课改革创新也具有实践价值。首先，他有利于完善思想政治教育课的教学目标，为新时代如何上好思想政治课提供了基本准则；其次，"立德树人"有利于思政课教师以德为先，用具体事实做依据，上好每一节思政课，从而推动思政课改革创新，培养出一支品格高尚、教学能力过硬的教师队伍；再次，各高校落实"立德树人"的根本任务，能够为学生的成长与成才指引方向，为学生的发展提供一个良好的社会教育环境；最后，"立德树人"根本任务的实施有利于培养学生优秀的品质与德行，提高学生的觉悟，从而使他们在新时代下勇于实践，敢于担当大任，在实现中华民族伟大复兴的中国梦中不断砥砺奋斗。

第二节　贯彻"八个统一"

高校思政课教学体系是以教学观点、教学话语、教学方式方法为主体内容，以教材和教师队伍建设为支撑，以课堂教学为主渠道，贯彻思想政治理论课教学目标的教学系统。思政课教学体系，一方面具有严格的学科理论界限和学术话语要求，教学大纲规定了既定的教学内容；另一方面针对青年学生的理论接受水平和兴趣爱好等客观因素，不断创新教学方式方法，创设和完善教学情境场域，保证教学过程顺利实施，取得预计的教学成效。习近平总书记在 2019 年 3 月召开的全国学校思政课教师座谈会上，围绕新时代思政课建设做了重要讲话，提出了思政课改革创新要遵循"八个相统一"的教学规律[①]。习近平总书记关于思政课"八个相统一"教学规律的论断，是对新时代高校思想政治教育规律的科学总结，对于高校思政课教学体系的守正创新具有重要指导和启示意义。高校思政课教学体系要坚持以"八个相统一"为统领，在融入习近平新时代中国特色社会主义思想的最新理论创新成果的基础上，倾注时代风格，将马克思主义基本原理与中国特色社会主义伟大事业的社会实践，以及中华优秀传统文化相融合，围绕立德树人、培育青年学生成长成才的教育使命，努力培养思政课教师教学必备的理论素养、知识底蕴和社会历练，努力推进新时代高校思政课教学体系的发展完善，赢得青年、引领青年，发挥思政课思想引领、价值导引、感染激励、转化认同的教学功能和作用。

一、把握政治性和学理性相统一的课程本质属性

思政课教学话语既要反映马克思主义严密的科学理论体系，又要站稳工人阶级和人民群众坚定的政治立场。思政课教学传播的是马克思主义理论学科的理论体系和科学知识，要求教学话语符合学科的概念、范畴定义，完整揭示马克思主义理论的逻辑思维和内在规律，帮助青年学生整体把握马克思主义基本原理的立场、观点和方法，建构科学

① 王钢.习近平青年寄语与高校思想政治教育话语创新［J］.昌吉学院学报，2020（02）：35-40.

的世界观和方法论去认识世界、改造世界，做到以理服人。思政课作为高校思想政治工作的主渠道，肩负立德树人、培养担当民族复兴大任时代新人的主要职责，要求教学话语不仅仅是纯粹的知识传播，更要从党和人民利益的政治高度教育学生理解和认同马克思主义的真理性，树立崇高理想信念，自觉做中国特色社会主义伟大事业的合格建设者和接班人。思政课教学的话语要严格遵守"课堂教学有纪律"的政治底线，严禁打着"学术讨论无禁区"的幌子，消解马克思主义意识形态的领导地位，挑衅党在国家政治生活中的领导地位，触碰国家宪法和法律的底线，宣扬历史虚无主义等错误社会思潮。

二、凝练价值性和知识性相统一的教学内涵底蕴

思政课教学话语通过在归纳与演绎、分析与综合、抽象与具体的教学话语传播和思想沟通过程中，将马克思主义理论与中国实际相结合，将马克思主义在中国的科学运用与对中国社会发展进步的促进作用相结合，使学生认清马克思主义真理和中华民族复兴历史发展规律、中国特色社会主义道路，实现中华民族伟大复兴的历史必然性；升华马克思主义理论的育人价值，引导学生顺应历史发展潮流，把个人梦想融入中国梦之中，用民族精神和人民期盼激励青年学生成长成才[①]。思政课话语要构建面向学生剖析中国问题的叙事话语体系和阐释中国精神的价值话语体系，把马克思主义的理论知识和中国近现代历史知识结合起来，在马克思主义世界史观和人类社会发展普遍规律的宏观视野下讲述中国故事，传承中华优秀传统文化，弘扬中华民族精神。新时代思政课教学要面向青年学生担负起培育和践行社会主义核心价值观的神圣职责，深入开展思想道德教育，在传播思政课知识体系过程中塑造学生精神灵魂，引导青年学生形成正确的价值取向，形成知识育人和道德树人相结合的教学体系。

三、遵循建设性和批判性相统一的话语表达方式

思政课教学的话语表达方式，应始终坚持唯物辩证法为指导，分析客观现实时做到建设性和批判性相统一。在马克思主义意识形态主导下批判错误的社会思潮，善于把握事物发展过程中的矛盾问题，透过现象看清本质，引领青年学生辨别事物真相、思考解决矛盾问题的出路和方法，切忌出现"怨""喷""怼"等思想极端、挑拨情绪的话语倾向。思政课教学要时刻关注马克思主义中国化的理论创新进程，把马克思主义中国化最新理论成果融入思政课话语体系。马克思主义是方法，不是教条。马克思主义理论在中国的实践没有止境，马克思主义中国化的理论创新也没有止境，思政课教学话语体系要在建设中不断守正创新。当前，思政课教学话语，一方面要大力贯彻落实习近平新时代中国特色社会主义思想，推动新思想在青年学生中"入耳、入脑、入心"；另一方面要坚持马克思主义理论的批判原则，敢于直面反映新时代中国特色社会主义主要矛盾的具

---

① 刘伟，陈锡喜. 高校思想政治理论课教学体系建设论析［J］. 思想教育研究，2018（02）：92-96.

体问题，以问题导向"破"中求"立"，引导学生建设性地思考寻找解决发展问题的钥匙。正视信息化时代东西思想文化和意识形态的对立和碰撞，理性看待中美贸易摩擦和逆全球化、民粹主义，培养中国特色社会主义"四个自信"的战略定力，在开放包容中学习吸收人类先进物质文化，宣传人类命运共同体思想，坚决抵制并批判"普世价值论"、极端主义等有害思想的错误宣教，使思政课教学话语既能在建设性思考中弘扬真理、答疑解惑，又能在批判回应中拨开迷雾、豁然开朗。

四、着眼于理论性和实践性相统一的话语实践应用

马克思主义理论来源于社会实践，最终归宿是指导社会实践，把实践作为检验认识真理性的唯一标准。思政课话语一方面要善于联系社会实际，讲清楚理论产生的历史背景和社会源泉，遵循逻辑与历史相统一；另一方面要着眼于学生的专业实际和个性特点，指导学生积极参与社会实践活动，培养学生的思想政治素质能力。思政课不仅要努力丰富理论教学上紧密联系实际的生动话语，还要充分吸收马克思主义大众化、生活化有益成果和成功经验，在深入社会、深入生活的过程中不断创新学生社会实践教学话语，与基层群众访谈交流中创设话语互动情境，根据学生专业能力撰写调研报告、创作文艺作品，形成多种类型社会实践成果，调动学生参与听、说、读、写、唱、演等话语实践的积极性，培养和检验学生在参与社会实践过程中运用马克思主义基本原理思考、分析和解决社会实际问题的能力，在社会体验中提升和完善思想道德人格，升华思想境界和精神灵魂。

五、塑造统一性和多样性相统一的话语风格魅力

思政课是由国家统一部署要求开设，按照教育部《新时代高校思想政治理论课教学工作基本要求》实施教学的课程。教学话语首先必须严格执行党的教育方针，遵守政治纪律，这是打造教学话语风格的政治前提。作为思想政治教育的主渠道，思政课话语要遵循青年思想政治工作规律、心理接受规律和成长成才规律，在中小学思政课教学基础上承前启后、逐步深入、系统一体，按照国家统一规定设置课程、规范教材，设定合理教学目标建构教学话语体系，达到高校思政课教学的思想理论水准，确保"三全育人"的整体性、延续性。思政课教师要调查掌握教学对象的专业特征和教学环境的地域差异等不同情形，充分发掘和利用不同的教学资源，依托教师的理论水平和教学能力，在教学话语中展示教学方法艺术、凝练教学风格，做到不拘一格、因材施教，用思政课教学话语形式的多样性体现思政课教学的亲和力和针对性。

六、深化教师主导性和学生主体性相统一的教学交流互动

所谓教学，就是要在教师的"教"和学生的"学"上下功夫。"教"与"学"实现良性交流互动，才能形成教学合力，增强教学实效。思政课话语要坚持以教师为主导，坚持"政治要强、情怀要深、思维要新、视野要广、自律要严、人格要正"的职业标准，以精准权威的教学语言牢牢掌握教学的话语权，突出言传与身教、讲授与示范相结合，避免口是心非、言行不一，讲一套、行另一套，做到"在马信马、在马言马"，在学生心目中树立"身正"的示范形象①。思政课教师要注意摆正学生在学习过程中的主体地位，认真研究青年学生认知规律和思想行为特点，设计平易近人的话语循循善诱。思政课话语要"因事而化、因时而进、因势而新"，善于找到师生关注的社会热点话题激发学生参与互动，回应学生关切，澄清认识误区，满足学生认知期盼。教师切忌教学话语脱离学生实际，在教学上陷入自言自语状态，成为课堂上的孤家寡人，失去课堂驾驭能力。

七、探究灌输性和启发性相统一的教学引导技巧

根据列宁的灌输教育理论，马克思主义理论不可能在学生心目中自发形成，必须进行必要的理论灌输。思政课话语必须坚持把向学生灌输马克思主义理论作为基本任务，教育学生牢固掌握马克思主义的理论体系和思维方式，守正培元，固本强基。灌输教育不是简单"填鸭"式的生搬硬套，而是在系统理论和复杂的大是大非问题上，教师的语言不和稀泥，敢于主动亮剑、明确立场，向学生阐明马克思主义理论的主张和道理。思政课话语在灌输教育基础上进一步完成启发性教育，使学生在灌输认知的基础上实现理解和认同。思政课话语要针对课程的理论教学目标，着眼于启迪学生思维，引导学生结合历史认知和社会实践发现问题、分析问题和解决问题，将自身的所见、所思和所得与理论灌输相对照，通过质疑、辩论等形式得出问题的答案，自觉认同马克思主义基本原理，投身当前中国特色社会主义伟大实践，担当社会责任和时代使命。

八、完善显性教育和隐性教育相统一的教学环境场域

思政课话语体系创新要与学校贯彻立德树人中心任务保持高度一致，努力探索"三全育人"和"课程思政"的新思路、新举措，增强高校思想政治教育工作的系统性、整体性和协调性；既重视思政课教学话语的显性教育作用，牢牢把握马克思主义意识形态教育的话语权，又重视学校思想宣传话语、学生工作辅导话语、校园文化生活话语和后勤服务话语等隐性教育话语，在思政课话语体系中的联动作用。利用专题教学网站、课程教学空间等网络辅助教学平台，开发视频、音频和图画等生动话语教学资源，创新课堂和会议网络直播、线上答疑等话语互动形式。鼓励和支持各专业课程任课教师，在教学话语中挖掘教学内容和教学方式中蕴含的思想政治教育资源，使各类专业课程教学话语与思政课教学话语同向同行、形成合力，推进高校思政课的课堂显性教学向专业课程思政和校园文化隐性教学深入拓展，不断加强高校思政课的教学环境场域建设。

---

① 张烁. 用新时代中国特色社会主义思想铸魂育人 贯彻党的教育方针落实立德树人根本任务[N]. 人民日报，2019-03-19（01）.

第三节　线上线下结合

一、线上线下混合教学模式的内涵和特点

线上线下混合教学模式指的是将互联网课堂和实体课堂综合起来，利用发达的互联网技术，借助于 MOOC 平台将在线网络学习和线下面对面课堂学习高度结合起来的一种教学模式。相较于单一的线下面对面教学方式，线上线下混合教学模式具有三个显著的特点：其一，在教学内容上，混合教学模式打破了教材内容的限制，教师在教学中可以充分利用网络上的资源来对教学内容进行扩展，极大地丰富了教学内容。其二，在教学手段上，混合模式与时俱进，灵活地将传统课堂和现代多媒体信息技术结合在一起，利用多种教学手段来改进教学质量。其三，在教学评价上，通过线上手段，教师可以很方便地获得学生的日常考勤、成绩测试结果等统计数据，并且可以随时对学生进行考核，并进行指导从而提高学生的知识掌握水平。

二、线上线下混合教学模式在思政理论课堂教学中的运用原则

（一）教师主导原则

在运用线上线下混合教学模式时，要遵循教师主导的原则。由于信息技术的飞速发展，网络上的资源极速膨胀，通过网络我们可以获得大量的资源。但是，由于网络的监管相对而言略微松散，虽然有很多优秀的有助于促进学生积极进步的资源，但也不乏有一些阻碍学生进步的不好的信息资源。网络上有一些资源进行了积极的伪装，初看时感觉这对学生的思政学习具有重要的帮助，但是待到仔细阅读时，这些不好的资源就会暴露其引诱学生偏离思政学习正确的政治方向的目的了[①]。由于学生的整体认知水平要比教师更为有限，学生很可能不能识别这种经过伪装的不好的线上资源，如果遵循学生主导的原则的话，那很可能就会产生较为不好的影响。相较于学生，教师对良莠不齐的网络资源的甄别能力要更强，可以更好地在网络资源的海洋里挑选出对学生的学习进步有帮助的资源。因此，在运用线上线下混合教学模式时，要坚持以老师为主导的原则，正确利用线上的资源，确保思政教学不要偏离正确的政治方向。

（二）学生主体原则

---

① 凌小萍，张荣军，严艳芬. 高校思政课线上线下混合教学模式研究［J］. 学校党建与思想教育，2020（10）：46-49.

在思政教学的课堂上，学生是学习的主要参与主体，所有的教学改革措施都是为了调动学生的学习积极性，让学生参与到学习中，发挥其主体作用，从而提高学生的知识水平和综合能力。采用线上线下的混合教学模式的目的其实也是想通过这种方式将学生对学习的热情调动起来，发挥教学过程中学生的主体性作用。对于一般的学生来说，他们会觉得思想政治理论课程非常枯燥，基本都是理论性的东西，没办法具体形象化到他们接触的现实世界的事物上，因此在学习的时候非常没有兴趣。所以，采用线上线下的混合教学模式的关键是调动学生的积极性，提高他们对思政课程的学习热情，让学生主动地参与到学习中去。这就要求高校在思政教学中采用线上线下混合教学模式时要遵循学生主体原则，发挥学生学习的主体作用。

（三）分散集中原则

第三个要遵循的原则就是分散集中原则。"分散"顾名思义就是将线上教学和线下教学这两条路线分散开来，彼此交替着进行，让学生可以充分地从两种教学模式中收益。"集中"则指的是线上教学和线上教学的内容和教学环节集中，虽然线上线下教学时间上是不同步的、分散的，但是它们的教学内容和目的是统一的，通过统一的教学内容、目标和环节将二者统一起来，达到教学一致的效果，真正地实现提高教学质量和提升学生能力的目的。

三、线上线下教学模式在高校思政教学中应用方式

（一）教学模式设计的基础——准确界定课程性质

高校思政教育有多门课程，虽然它们都统一归到思政这一门类，但是每门课程之间还是具有很大的区别，所以进行教学模式设计之前首要的是要准确的界定课程的性质。以《中国特色社会主义理论及研究》这门课程为例，这门课开篇介绍了马克思主义的社会主义和国外的社会主义模式，然后以历史进程为叙述时间主线，着重介绍了中国对社会主义和马克思主义的实践和探讨，总结了中国特色社会主义探索过程中形成的理论成果。该课程的实施目标是培养学生的基本政治素养，树立正确的政治方向。学生通过学习《中国特色社会主义理论及研究》，了解中国特色社会主义的进程，获得相关的基本政治理论，形成正确的政治观。

（二）教学模式实施的保障——合理选取设计维度

为了更好地在高校思政教学课堂上发挥线上线下混合教学模式的积极作用，还是以《中国特色社会主义理论及研究》这门课程为例，我们基于2个维度对教学模式进行了合理的设计。

第一维度：教学内容维度。根据培养目标的不同，《中国特色社会主义理论及研究》这门课程的内容有包括需要学生熟练掌握的重点内容，也包括一些只需要理解的理论知识。具体而言，教师需根据内容的不同，将专题教学内容细致的拆分为基础内容、重点内容和扩展内容。在《中国特色社会主义理论及研究》这门课程中，第一章关于社会主义的构想和第二章关于苏联社会主义模式的内容都是属于基本内容，学生对该部分内容有一定的了解就行。对于这种基础内容，可以以线上教学模式为主，以学生为主体，在线上完成对这部分内容的学习。对于课程的重点内容设计，则主要由老师在线下进行教授和把控，以免偏离教学目标。针对课程的扩展内容，需要更好地将两种线上和线下模式更紧密地结合起来，既要发挥学生的主体作用，又得在学生遇到疑难问题时，发挥老师的指导作用。

第二维度：时间维度。从时间维度上来说，要将课程学习分为课前、课中和课后三段。课前要让学生提前对内容进行预习，注重对学生的引领，让学生对本堂课要学的内容有一个基本的了解，从而提高上课的学习质量。在课堂上，着重强调学生对所学内容的领会，帮助学生搞明白所学内容的含义。课后主要强调知识的吸收和巩固。课前和课后的工作可以利用线上方式进行，充分利用线上没有空间约束的优势，课中的工作则集中在线下实体课堂上进行。

(三) 教学模式实施的流程——有序开展教学环节

(1) 课前布置。教师首先通过线上平台向学生布置课前的学习任务并将学生进行分组。每个小组在完成任务后需要将学习过程和结果上传至平台。教师要用心关注学生的学习结果，尤其是大部分学生都犯难的知识点，在平台上或者上课时有针对性地为学生答疑释难。

(2) 课堂教学。单一线下面对面教学模式下的传统课堂教学内容在混合教学模式下已经不能适用了，所以教师应该对课堂教学内容进行针对性的调整。要将一部分时间用来帮助学生巩固其通过线上学习方式自学获得的知识，并将学生遇到的所有疑难问题进行解决[1]。教师要发挥好学习主导的作用，通过设计引导下的问题对学生进行正确方向的引导，一步一步地引导学生进行深层次的思考，不要让学生的思考仅仅停留在表面，要真正地让学生的脑子转到起来，达到培养学生思考能力和问题解决能力的目的。

(3) 课后实践。《中国特色社会主义理论及研究》是用来指导伟大实践的伟大理论，因此各高校可以根据实际情况开展实践活动。如今发达的社交软件为实践活动提供了极大的便利，学生可以通过各种线上平台进行辩论研讨等活动，还可以组织学生去参观红色纪念馆，让学生切实感受中国特色社会主义理论和实践的伟大。

在高校思政教学中采用线上线下混合教学模式，不仅仅可以充分发挥老师的作用，还可以将学生调动起来，让学生真正地融入学习中，实现"以学生为中心"的教学理念，对提高高校思政教学质量具有重要的意义。在高校思政教学中，要利用多元的方式，来为学生打造线上线下混合教学模式，才能有效促进高校思政教学的健康发展。

---

① 吴晓芹. 浅议线上线下混合式教学模式在思政理论课课堂教学中的有效运用 [J]. 法制与社会，2020（02）：196-197.

第四节 理论联系实践

党的十八大以来，习近平总书记高度重视思想政治工作，发表一系列重要讲话，集中阐明了新时代推进思政课教学改革创新问题，集中反映了党对这一重大问题的规律性认识，为新时代办好思政课，落实立德树人根本任务提供了行动指南。我们要以高度的政治自觉和思想自觉，在理论阐释上"抓准"，在认知认同上"吃透"，在实践运行上"创新"，在制度推进上"务实"，多措并举推动思政课教学改革创新。

理论阐释路径。推进思政课教学改革的"理论—政策—对策"研究，加强重大理论观点、重大现实问题的研究，形成规律性认识，做到"知其言更知其意""知其然更知其所以然"。一是推进基础理论研究。从本体论维度阐明"是什么"的问题，研究新时代思政课教学改革创新的理论要素、组成结构、内容体系等；从价值论维度阐明"为什么"的问题，回应思政课的重要作用、功能价值、时代意蕴等；从方法论维度阐明"怎么办"的问题，推进改革创新的落地落实。二是推进政策基础研究。加强坚持马克思主义在意识形态领域指导地位的根本制度、坚持以社会主义核心价值观引领文化建设制度等制度政策的研究阐释；加强推进全员全过程全方位育人体制机制研究；加强构建大中小一体化、本硕博一体化、老中青队伍建设一体化等政策制度研究，增强对思政课改革创新的政策支持。三是推进政策对策研究。开展对思政课教学改革政策执行、政策制度认同和政策制度运行效果的评价等，为思政课改革创新落地落实提供政策执行和操作建议。

认知认同路径。思政课教学改革创新涉及领导班子、职能部门、教师、学生等多元利益主体，深化主体的认知认同是推进改革创新不可或缺的重要环节。一是引起多元主体注意与感受。根据分层分类原则，明确大中小学思政课的主体责任，党政领导班子、思想政治教育职能部门、教师主体的党性观念与责任意识要强，在学习领会上吃得透，更好拓展学习广度和深度。发挥思政课教师、辅导员、专业课教师等多元主体合力作用，注重价值塑造与知识传授、能力培养的融合，引导学生以德立身、以德立学。二是引导多元主体分析与理解。深刻把握思政课教学改革创新的内在逻辑和内容要求，推动多元主体利用已经形成的感受与体会加以分析，把零散的感性理解上升为系统的理性认识，推动实现思政课教学"主体客体化与客体主体化"的双向互动，真正掌握其中贯穿的马克思主义立场观点方法和思想精髓。三是引领多元主体选择与接受。围绕贯彻落实思政课教学改革要求，充分发挥平台载体的传播作用，抓住学校领导干部这个关键少数和学生这个重点群体。坚持领导干部带头，发挥教师的积极性、主动性、创新性，推动内化外化和知行合一的统一，在落小落细落实上下功夫、在见言见行见效上出实效。

实践运行路径。思政课是落实立德树人根本任务的关键课程，要以战略思维谋全局、以创新思维增实效、以辩证思维解症结、以法治思维促改革、以底线思维防风险，把握思政课教学改革创新机理，落实"立德树人"根本任务。树立全局观念、系统观念和整体观念，坚持把立德树人作为中心环节，把思想政治工作贯穿教育教学全过程，推动学校思想政治工作教学体系、队伍体系、课程体系、人才培养体系等协同创新。整合课堂教学与日常思想政治教育、线上与线下、课内与课外、校内与校外育人渠道载体；加强教师队伍建设，提高教师科学研究和教书育人水平；加强中华优秀传统文化教育，将文化育人与社会主义核心价值观宣传教育结合起来；强化思想政治教育传统优势与新媒体新技术高度融合，加强网络阵地建设和舆论引导，形成教书育人、科研育人、实践育人、管理育人、服务育人、文化育人、组织育人等长效机制，形成协同效应。

制度推进路径。坚持党委领导核心地位，完善党委领导下的校长负责制，履行管党治党、办学治校的主体责任，严格执行和维护政治纪律、政治规矩。运用要素整合、结构优化、功能协调的系统思维，加强和改进构建党委统一领导、党政齐抓共管、宣传部门牵头协调、相关部门分工负责、各级党组织上下联动、广大干部师生共同参与的"大思政"领导体制和工作机制。要将思想政治工作队伍纳入高校人才队伍建设总体规划，紧紧围绕专业化职业化推进队伍建设体系。坚持发挥高校思想政治工作的政治优势和制度优势，整合思政课堂教学主渠道和日常思想政治教育主阵地，打造思政课程与课程思政协同育人的课程体系，使各类课程都守好一段渠、种好责任田，同向同行，形成协同效应。

第五节　打造特色金课

2019年3月18日，习近平总书记主持召开学校思想政治理论课教师座谈会并发表重要讲话，他强调，"办好思想政治理论课，最根本的是要全面贯彻党的教育方针，解决好培养什么人、怎样培养人、为谁培养人这个根本问题。""用新时代中国特色社会主义思想铸魂育人。"深刻阐明学校思政课的重要意义，明确提出推动思政课改革创新的重大要求，坚定了高校马克思主义学院办好思政课的信心、广大思政课教师讲好思政课的决心，对全面贯彻党的教育方针、办好人民满意的教育、努力培养担当民族复兴大任的时代新人、培养德智体美劳全面发展的社会主义建设者和接班人意义重大而深远。

思想政治理论课是落实立德树人根本任务的关键课程。办好思想政治理论课，用当代中国马克思主义特别是习近平新时代中国特色社会主义思想武装当代大学生，是党和国家事业长远发展的根本保证，是培养担当民族复兴大任的时代新人的必然选择。党的十八大以来，以习近平同志为核心的党中央全面加强党对教育工作的领导，坚持立德树人，先后召开全国高校思想政治工作会议、全国教育大会等重要会议，对高校思想政治理论课建设作了一系列重大部署和安排。为了使思想政治理论课在加强中改进、在创新中提升，各地各高校全面贯彻落实习近平总书记系列重要讲话精神，紧紧围绕编好教材、建好队伍、讲好课程的总要求，努力把思想政治理论课办好。思想政治理论课受到的重视程度前所未有，建设力度之大前所未有。

习近平总书记在学校思想政治理论课教师座谈会上的重要讲话是新时代办好高校思想政治理论课的纲领性文件，进一步坚定了全党全社会努力办好思政课、教师认真讲好思政课、学生积极学好思政课的信心和决心。我们要从"为党育人、为国育才"的战略高度来领会和把握办好思政课的重大历史与现实意义；要按照"政治要强、情怀要深、思维要新、视野要广、自律要严、人格要正"的素养要求培养一支"可信、可敬、可靠，乐为、敢为、有为"的思政课教师队伍；也要按照"坚持政治性和学理性相统一、坚持价值性和知识性相统一、坚持建设性和批判性相统一、坚持理论性和实践性相统一、坚持统一性和多样性相统一、坚持主导性和主体性相统一、坚持灌输性和启发性相统一、坚持显性教育和隐性教育相统一"的建设要求推动思想政治理论课改革创新，不断增强思政课的思想性、理论性和亲和力、针对性。

作为当代中国马克思主义理论、政治经济学、科学社会主义和中共党史等基础理论学科的奠基高校之一，中国人民大学一直以来高度重视思想政治理论课的建设。学校依托北京高校思想政治理论课高精尖创新中心，坚持走在前列、干在实处，充分利用平台优势、人才优势和资源优势，突出"高端品质、精实工作、尖端技术"，为打造高精尖水平的思政"金课"不断探索经验。

一是建好"金课"指挥部。学校成立由党委书记、校长亲自挂帅的思想政治理论课建设领导小组，校领导多次深入思想政治理论课堂听课；教学督导组对思政课所有授课教师做到听课全覆盖，综合评价教学质量；各相关部门按照思政课程"指挥部"的统筹安排，积极参与教学质量管理、教改项目支持、教材建设攻坚、第二课堂衔接等环节，形成全员全程全方位的思政"金课"生产链。在2018—2019学年秋季学期的本科生课堂教学质量评价中，部分学校思政课质量评估获得平均96.08分的历史最好成绩，多位教师的评分超过99分，打破思政课难出"金课"的成见。

二是探索"金课"方法论。为使思政课真正"活起来"，学校积极探索形成了"一体两翼"的教学模式："一体"即系统教学、专题教学、实践教学"三位一体"；"两翼"即"研究型＋互动型"教学"两翼"。这一模式充分发挥了学校马克思主义理论学科基础扎实、视野前沿的独特优势，助推思想政治理论课实现从教材体系向教学体系、从知识体系向信仰体系的转化；通过专题讨论、案例分析、课堂辩论、小课题报告、读书报告等形式吸引学生积极参与。在彰显课程思想性的同时，充分调动学生学习主体性。"一体两翼"的教学模式不仅盘活了教学资源，受到学生广泛欢迎，还从课堂中走出一批"小小思政名师"。例如：2017年杨子强、张冬冬、林哲艳等青年师生共同讲述的《从90后身边的历史性变革说起》获人民网等媒体高度关注，2018年马克思主义学院本科生车宗凯、雷引杰等同学主讲的《青春的味道》荣获第二届全国高校大学生讲思政课公开课展示活动一等奖。

三是构筑"金课"孵化器。学校全面推进北京高校思想政治理论课高精尖创新中心建设，不断优化完善思想政治理论课资讯平台、马克思主义理论研究和文献支撑平台、思想政治理论课教学资源共享平台、思想政治理论课数字化教学平台、大学生思想政治教育质量评估平台和大学生思想动态调查分析平台等六大平台；精心组织"思想政治理论课名师讲坛""思想政治理论课青椒论坛""学习大家谈"等系列活动，聚焦思政课"师资攻坚""教法攻坚"，深入研究教学重点、难点与疑点，准确把握学生、学科与学术的新特点、新趋势，在全国思政课教师中产生较大影响。

四是打造"金课"排头兵。学校马克思主义学院以"马克思主义基本原理""毛泽东思想和中国特色社会主义理论体系概论""中国近现代史纲要""思想道德修养与法律基础""形势与政策""研究生思想政治理论课"等六个教研部为依托，打造六大思想政治理论课教学精英团队。各个教研部积极探索建立团队首席专家负责制，严格落实集体备课制度，组织教案编写、教学研讨、教辅读物编写、教学疑难问题解析、教学视频和微课录制等工作，设立多种教学改革项目，积极推进教学方法改革和教材建设。在研究生思政课教学方面，整合全校优质教学资源，规范化管理研究生思政课教学，从专题设计、教师选配等方面精心组织，有效提升了研究生思政课的教学规范和教学效果。

践行篇

第六章　思政课教学改革路径

第一节　理论原著实践相融合

高等学校的思想政治理论课，既有普通课程一般特征和属性，还肩负着思想政治引导任务，具有特殊的历史使命和突出意识形态的重要意义。其一般性赋予了思想政治课教育与其他课程一样的教学功能；其特殊性决定了思想政治课教育的特殊定位和功能，主要表现为时效性、针对性、实践性、深刻性与融合性，需要贴近现实，贴合实际、结合当前、借鉴古今、学以致用。

一、思想政治课教学中理论联系实际原则的必要性

一直以来，我们对思想政治课教育非常注重理论功底的培养，以及一直相关的理论素养的提高，却忽略了理论是必须要经得起实践检验的，并且理论必须要能加以使用才能发挥其真正意义和价值。因此，只有理论与实践联系才能使思想政治理论课更加扎实，更加融入学生，融入现实，也才能真正融入课堂，让受教者在现实的生活中、在学习中乃至于思想认识上接受并得到运用。思想政治教育理论与实践相结合的原则，源于思想政治课程本身的独特性和特殊功能。受教者不仅要学习思想政治课的理论体系，分析理论逻辑体系，综合分析问题能力，其实还要学习思想政治教育的方法——理论联系实际的方法。没有这一基本认识，可以说就容易把思想政治教育活动往死胡同里带，往"读死书，死读书"的方向带，因此，通过将理论与现实联系起来，就能强化自己对现实的认识，才能更好地把自己的理解告诉受教者，学生们才能更好地积极地去融入现实，切合现实，把握现实，通过研判国家发展态势，认识世情民意，增长博闻广识，以现实为师，以实际为师，以客观为师，才能化繁为简，化简为用，化用以致①。也才能更好地了解世界，认识世界，从而走向世界，思想政治课教学也不能只是固守自己的一亩三分地要敢于尝试结合现实，也才能更好地了解当下。

---

① 中共中央宣传部. 习近平谈治国理政(第一卷) [M]. 北京：外文出版社，2017.

二、思想政治教育工作者如何体现理论联系实际的基本要求

严格掌握理论知识是思想政治理论课教师的基本要求，也是严格的红线。思想政治理论教师理论的掌握是一个必须具备的坚实条件。而理论联系实际则是根本要求之一。教师不仅要牢固掌握理论知识也要善于联系实际与时俱进。在高校思想政治教育中，贯彻理论联系实际的原则要求教师具有丰富的相关知识。每门思想政治教育课程不仅有自己的内容体系，而且其中的许多内容都与其他学科有关，这就需要我们除了对基本的五门思想政治教育课程有相当的了解和认识，还必须对其他与思想政治课程有关的哲学社会科学知识和学科有一定的了解，甚至还有必要对一些自然科学的基本知识有一定的了解。从这点来看，也就是以思想政治理论课为基础，以各种社科知识为支撑，融合自然科学的知识和特点，这就为不断丰富思想政治课程的理论知识的补充，又能为新思想新内涵的扩充，这些对思想政治课教学来说都是非常必要且应该成为常态化的一种理念和认识。在高校思想政治教育中，贯彻理论联系实际的原则要求教师在教学中融入实践教学和课堂教学。思想政治课教师应该通过多种渠道深入理解新版教材内容，紧跟时代变化。在当前，着眼于了解习近平新时代中国特色社会主义思想的深刻内涵，习近平新时代中国特色社会主义思想是对马克思列宁主义、毛泽东思想的继承和发展，是对中国特色社会主义理论体系的继承和发展，创新性地运用马克思主义基本原理回答时代问题，创造性地总结时代发展的特点，创新性地提出一种新的科学理论体系。我们学习习近平新时代中国特色社会主义思想，就必须结合现实的热点难点和重点，就必须要去通过自身理解去体会现实，就必须努力不断学习和提高对新思想的认识，并将其融入教学之中，就是我们的重中之重。

最后，在高校思想政治教育中，贯彻理论联系实际的原则要求教师在撰写教案、整理教学案例、完善辅助材料和教学过程中等具体操作上，也要体现这个原则。此外，作为思想政治课教师，还需要在哲学、政治学、经济学、历史学、伦理学、社会学、文艺学、心理学乃至军事学等方面进行知识的扩容。不一定要求熟练掌握，但是必须要博闻强识，更多的知识储备和充实，才能有效化解教学中的问题。

三、寻找行之有效的联系途径

在实际教学中，马克思主义的基本理论、立场、观点、方法和相关知识贯穿于思想政治教育的各个阶段。引导学生运用马克思主义基本原理的方法论、价值观和相关知识分析和解决实际问题，透过理论认识来切实解决受教者的思想认识问题。思想政治课教学本身就是理论联系实际运用原则的基本途径和具体实现，让学生深入理解的最有效方法是让学生回到他们反映的实际生活中。我们需要通过灵活运用生活中鲜活的事例、熟悉的场景、现实发生的状况和实时的事件，快速及时地在众多信息中筛选出有效信息给予学生知晓。在授课过程中可以将这些收集的信息与学生能够理解，同时也是他们乐于

的事件找突破口，融入课堂教学，就能有效地在生动性这个问题上提高和进步，甚至可以通过情景模拟来进行教学，情形的再现和重组容易引起受教者的关注和理解，将其贯穿于思想政治理论课教学，可以加深受教者对难以理解的知识的认知，可以引导受教者去自己找寻答案，并达到更为直观的印象。

同时，要让受教者在思想认识上解决实际问题。思想政治理论课的主要目的是解决受教者对中国社会主义现代化建设中的重大理论问题和现实问题的认识。如果不能透过理论认识去把握现实，对现实无法深入分析，也就对国家发展态势无法做出正确的判断。因此，思想政治课教育教学必须以理论和实践为基础。思想政治课教学中不仅要讲理论，还要讲实际，不仅要把受教者带入理论知识的海洋，还要把他们从定式的框架中带出来，学会看问题、分析问题、研判问题。所谓实际问题，对于大学生来说，第一个来自学生的思想混乱；第二个来自学习和生活中遇到的不可解决的问题；三是对党和国家涉及思想本身的方针政策的理解。在思想政治教育过程中，教师要引导学生正确认识和处理这些问题，妥善分析和解决这些问题并通过适当的考试方法来了解学生分析问题和解决问题的能力，从而进一步提高教学效果[①]。

总之，在思想政治教育中，教与学都必须坚持理论联系实际的原则，在于理解的程度和理论与实践相结合的程度，这决定思想政治教育教育的有效性和时效性。思想政治理论课教学要与时俱进，理论创新，教学方法创新，教学思路也要创新，但始终要看理论联系实践的实际效果，理应成为思想政治教育中的出发点，同样也是检验教与学实际结果的重要部分。

第二节　融入专业课教学探索

一、基于专业导向的高职思政课教学改革的客观必然性

（一）基于专业导向的高职思政课教学改革的理论基础

1. 育德和育才并进原理是专业导向的高职思政课教学改革的理论基础

习近平总书记在全国高校思想政治工作会议上强调："高校思想政治工作关系高校培养什么样的人、如何培养人以及为谁培养人这个根本问题。要坚持把立德树人作为中心环节，把思想政治工作贯穿教育教学全过程，实现全程育人、全方位育人，努力开创我国高等教育事业发展新局面。"高职院校的思政课与专业课的关系是既独立又统一的。从对立关系上来说，专业课和思想政治课的指向性不同，思政课更倾向于德育，专业课

---

① 秦刚.中国特色社会主义理论体系［M］.北京：中共：中央党校出版社，2008.

则更倾向培养高技能的人①。从统一关系上来说，高技能的人才要想真正对社会有用，必须德才兼备，这就是全面育人的教育理念。因此，思想政治课应该充分挖掘专业的各种资源，对人才培养起价值引领的作用，协同共进，同向同行。这样对立统一的关系，促进了两个学科之间的发展，也促进了学生的全面发展。

2. 坚持"以人为本"，实行"因材施教"是基于专业导向的高职思政课教学改革的重要理论基础

以专业为基准，高职院校进行思想政治教育改革时，要坚持习近平总书记曾强调过的"以人为本"进行"因材施教"的方针。所以在高职院校思想政治课程的改革中，思政教师要始终在思想上认识到"以人为本"的重要性。也就是教师要充分站在学生的角度上来看待问题，注重在了解学生的心理需求和心理状况的基础上，对学生进行思想道德素质和职业素养上的培养。

以专业课为基准，就是贯彻落实"因材施教"教学思想。也就是说在高职院校的思想政治教学当中，教师必须要认识到高职院校学生的学习特性。根据专业人才目标和思政教学目标的计划，将两者目标结合起来，整合自己的教学方法，然后通过思政课的教学方法来对学生从专业课的引导，转为对思想政治教育的升华理论引导。这样才能够保证学生的全面发展，同时也能够在很大程度上改观学生对高职院校思想政治课程的看法，让他们积极投入到高职院校思想政治课程的学习中来，真正将思想政治理论课程作为人生路上的明灯，提升求知欲②。学生在不断地与教师进行交流的基础上，开始根据思政教育理论进行问题的思考并行动。思政教育在教学当中也需要注意学生的差异性。要真正从每个学生的需求角度出发进行教育。尤其现在网络教育平台的出现，可以让教师随时了解每个学生的情况，发现学生的不同需求，有针对性地进行教育，促进个性化学习的发展。

(二) 基于专业导向的高职思政课教学改革的现实需要

1. 兴趣需要：激发学习兴趣、提高吸引力的迫切需要

高职院校思想政治教育如果想构建一个充满趣味、充满活力的课堂，就需要教师在引导和启发中做大量的准备工作。当然，充满趣味和活力的课堂能激发学生学习的主动性，也是高职院校思想政治教育达成实效性的重要保证。教师如何做到这一点，是亟须解决的问题。

2. 效果需要：提升高职思政课教学实效性的客观需要

目前高职院校思想政治课在学生心目中的地位相对不高，学生还没有真正注意到思

① 王莹，孙其昂. 高校课程思政教师的政治底蕴：学理阐释与厚植路径 [J]. 高校教育管理，2021 (02)：88–97.

② 马亮，顾晓英，李伟. 协同育人视角下专业教师开展课程思政建设的实践与思考 [J]. 黑龙江高教研究，2019 (01)：125–128.

想政治课的重要性。这一方面和以往高校当中对高校思想政治课程的宣传和重视度不足有关，另一方面是因为大多数教师在教学当中过于刻板单一地依照教材生搬照抄，导致教学模式僵化，不能被学生所喜爱。尤其在高职院校当中，这样的现象更加明显，因为学生的专业技术性非常强，都是偏重于行动能力的，只有高校思想政治教育课程是偏重理论的。对于习惯动手操作的学生来说，这种不能进行实际操作的思想理论课本身就枯燥乏味，又没有和专业进行联系，他们的主动学习性很差。这种现象之所以出现，就是因为教师在主观上没有意识到要转变自己的教学观念和思想意识，没有结合学生的需求，就导致了思政教学效果差。如果想要改变现在的思政教学现状，作为高职院校的思政教师，就需要从观念上进行改变，充分考虑到学生需求，将思政课程与其他专业课程关联起来教学，使学生在课堂中产生共鸣。

3. 目标需要：实现高职专业人才培养目标的必然选择

马克思指出："个人的全面发展就是使人们成为各方面都有能力的人，即能通晓整个生产系统的人……使他们能够根据社会需要或他们自己的爱好，轮流从一个生产部门转到另一个生产部门。"培养全面发展的学生是高职教育的目标。目前社会上有两种不正确的教育倾向：一种就是在教育当中，很多人特别重视学历水平，忽略了对工作能力的培养。另一种教育特别重视对能力的培养，却不重视知识的学习。这两种观点都不准确，导致学生发展不够全面，不符合我国高校人才培养的教育目标。高职专业人才培养的目标是培养拥护党的基本路线的，适应生产、建设、管理、服务第一线需要的，德、智、体、美等方面全面发展的高等技术应用型专门人才。

二、专业课程思政教育的探索与实践

教学方法必须遵循教书育人的规律才能使课堂真正成为思想政治教育的有效载体。课程思政视野下的高校专业课不仅要使学生对专业的理论知识和职业技能做到"知道"和"掌握"，还要使学生日后在社会主义核心价值观方面做到"相信"和"践行"；课程思政视野下的高校专业课既要使学生形成职业知识技能还要形成相关的道德素养。本课程注重创新教学方法，注重使用实例教学、小组讨论、翻转课堂、多模态理论等教学方法，将思想政治教育采用这些新颖的教学方法引入专业知识中，将思想政治教育具体化、形象化、生动化，给生硬枯燥的知识赋予了思想政治的意义与活力，避免了对思想政治课程内容的简单重复，使教学内容更具感染力，效果也立竿见影，构建学生的道德素质和核心价值观[①]。

（一）完善课程设计，推进思想政治课程工作改革创新

人才培养体系涉及学科体系、教学体系、教材体系、管理体系等，而贯通其中的是

---

① 马亮，顾晓英，李伟. 协同育人视角下专业教师开展课程思政建设的时间与思考［J］. 黑龙江省高教研究，2019（1）：11-14.

思想政治工作体系。通过课程思政，课堂成为教书和育人的主战场。课程内容要与核心价值观相结合，将思想政治教育融入专业课程，以专业知识为载体，融入思想政治的内容，引领学生正确的价值观，赋予正能量，为生硬枯燥的知识赋予思想政治的意义与活力，培养学生奉献社会的能力，成为社会主义建设者和接班人。做好课程思政关键是完善课程设计，这其中思想政治元素的案例要生动、丰富和准确。怎样保证立竿见影和影响深远，要进行缜密的设计，使得在系统、连贯、完整的专业教育中，将碎片化的思想政治元素深入学生内心。因此在这一部分要做好思想政治案例库的设计和完善。思想政治案例库可以学习身边时时可见的专业教授白手起家、艰苦创业的励志事迹；他们在攻克国之重器技术瓶颈的典型事迹；也要包含专业优秀毕业生、专业国际优秀学者们的宝贵精神、历史事实和重大成就，引导学生看得真，看得远，立长志。将这些内容引领贯穿在课程各章节内容中，使教学内容更具感染力，专业教学和思想政治教育的协同效果突出可见[①]。

（二）发挥教师的积极性、主动性和创造性

教书育人的主体是教师。课程思政中的思想政治元素的讲解，涉及马克思主义哲学、政治经济学、科学社会主义，涉及经济、政治、文化、社会、生态文明和党的建设，涉及改革发展稳定、内政外交国防、治党治国治军，涉及党史、国史、改革开放史、社会主义发展史，涉及世界史、国际共运史，涉及世情、国情、党情、民情等。专业教师要进行课堂授课时，首先要做到对专业有真知灼见，掌握专业领域国家的战略需求、国内外研究的发展现状以及产生差距的背景原因；还要求教师政治要强、情怀要深、思维要新、人格要严，人格要正，要有意识地、积极主动地丰富上述思想政治知识的学习，要能自然而然地阐述知识背后的逻辑、精神、价值、思想和哲学内涵。这样才能将思想教育和专业知识相融合，讲得有底气，讲深讲透，才能有效引导学生真学、真懂、真信、真用。

（三）保证课程思政建设的内涵式发展

课程思政要有活力，不能一成不变，要有保持内涵式发展的能力。在课堂上积极采用案例式教学、探究式教学、体验式教学、互动式教学、专题式教学、分众式教学等，运用现代信息技术等手段建设智慧课堂等，通过多种方式实现教学目标，发挥融入式、嵌入式、渗入式的立德树人协同效应，不断取得新的教学成效。坚持政治引领，价值性与知识性相统一，理论和实践相统一。要注重启发式教育，引导学生发现问题、分析问题、思考问题，在不断启发中让学生水到渠成得出结论。在课程思政的教学中，教育引导学生把人生抱负落实到脚踏实地的实际行动中来，把学习奋斗的具体目标同中华民族

---

① 黄陆军，崔喜平，耿林等.《热处理原理》专业课"总-分"式教与学探索［J］.南京师范大学（自然科学版），2020（43）：35-38.

伟大复兴的目标结合起来，立鸿鹄志，做奋斗者。

三、授课与考核方式与方法

授课方式与方法：教学方法必须遵循教书育人的规律才能使课堂真正成为思想政治教育的有效载体。课程思政视野下的高校专业课不仅要使学生对专业的理论知识和职业技能做到"知道"和"掌握"，还要使学生日后在社会主义核心价值观方面做到"相信"和"践行"——课程思政视野下的高校专业课既要使学生形成职业知识技能还要形成相关的道德素养。课程注重创新教学方法，注重使用实例教学、小组讨论、翻转课堂、多模态理论等教学方法，将思想政治教育采用这些新颖的教学方法引入专业知识中，将思想政治教育具体化、形象化、生动化，为生硬枯燥的知识赋予了思想政治的意义与活力，避免了对思想政治课程内容的简单重复，使教学内容更具感染力，效果也立竿见影，构建学生的道德素质和核心价值观①。

考核方式与方法也决定了课程思政能否实现专业课"才育"与思想政治课"德育"的双赢。考核的内容偏重对专业课知识的理解和运用。课程报告的内容大多局限于教材、文献和平时划定的范围，对学生平时的学习态度或实践能力的考核不足，助长了部分学生的惰性。教育部印发的《高等学校课程思政建设指导纲要》中明确学科专业教育要围绕政治认同、家国情怀、文化素养、宪法法治意识、道德修养等重点优化课程思政内容供给，要让学生在学习专业课的同时有结合，有思考，有能力，有运用。

第三节　增进课堂互动挑战度

疫情改变了社会生产生活秩序，也给课堂教学带来新挑战。传统以教室为平台的教学转移到互联网，老师和学生分别面对电脑、手机等终端设备进行远程交流。高校思想政治理论课面临着有效教学的时代新课题，有效课堂互动是达成教学目标的必然要求。

现实中会听到这样的声音：网上多家平台有现成的名校名师慕课，质量一流，直接拿过来让学生看就可以了。这是网络教学的一种认识误区。在教室上课时，尚且有个别学生一边听讲，一边偷偷玩游戏，转到网上虚拟课堂，学生更容易分神，打开慕课去做别的事。应当承认有些名师慕课讲得确实精彩，然而播放慕课是知识和观点的单向传输，仅仅依靠慕课开展网络教学是不够的。

---

① 王莹，孙其昂. 高校课程思政教师的政治底蕴：学理阐释与厚植路径［J］. 高校教育管理，2021（15）：88-96.

思政课要坚持灌输性和启发性相统一，注重启发性教育，引导学生发现问题、分析问题、思考问题，在不断启发中让学生水到渠成得出结论[①]。课堂互动正是扭转学生被动学习的利器。当单向灌输变为双向交流，学生参与到教学过程，主动性被激发，上课便会成为快乐的事、值得期待的事。在疫情背景下的网络教学中，互动可以通过多种途径实现，包括将学生思想动态引入主讲内容、布置完成并展示作业、发帖回帖式讨论等。

学生接收信息渠道多元，可能出现认知偏差，对此，适时将正在发生的现象纳入主讲内容，用理论加以阐释，能实现一对多的对话，达到价值引领的目的。比如，针对国外疫情快速蔓延的情况，准备设计"疫情背景下理性爱国与构建人类命运共同体的思考"专题内容，通过讲授摒弃冷战思维、同舟共济包容共赢、尊重世界文明多样性等理念，引导学生理性认识各国抗击疫情的努力，同时加深对构建人类命运共同体思想的理解，让书本理论成为可亲可用的指导工具。

任务驱动是引导学生参与互动、爱上思政课的又一种途径。每个学生单独或组队完成一项任务，可以是书评影评、微视频、诗文朗诵、创作历程分享等，并在课堂展示，成为学习的主人。准备作业的过程是一种历练，展示之后得到老师和同学的评说，触动更加深刻，作业本身也是同伴教育的生动教材。

此外，诸多网络平台具有"讨论区"功能，这也是增进师生互动的得力手段。在学生作业展示、教师主讲、慕课资源学习完成后，教师发布合适主题，请学生留言回应，有利于加深学生对新学内容的印象，从真懂化为真信。之后老师再去对学生的讨论逐一回复，或鼓励，或纠正认知偏差，教学构成完整的闭环。

教师讲学生听作为一种基础的教学手段，发挥着无可替代的作用，互动式教学与此协调配合，共同通向立德树人的目标[②]。理想的状况或许是教师完整讲述思政课的理论框架，学生听讲后掌握整个理论体系，然而限于学生的学业基础、学习习惯等，现实中往往难以做到。这就需要教师在教学中灵活判断，适当减少单向灌输，加大展示、讨论等互动内容的比重，追求更好的教学效果。

疫情定将过去，教学终会回归学校空间。然而，不管在虚拟课堂还是实体课堂，有效课堂互动都是达成思政课育人目标不可或缺的环节。对思政课教学效果的追求没有止境，疫情期间的教学探索可给后疫情时代的教学带去诸多启示。

---

① 蔡瑶，孙建英. 通识教育视域下我国高校思政课教学改革的可能路径——兼论美国通识教育经验的可借鉴性［J］. 教育现代化，2017，4（6）：74-77.

② 同①

第四节 坚持"大思政"教学

当前阶段，我国开始提倡人才强国与教育兴国，由此我国开始对教育体制建设给予了高度关注。而在实际的教学过程中，思想道德修养教育更是成了其中不可忽视的内容之一。因此应该怎么切实可行的进行好思想政治教育对于当前现阶段国家人才培养产生的影响是不容忽视的。社会在持续快速发展，只有真正把思想道德素质培养融进当前阶段的思政课教学过程中，使用创新方式进行并不断完善教学内容，才可以真正使得当前阶段思政课的学习效果得到提升，最终激发学生在学习上的热情，为人才培养创造稳定并坚实的发展基础。

一、"大思政"背景下教育改革的内涵及实践意义

（一）"大思政"背景下教育改革的内涵

在"大思政"背景下对于高校思政课教学课堂完成有效改革主要指的是针对当前思政理念去完成教学目标的制定，使其作为中心并且最终在高校学生中进行理论和实践上的教学，通过这样的方式不断提高学生自身的思想道德素质水平。针对当前的高校思政教师来讲，在实际进行课堂教学的时候，其不仅仅需要通过持续的学习去变革自身的思想理念和教学内容，完善创新教学方式和手段，同时还需要合理的使用科学有效的教学方式，通过这样的方式让学生能够更快更好地接受思政教学中的内容。这样，才可以非常好地完成其想要达成的教学目的，最终使得高校学生自身的思想水平得到提升[①]。

（二）高校思政课教学改革与实践的意义

新世纪到来，世界格局也开始朝着经济全球化的方向发展，我国也正式进入了深化改革阶段，可以看出，社会发展开始朝着新的机遇以及挑战转变。此外，伴随着当前科学技术的快速提升以及对外贸易不断开放，人们在经济上的往来形式和生活方式也开始从本质上产生了巨大的变化。针对当前的高校学生来讲，能够运用互联网技术快速地接收到更为丰富多样的信息，不断地拓展自身的眼界。从根本上分析，互联网科学技术针对学生自身的发展来说属于一把双刃剑，因为网络上信息非常的冗杂，所以无法充分保证学生在运用网络的过程中不会接触到一些不利的信息。这种情况如果持续下去，学生因为长期接收到不良信息，不利于学生自身的完善和发展。而高校学生作为未来国家经济发展的主要力量群体，他们自身的思想观念上的发展和国家达成民族复兴的伟大理想之间是存在着非常紧密的联系，同时也是社会日后发展和持续发展的保障。因此，在高

---

① 肖香龙，朱珠."大思政"格局下课程思政的探索与实践［J］.思想理论教育导刊，2018（10）：133-135.

校思政课堂上进行教学改变革对于目前高校学生正确的人生价和价值观的形成有着不可忽视的意义。

二、"大思政"视域下高校"十大"育人体系整体建构的路径优化

（一）突出价值引领，是"十大"育人体系整体建构的"前导"

高校思想政治工作要注重思想理论引导和价值引领，在受教育者或思想政治工作队伍本身思想需求模糊或理念认识不清时给予正确的导航。这就要求"十大"育人体系在整体构建时一是要以党的领导为核心，提升凝聚力；二是以立德树人为根本，提升导向力；三是以育人规律为遵循，提升实效力。

1.以党的领导为核心，提升凝聚力

历史证明，中国的事情能不能办好，社会主义和改革开放能不能坚持，经济能不能快一点发展起来，国家能不能长治久安，从一定意义上说，关键在人。这个关键在人的核心就是在党，在于中国共产党的正确领导。无论何时，无论何地、无论何事，党的领导都是我们所要坚持的唯一和绝不动摇，高校育人工作更是如此。习近平总书记也曾强调过："办好我国高等教育，必须坚持党的领导，牢牢掌握党对高校工作的领导权，使高校成为坚持党的领导的坚强阵地。"

（1）把握高校思想的话语权。

以党的领导为核心，一个核心要义就是要牢牢把握高校思想的主导权，也就是让党的指导思想、方针、政策在校园思潮中唱主角。这就要求我们在今后的高校教育工作要多角度、多领域、多层次地推动中国特色社会主义理论与实践的深度融合，建设具有中国特色的社会主义高校。一是要坚持不懈地进行马克思主义基础理论的传播，及时用马克思主义中国化的最新成果武装大学生的头脑。加强通识教育，是所有高校教学的一项重要任务，为学生奠定科学的理论基础。二是要坚持不懈地弘扬社会主义核心价值观，以此来规范师生的言行。社会主义核心价值观包含了新时代社会主义新人所应具有的品质，广大师生都应该做社会主义核心价值观的信仰者、传播者和践行者。三是要坚持不懈地打造优良校风和学风，营造和谐有序的校园环境。校风和学风直接影响着学生的行为习惯，也影响着育人工作中隐性教育的发挥。

（2）完善高校党委治理体系。

在高校坚持党的领导，一个很明显的体现就是坚持党委领导下的校长负责制。党委领导下的校长负责制有两个核心内涵："党委领导"集政治领导、思想领导和组织领导三方面为一体，负责开展集体决策；"校长负责"是指在具体工作中校长负责指挥、管理和执行。二者相互合作、互相依存，既确立了党委在高校领导中的核心地位和社会主义办学方向，又保障了校长独立负责卓有成效地完成工作。坚持党的领导要抓好党委领导这一关键，不断完善高校党委治理体系。从制度上对党政职权的划分、成员权利、议事程序和决策规则加以明确规定，保证党委的核心领导地位，校长依法行使职权；推进

从严治党，加强高校党的思想、组织、作风建设，并不断创新工作思路，提高党建科学化水平；构建现代大学制度，在治理结构上形成多元共治模式：党委领导、校长负责、教授治学、民主管理。

（3）加强高校基层党组织建设。

基层党组织在高校党建中的作用不可小觑，是未来领导层面的后备军，也是现在基层治理的重要战斗力。星星之火，可以燎原，也可以照亮一片。加强基层党组织建设，可以更加巩固党在高校的核心领导地位。要进一步发挥好学院党委或党总支的核心作用，选配优质的党支部书记，改进方式方法，做好全员基层统领工作；抓好教职工和大学生的党支部建设，把党组织建设放在日常中去，如教学团队、科研团队、学生社团之中，扩散党的影响力；做好普通党员的跟踪教育和再教育工作，真正促使每一位党员爱党、敬党、为党、言党，提高党的号召力和凝聚力[①]。

2. 以立德树人为根本，提升导向力

立德树人是高等教育内涵式发展的重要举措，同时也是高校思想政治工作所要恪守的根本。以立德树人为根本，是全面贯彻党的教育方针的迫切需要，是大学生成长成才的迫切需要，也是培养德智体美劳全面发展的社会主义接班人的迫切需要。"十大育人"体系将立德树人作为根本任务和中心环节，有利于提升导向力，保证工作过程和工作结果的不偏颇。"立何德""树何人"是前文已经论证过的问题，"何以立德""何以树人"是我们现在将要追溯的问题。如何将立德树人全面融入高校育人工程之中，是难题也是必须解决的问题。

（1）构建全员立德树人的主导机制。

构建全员立德树人的主导机制是从立德树人的主客体要素出发，在学校内部建立统一领导、齐抓共管、专兼结合的全员育人机制，具有导向性和整合性。在立德树人的实践中，首先高校要树立"德育为先"的理念，将德育放在一切教育工作的首位，发挥德育的先导性和引领性作用。党政一把手抓德育，把育人质量作为衡量学校办学水平的第一标准。其次，坚持全体教师齐做德育。立德先立师，树人先正己，教师是学生的镜子和楷模，在做德育之前先要保证自身的学高和身正。严苛人才选拔，以德量才，并健全师德评价体系和考评制度，造就一支高素质的教师队伍。最后，注重对立德树人骨干力量的培育，作为学校立德树人任务实现的主体力量。辅导员、班主任是最贴近学生的群体，党政干部是学生德育的规划者，必须给予特别关注，推进他们的专业化、科学化和职业化。

（2）推进全过程立德树人的融入机制。

"立德树人"既受外部环境的考验，又有着自身独特的运行规律。面对此复杂工程，

①张崔英，谢守成. 大数据时代高校思想政治教育的"变"与"不变"［J］. 重庆大学学报（社会科学版），2019（02）：190-198.

只有将立德树人的"德"充分贯穿于"十大育人"体系的全过程,融入教育活动的方方面面,才能使立德树人得到保障和落实。育人决策活动是一个自上而下的过程,从顶层设计开始就要关注立德树人。宏观而言,明确立德树人的战略目标设定、总体任务规划和操作行动方案,使工作更具有针对性和有效性[①]。不仅着眼于现下丰富多彩的育人活动,更要面向未来,立足长效,以全面协调可持续的原则科学设计立德树人的工作。另外,要把德育和整个育人工作统筹考虑和统一部署。在"十育人"的建构过程中,有目的、有计划地把立德树人的根本任务渗透和分解到各个具体的育人渠道和教育管理服务部门之中。

(3)挖掘全方位立德树人的文化资源。

立德树人的根本任务和中心任务已经明晰,它的实现离不开对丰富文化资源的挖掘和利用。只有把一切优秀的文化资源充分调动起来,作为立德树人的载体,才能培养出国家倡导、社会需要和个人希望的现代化人才[②]。从纵向而言,文化资源的挖掘离不开中华优秀传统文化,革命文化和社会主义新文化。凡是与国家社会发展相关、与个人自我实现相关、与良好人际关系相关的道德资源,都可以被拿来吸收。从横向上看,除了本民族的优质资源外,外国优秀文化也可以兼收并蓄,为我所用。尤其是西方近代以来形成的自由平等、崇尚理性、尊重契约、信奉法治等品质均可以纳入立德树人的实践范畴。历史底蕴和时代特质兼具,国家使命和国际视野兼顾,道德品质和知识能力兼得,才应该是新时代立德树人所呼唤的人才。

(二)统筹育人场域,是"十大育人"体系整体建构的"依托"

"十大"育人体系的建立不仅仅是学校的责任,涉及的范围也不局限于校园之中。它是高校全体教职工的根本任务,是家庭、学校、社会共同的责任。鉴于此,高校必须致力于打造育人共同体,统筹家庭、学校、社会等三个育人平台,明确家庭教育、学校教育和社会教育各自的功能定位和工作重心,切实解决当前家庭教育和学校教育在育人共同体中存在的缺失错位现象[③]。育人共同体并非特定的教育实体,而是育人主体之间基于共识性育人目标而形成的联合体,大家"心往一处想,劲往一处使"。打造育人共同体,通过系统化设计、制度化安排、针对性举措,将育人场域糅合在一起,既发挥学校的主场优势,又能有效融入社会育人平台,更可以链接基础家庭教育。

1. 发挥学校主场优势

客观而言,大学生相当大的一部分时间是在校园之中度过的,上课、科研、自习、社团活动等等都离不开学校这个场域。"十大育人"体系工作的开展也很大一部分依托

① 侯勇. 新时代高校思想政治工作理论创新的哲学向度——学习习近平总书记关于高校思想政治工作的论述[J].思想理论教育导刊,2018(09):128-131.

② 刘欣欣.方法论视域下的高校隐性思想政治教育研究[D].北京:北京科技大学,2018.

③ 谷照亮.个性化学习视域下大学生思想政治教育创新研究[D].成都:西南交通大学,2017.

于学校,需要借助于学校的人力、物力资源。并且相对来说,学校这个育人场域具有半封闭性特征,育人工作的领导权、育人队伍的素质能力、育人过程的掌控度以及育人实效方面都较高于其他育人平台。既然学校拥有得天独厚的育人优势,那么我们更要好好把握这个契机,进一步发挥学校主场优势,完成好各个渠道的育人工作。发挥学校的主场优势首先是要增强专业育人意识,凝聚办学共识。

什么是专业育人意识?就是高校全体教职工都要将教育看作是一种专门的事业,自身的工作看作是一种专业育人活动,立德树人看作是专门目的。社会上或许由于角色的不同而拥有不同的利益立场,也带来了千差万别的人生观、价值观和教育观。但学校内部不一样,领导、教师、管理者、服务人员等尽管自身的具体分工不一样,但其实内在的利益诉求具有一致性即为培养人才而工作。学校首先让广大教职工看到利益的一致性,调动大家的积极性来支持这项专门事业和专门活动,明确"学校为什么这么做"以及"我应该如何去做"。其次是要加强校情、校势分析,找准自身优势,化解自身不足。以学校为育人主场,就该充分了解本校的具体情况和发展态势。高校有偏理工科、偏文科的以及综合性大学之分,也有职业学院和本科院校之分。每个学校的育人工程的进度和质量肯定不一样,学校内部"十大育人"的发展也不是统一步调的。理应从学校实际出发,一方面以课堂教学改革、学校管理体制完善、特色活动推进等方面为突破点弥补学校育人工程的薄弱环节,另一方面找准本校育人长处所在,进一步发扬①。最后,发掘利用校内外资源,统筹校园环境建设。育人活动需要以多样化的教育资源为支撑,也需要以和谐的校园环境为保障。这决定着高校因校制宜,因地制宜,充分发掘和有效利用内部和外部的各种教育资源。在此基础上,营造有利于学生成长的主场环境,既做好显性环境的建设,又做好隐性环境的培育。

2. 融入社会育人平台

学生思想道德的发展变化不仅与学校的教育息息相关,还要受到社会大环境的影响。如社会舆论、价值观念、社会风气、西方思潮等通过各种信息渠道来占据学生的生活,影响其思维观念和行为方式。我们不可能杜绝这些因素对学生产生的好的或者坏的影响,因而我们要将学校与社会结合起来,将学生送入社会这个更广阔的育人平台,并且深刻认识到在新时代下坚持学校、社会共同育人的重要性和紧迫性,切实把这项工作抓好、落实。

融入社会育人平台,先要让学生敢于"走出去",多多参与社会实践。新时代的高校不再是封闭的象牙塔,所培养的人才也不是埋头苦读、不问世事的书呆子,而是实践能力和文化素质兼具的复合型人才。所谓"走出去",就是让大学生深入社会、了解社会、服务社会,在社会实践中体会到生活的酸甜苦辣。同时借助社会实践平台,汇集社会各方面的积极因素,加强大学生的社会责任感。社会实践是反映和检验学生思想道德水平

---

① 滕建勇. 新时期高校思想政治教育探微 [M]. 上海:上海交通大学出版社,2010.

的重要场所，学生能在社会实践活动中知行结合，把理论外化为行动，加深对理论的认识。要让学生"走出去"，必须有路可走。这就需要学校达成校企合作，开辟德育基地。高校可以通过实地考察、岗位实践、企业座谈等方式，将学生下放到企业，接触到企业的实际运行，以此帮助学生形成正确的职业观。校企合作还应该是在学校教学和管理中融入企业文化，将企业所倡导的诚信、创新、竞争、效率、敬业等积极观念渗透到校风、学风、教风等核心理念中去。开辟德育基地，也是"走出去"的一条重要方式。学校与一些爱国主义教育基地、法制教育基地、革命传统教育基地等地方进行有效对接，根据学生的专业或者层次的不同有选择性地进行基地培训[①]。最后，融入社会平台，也应该坚持"请进来"。"请进来"，主要是指学校把社会中一些知名专家、学者、道德楷模和励志人物请进校园中来，或者是根据各专业的不同，有针对性地邀请各领域拔尖人才。通过这些人物现身说法，发挥他们的榜样激励作用，以生活实际经历触动学生内心，这对学生的思想转化作用巨大。

（三）打造"共同体"，是"十大育人"体系整体建构的"关键"

"共同体"一般是指由若干相互联系、相互作用的要素在共同的条件下、按一定的方式组成的相对稳定的统一体。在高校思想政治工作中，无论是管理者、教师抑或是服务者，他们具有共同的话题、共同体的愿景和共同的工作主题，即为大学生成长成才服务。在共同完成工作的任务过程中，他们自然地存在一种相互联系、相互影响和互帮互助的人际关系。从"大思政"的角度而言，"十大育人"体系中所有的参与人员就是一个共同体。在这里，共同体可以被理解为高校思想政治工作者或部门在工作、学习和生活中形成一种休戚与共的密切联系。它是充满生机与活力的有机体，内部各大要素在相互依存的基础上密切联合，共同来发挥作用。"共同体"按性质可分作不同种类，在"十大育人"体系的建构中，要着力构建教师"学习共同体"，部门"实践共同体"和师生"网络共同体"。

1. 构筑教师"学习共同体"

"学习共同体"是指学习者及其助学者在互通消息、共享资源的基础上共同构成的团体。在"十大育人"体系中，学习者主要由高校思想政治工作队伍组成，也就是要构筑教师"学习共同体"[②]。具体而言，为提高自身育人能力或是解决育人过程出现的实际问题，思想政治工作者们必须联合起来共同学习、分享、合作，互相取长补短。教师"学习共同体"的构筑离不开一定的学习平台，这就包括校外培训研修中心的建设和校内交流平台的拓展。校外培训研修中心主要承担对高校思想政治工作主体队伍的培训任务。一方面以强化理论武装和提升政治引领为重点，加强马克思主义基本素养和政治敏锐度的培育。使教师队伍既对于马克思主义基本原理和中国特色社会主义理论可以正确掌握

① 李雪萍.高校思想政治教育的理论与实践［M］.北京：中央编译出版社，2016.

② 冯刚.探索思想政治教育发展的内生动力［M］.北京：人民出版社，2017.

并深入理解，又可以站在各自专业背景的角度对国家当前的形势与政策加以解读，并将这些理解与解读融入具体的实际工作中渗透给学生。另一方面，也要按照专业化、职业化、学习型标准，通过岗前培训、岗位培训、业务交流、脱产学习等，为思想政治教育工作者提供必要的学习和进修的机会，不断提高他们的理论水平、思想水平、政策水平和业务能力。这个培训研修中心不是某个团队或者某个学校拥有，而是整个区域的公共性资源。不同高校都可以在此共享优质资源，进而促进整个地区的思想政治工作队伍的建设和发展。校内交流平台则主要发挥专业教师的示范引领作用。高校内部要构建教师"学习共同体"，教师集体就必然从组织管理者转变为互相学习的共同体。以往，高校思想政治工作队伍一般呈现科研和实践分离状态，做实践工作的不懂得搞科研，搞科研的具体实践能力又不强，又或是专业思想政治理论课教师与其他课程教师之间存在理念不合或能力差距。而校内交流平台的扩展可让理想信念坚定、工作能力突出、道德素质过硬的思想政治工作骨干力量借助这一契机将自身的经验和资源共享出来，以先进带后进。在校内打造一种共同学习、共同进步的良好风气，让教师之间的关系更加和谐融洽。

2. 构建部门"实践共同体"

"实践共同体"的概念源于人类学研究者莱夫和温格所著的《情境学习：合法的边缘性参与》，核心要义是由个体组成的群体长时间追求一个共同事业，拥有共同的实践、信念和理解。在"大思政"中，我们也可以发现构建"实践共同体"的基础。高校要构建"十大育人"体系，重点在于各部门联合起来，每个部门虽说具体分工不一，但总目标的追求一致。"实践共同体"并不是简单将各部门联结在一起为思想政治教育而工作，而是通过共同的参与将每一个部门所扮演的角色固定起来。换言之，就是高校各部门要在"十大育人"体系的构建中找准自身定位，相互依存，共谋长远发展。随着"十大育人"的发展，育人部门逐渐增多，必然会造成人浮于事，影响育人工程的整体协同发展。为此，融通校内思想政治工作部门，破除旧体制中阻碍部门交流与协作的屏障，是高校各部门达成"实践共同体"的必然前提。

3. 构造师生"网络共同体"

大学生在网络上由于主观或者客观原因大多结成了具有共同体特征的群体，在这个群体中他们往往有着共同的价值、目标和爱好，按照共同的规范平等对待，相互理性认同。这就形成了一个有机共同体，形式如大学生ＱＱ群、微信、微博、易班网等等。而网络思想政治教育意味着高校思想政治工作要与网络平台接轨，教师也逐渐加入共同体之中，共同体的主体由单一的大学生转转变为"老师＋学生"的新模式。构造师生"网络共同体"，就是以网络平台为载体，利用大数据技术开展网络意识形态研判、网络舆情引导、师生思想政治状况调查等工作，并推动思想政治教育资源的共建共享，是网络育人的深层体现。

"网络共同体"的打造一方面要与大数据联合，形成"技术—分析—教育"的流程化模式。强大的人才和技术支撑是大数据时代高校思想政治工作的前提。对此，可利用政府、高校学科和人才集群资源，协同建立区域性或者是全国性的思想政治工作大数据库。将海量的收集数据进行加工整理，可以反映出学生的真实需要和思想倾向。数据的收集分析不是终点，重点是能够数据掌握或者预测学生思想和行为的走向，包括学生关注热点趋势，网络舆情监控与动态预测、学生上网行为跟踪分析、就业信息智能推荐、经济困难等级判别、学生心理状况自动摸排与诊断等等。从这里面可以达到思想政治工作的精准供给和个性化教育，能够更好地解决"在哪发力、对谁用情"等问题，提高思想政治工作的针对性和实效性。同时，我们也要注意网络思想政治工作中心的管理问题，避免伦理道德问题的产生。例如规范数据搜集的方式、范围和使用去向，防止数据滥用或隐私泄露，力争做到不该公开的不公开，不成熟的结果不运用。

第六节　建设多元化智慧课堂

2018年2月，教育部印发的《新时代高校思想政治理论课教学工作基本要求》中指出："坚持增强获得感，促进思想政治理论课教学有虚有实、有棱有角、有情有义、有滋有味。"全媒体时代，增强思政课教学的吸引力、说服力、感染力，必须把传统课堂与信息化紧密结合，智慧课堂就是在这两者的融合之下产生的。

一、智慧课堂的内涵

所谓智慧课堂，是以建构主义学习理论为依据，以"互联网＋"的思维方式和大数据、云计算等新一代信息技术打造的智能、高效的课堂。其实质是基于动态学习数据分析和"云、网、端"的运用，实现教学决策数据化、评价反馈即时化、交流互动立体化、资源推送智能化，创设有利于协作交流和意义建构的学习环境，通过智慧的教与学，促进全体学生实现符合个性化成长规律的智慧发展[①]。智慧课堂的核心在于用最新的信息技术手段来变革和改进课堂教学，打造智能、高效的课堂。毫无疑问，相比传统课堂模式，智慧课堂利用现代化的信息技术打造出的是真正高效互动的课堂。在这里，教师与学生、学生与学生之间的沟通与交流更加个性化，课堂互动能力和教学效率也会大大提高。所以，智慧课堂的呈现可以改变传统教育的弊端，突破传统教学在时间和空间上的限制，提高课堂的灵活性，并且大力地拓展课堂教学中的信息容量，真正意义上实现"教学相长。"

二、在高校思政课中开展智慧课堂的意义

1. 丰富教学资源，促进优质教学资源共建共享

---

① 刘秀峰. 高校"互联网+思政课教学"的现在与未来［J］. 特区实践与理论，2018（05）：125–128.

丰富有效的教学资源是提升思政课吸引力的重要保障。智慧课堂在教学资源的载体形式上是多样化的，包括文本教学资源、视频教学资源和网络教学资源等，具体而言，包括电子文档、图片、影视、语音等多种样式的资源。因此，在思政课中开展智慧课堂，可以丰富思政课教学资源，特别是借助智慧课堂平台，教师和学生可以把云平台资源、校本资源库导入，做到优质教学资源共建共享，减轻教师备课负担，提高老师备课效率，丰富课堂教学内容和形式。此外，智慧课堂在资源推送方式上也是多样的，既包括自动推送、人工推送等方式，也可以采取自主订阅学习资源，满足学习者富有个性的多样化学习需要。

2. 创新教学方法，促进师生互动互助

传统的交互大部分是教师点名、学生回答的模式。这些方式以教师为中心，强调知识的传授，缺少立体化的互动。而智慧课堂通过移动终端等智能设备和互联网的应用，就可以实现全方位、立体式的交互，实现师生交互、生生交互。因此，构建思政课智慧课堂，能够打破目前思政课单一的教学模式，创设良好的教学情境，让课堂活起来，学生动起来。在教学中，师生之间建立一种双向的、可视化的互动交流，而且这种交流不受上课时间、上课地点等方面的限制，可以实现教师一对多等各种形式的教学指导。在这种智慧课堂中，还可以采用分组教学、自主实践等多种方式来促进师生之间、生生之间的互动和交流。真正实现课前、课中、课后、课内、课外、线上、线下的全场景立体交互。

3. 拓展教学空间，提升教学质效

智慧课堂在 MOOC 和翻转课堂的基础上，进一步拓展教学空间，营造全方面、全时段的全员育人高校思想政治教育机制。智慧课堂通过课件、微课、学习拓展等课程资源的一键分享，营造教学环境，打破教学的空间限制；通过平台的交互性，打破了教学的时间限制；通过大数据分析及应用等技术手段，记录教育教学过程，实现了全过程的动态评价。这种评价实现动态教学数据的及时反馈，量化教与学的效果，促进了教学评价的多元化与人性化[1]。这有助于教师有针对性地调整教学内容、教学方法等，从而提高教学效果，有效地提高思政教学的智能性。

三、当前智慧课堂在高校思政课教学中的现状

1. 智慧课堂的理念普及程度低，难以广泛推广

智慧课堂理念提出至今已经多年，虽然各学者对智慧课堂、智慧教学等研究成果丰富，但是在高校中推广的力度并不大。一是对智慧课堂的认识不够深入。很多教育工作者听说过智慧课堂，知道智慧课堂的存在，但对智慧课堂的构建等研究却很少，虽然有对思想政治课智慧教学方式进行主动探索，但是探索的程度却不深入，大部分人还处于

---

① 王欢. 基于新时代背景下智慧课堂在思政课教学中的应用研究［J］. 湖北函授大学学报，2018，3（08）：79-80.

观望状态。二是经费投入是智慧课堂推广的重要影响因素。首先学校教育经费有限，全面推广智慧教室非常困难，很多高校在专业课程中打造智慧教室，但思政类的公共课程却很少有使用；其次打造智慧课堂，学生需要平板电脑等学习工具，但很多家长和学生不愿意购买。三是教师理念僵化是智慧课堂推广的重大阻力。很多教师认为智慧课堂是个噱头，换汤不换药，因此不积极主动参与信息化推广与教学。

2.智慧课堂的资源共建共享程度低，教学内容拓展不足

思政课程教学资源的开发是思政课教学改革的重点和难点。从实质上来说，思政教育的智慧课堂，是能够合理地借助全媒体技术来对大量的教育知识进行整合的。然而，目前高校思政智慧课堂存在资源共建共享程度低，教学内容拓展不足等一系列问题。一是各高校各自为政，没有建立共建共享机制，资源共享不够充分，由于网络平台的五花八门，或是网络平台版权限制等因素，导致资源的选择面十分窄，从而无法促进各种优秀教学资源的有效共享。二是课程资源开发力度不够。智慧课堂的课程资源很多都是网络平台公司开发，一线教师没有参与进来，使得一些资源不接地气，教学内容的时代性与生活性不足。三是网络教学资源实效性低。由于思政课教学资源特别注重时效性，但网络平台上的资源更新速度慢，或者没有形成知识的整合，使得资源的适用性不强。

3.智慧课堂的应用方法单一，课堂实效性不强

从实际情况来看，目前还存在教师在智慧课堂的教学方法与手段仍旧相对单一，课堂实效性不突出，学生的获得感不明显等问题。一是课堂特色不明显，信息化程度仍旧不高。教师构建了智慧课堂，但是也无法发挥出智慧课堂的信息化教学方法所具有的重要意义。有些教师在使用信息化教学形式或者是现代化的教学手段时，体现出来的却依旧是传统的教学理念。二是互动性不强，没有调动学生的学习积极性。在课堂上还存在教师唱独角戏的现象，忽视学生的主体性，智慧课堂形同虚设。三是对学生难以监控。由于一些教师课堂把控能力不足，对学生的课堂行为难以监管。

四、构建思政智慧课堂的路径探讨

1.以教师为重点，有效推广智慧课堂教学理念

智慧课堂"落地"，关键在于教师。一是在学校广泛地普及思想政治课智慧教学的理念与知识，这是迈开思想政治课智慧教学活动的第一步。当然不仅仅局限于教师的层面，还需要加强学校、教育主管部门等对这一理念的肯定与支持。二是教师要树立自我发展的观念。众所周知，思政课不好上，思政教师不仅要不断更新自身的知识储备，还应率先洞悉教育技术革新的趋势，创新教学方法与手段，调动学生的积极性，激发学生的创新能力，让学生能够切实地感受到智慧课堂的魅力。三是加强学生对智慧课堂的认识与理解。智慧课堂并不是传统意义上的教室＋网络，而是打造品质课堂的智慧教学。老师应向学生介绍基本的教学流程，系统地培训学生如何运用平板电脑进行课堂学习，这样学生才能够真正实现与老师智慧的融通共生。

2. 以课程资源开发为难点，建设富有时效性的思政课程资源库

思政课程资源的适需性与时效性决定着思政课程教学的实效性与吸引力①。因此课程资源开发，是思政智慧课堂课程建设的重要环节。一是建设丰富的案例库，包括时政资源库、经典案例库、拓展资源库等。凭借互联网技术传播速度快、影响范围广等突出优势，结合人民网、新华网、学习强国等网络平台的最新报道消息，有选择地建设时事政治资源库。把时事与经典案例相结合、传统理论与现代视角相融合，让学生及时了解社会热点问题以及当前国内外发展形势等。二是建立课程资源开发团队与激励措施。应想方设法建立高校之间联合资源开发团队、高校与企业联合资源开发团队等，鼓励思政老师积极参与团队工作，经费上给予保障，切实开发出有效的课程资源，打造一批思政"金课"。三是建设拓展性课程，把课程思政理念融入课程资源建设中去，有意识地将思政课和其他学科有效整合，实现知识的整合，优质资源共享，进而提升思政课教学质量。

3. 以创新教学方法为亮点，打造多边互动的教学环境

创新构建符合当今时代特点的智慧课堂教学方式，是推动高校思政教育教学改革的重要举措。一是构建新型教学平台。借鉴慕课、微课等新型教学模式的优势，突破时间和空间的限制，构建课堂网络互补的智慧课堂模式，也可以通过微信、微博、博客等方式，让学生随时随地开展学习。二是创新教学方法，构建情景交融、多边互动的教学环境。在课堂内，根据教学内容开展案例教学、情境教学、启发式教学等教学方式，把情境创设、案例讨论、小组合作等方式与信息化紧密结合起来，打造互动性强的智慧教学环境；在课堂外，带领学生走进红色景点、走进广大乡村，边走边学。此外，还要积极创建网络虚拟实训实践基地，让理论教学与实践教学相互融合，提高课程的吸引力。

4. 以优化教学流程为落脚点，打造思政品质课堂

在信息化的背景下，若是想要构建有效的思政教学课堂，教师还需要合理地优化教学流程。在现实操作中，主要分为三个部分：一是课前摸底。在构建思政智慧课堂中，教师可以提前利用与智慧课堂有关的各种先进技术或设备来对学生进行摸底。在摸底的过程中，教师可以通过思政游戏、智力问答等形式来开展，并且把握好不同专业、不同年级的学生所具有的特征，然后再根据摸底情况确定相应的教学内容、过程以及考核方式等。二是课中细化。在这一环节中，教师需要将课前确定的教学内容进行细化。并且，在这一环节中，教师还可以采用情景模拟、小组讨论等形式来将教学内容进行内化，丰富课堂教学的形式。这一环节是实现思政课堂教学的关键。有了现代技术的辅助作用，思政教学的质量会得到大大提高。三是课后反馈。在这一环节中，教师可以采用课后练习作业、课后实践等形式来对思政课堂教学的内容进行强化和拓展。这一环节是实现思

---

① 黄东桂，吕晓凤. 新媒体新技术与思想政治理论课堂结合模式探析——以思政课堂"手机现象"为例［J］. 南昌师范学院学报，2018，39（02）：71-74.

政智慧课堂教学的必要措施。从本质上来说，有了智慧课堂，思政课的课后作业布置也会有更多的形式。比如说，采用微电影、动画等形式也可以呈现出学生的学习成果。而且，依托于先进的信息技术，教师对于学生的评价也可以线上线下相结合，师生之间的交流也会更加及时、便捷。

在高校思政课的教学中，智慧课堂的构建能够有效地提高思政课的教学实效性和课堂吸引力。因此，积极探索智慧课堂教学模式，推广智慧教学理念，打造思政品质课堂，任重道远。

第七章　思政课程教学改革探索

第一节　"原理"课教学改革

　　"马克思主义基本原理"课(以下简称"原理"课)是高校思想政治理论课的基础课程。习近平总书记指出："马克思主义基本原理，体现马克思主义的根本性质和整体特征。"[①]这个论断要求"原理"课要深入开展整体性教学改革，向学生展现马克思主义基本原理的整体性本质，"帮助学生从整体上把握马克思主义，正确认识人类社会发展的基本规律"[②]。那么"原理"课整体性教学改革目前主要存在哪些问题，通过什么路径有效地推进整体性教学改革？笔者在教学实践中进行了探索。

一、目前高校"原理"课整体性教学改革存在的问题

　　自"05"方案实施以来，"原理"课整体性教学改革已经开展十余年。虽然它在理论和实践上都取得了重大成就，但是仍然暴露一些问题。经笔者十四个月的调查研究发现，目前"原理"课整体性教学改革主要存在以下情况：

　　第一，部分任课教师对马克思主义经典原著融入教学不够重视。他们认为"原理"课是公共课而不是专业课，不需要讲授这么深刻。而马克思主义基本原理是对马克思、恩格斯、列宁等人的经典著作概括提炼出来的，这些经典原著都集中体现了马克思主义三个组成部分有机统一的整体性本质。任课教师如果没有对经典原著进行很好的教学融入的话，学生单纯为学基本原理而学基本原理，就不可能了解这些原理的理论来源和历史背景，不可能深入把握各基本概念、基本原理之间的理论发展关系，不可能深入把握马克思主义理论的整体结构和原理之间的逻辑关系，这就会导致学生掌握的知识碎片化，无法从整体上把握马克思主义理论体系，从而会影响到"原理"课的整体性教学。

---

　　① 习近平.中国共产党90年来指导思想和基本理论的与时俱进及历史启示［N］.学习与时报，2011-06-28（1）.

　　② 教育部社会科学司.普通高校思想政治理论课文献选编（1949-2006）［M］.北京：中国人民大学出版社，2007.

第二，部分任课教师对"原理"课教学重点不够突出。习近平总书记强调："掌握马克思主义，最重要的是掌握它的精神实质，运用它的立场、观点、方法和基本原理分析解决实际问题。"①"原理"课不仅像一般人文社会科学课程那样重视知识的学习，它更强调让学生从整体上把握马克思主义的精神实质，学会运用马克思主义基本原理分析和解决社会现实问题，从而坚定马克思主义理论自信。因此，任课教师要深刻把握该课程特点，进一步突出教学重点，集中有限的教学时间将教学重点讲清楚讲透彻，以培养学生对理论的整体把握能力和理论联系实际能力。

第三，部分任课教师对实践教学重视不够。部分教师表示，"原理"课理论性比较强，内容比较抽象，并且课程内容多、课时较少，应该重点搞好理论教学。只有像"思想道德修养和法律基础"这些课程才需要搞好实践教学。马克思主义一个重要的特征就是理论和实践相结合。实践教学也是"原理"课教学的一个重要环节，是推进"原理"课整体性教学的必然要求。并且马克思主义的生命力在于直面社会现实，运用理论解决实际问题，从而不断地与时俱进。在目前信息化社会条件下，学生通过电脑、手机等接触大量社会现实问题，他们不喜欢枯燥的理论说教，希望用相关理论分析和处理这些问题，以解除自己的思想困惑②。教师应该将实践教学环节贯穿于整个教学活动中，把课堂教学与实践教学、理论讲授与实践体验有机结合，形成从理论到实践再到理论的教学模式，引导学生从课堂走向社会，提高学生运用所学马克思主义理论分析解决社会实际问题的能力，帮助学生把马克思主义理论转化为信仰体系和认知体系，增强坚定走中国特色社会主义道路的自信。

第四，教学考核中不够重视考察学生的整体性思维。部分学校的考试很少从马克思主义整体性出发综合命题，在试卷中马克思主义三大组成部分各占一定的比例。这样的考核很容易给学生留下马克思主义三个组成部分是相互独立的印象、马克思主义基本原理是支离破碎的印象，也无法衡量出学生对马克思主义整体性的掌握程度和教师的教学效果③。

二、进一步推进高校"原理"课整体性教学改革的实现路径

针对以上突出问题，我们必须从多种路径实施改革措施，以进一步提高整体性教学水平。

① 习近平. 中国共产党90年来指导思想和基本理论的与时俱进及历史启示［N］. 学习时报，2011-06-28（1）.

② 班建新，王晓莉."微媒体"视角下新疆高校大学生主流意识形态认同教育现状调查分析［J］. 昌吉学院学报，2019（2）：72-77.

③ 孙月红，郭彩星."马克思主义基本原理概论"课整体性教学改进对策［J］. 思想理论教育导刊，2014（6）：86-88.

（一）将经典原著融入"原理"课教学中

经典原著是"原理"课教材体系和教学体系的理论来源和文本依据，它不仅始终贯穿了马克思主义的基本原理、观点和方法，还体现着革命导师提出这些原理和方法的历史背景以及鲜活而深刻的论证过程，体现着革命导师的思想发展脉络和整体性的思维方法。任课教师首先要认真研读马克思主义的经典著作，运用历史和逻辑相统一的方法对其理论进行整体性地把握和思考，要深刻理解每一具体原理背后深藏的逻辑联系，理解各理论组成部分之间相互支撑、相互渗透的有机关联。只有这样，才能准确地向学生展现一个完整的马克思主义。在教学过程中，应该结合教材内容有目的地选择一些经典篇章，深化和拓展教学内容，使学生体会到马克思主义内在的整体性。为了加深学生对马克思主义整体性的认识，任课教师在讲授基本原理时，需要列出经典作家的相关具体论述，给学生讲授清楚这些基本原理是在什么情况下针对什么问题提出的，经典作家坚持了什么原则，运用了哪些理论方法，这些原理之间呈现什么样的逻辑联系，从哪些方面得到了发展，从而使这些基本原理具体化和鲜活起来，这可以激发学生学习兴趣，提高教学吸引力。任课教师不仅应该在课堂上引用经典原著中的论述来论证马克思主义的整体性，还要给学生开出一些能够反映马克思主义整体性特征的经典原著阅读篇目，如《共产党宣言》《德意志意识形态》等，使学生在阅读、撰写读书笔记、学习兴趣小组等活动中，自觉领会马克思主义是一块整钢的精神实质。教师还应充分利用互联网、微信、多媒体等教学手段，向学生形象而立体地呈现马克思、恩格斯、列宁等革命导师的故事及其思想发展历程，如用微信形式发布《马克思画传》《恩格斯画传》和《列宁画传》，播放中共中央编译局制作的《思想的历程》视频等，通过这些做法，学生不仅感受到马克思主义理论的魅力，还会受到心灵的震撼。

（二）进一步突出唯物史观和剩余价值学说的教学重点

马克思主义基本原理贯穿马克思主义理论发展过程的始终，并使理论的各个组成部分相互衔接、相互融合，使其成为一个有机的整体。马克思主义基本原理主要是指马克思主义基本立场、观点和方法。因此，推进"原理"课整体性教学应该着重讲授马克思主义的基本观点、立场和方法。但是，如何在有限的教学时间内将它讲透彻讲明白，这就是一个不好把握的问题。笔者认为，任课教师应该从马克思理论本身找办法。恩格斯曾在《在马克思墓前的讲话》中指出，马克思一生有两大发现，即唯物史观和剩余价值学说。唯物史观和剩余价值学说之间的逻辑联系以及它们在科学社会主义中的运用和发展是马克思主义整体性本质的集中体现，是衔接串联马克思各主要组成理论的纽带。

马克思恩格斯运用唯物史观作为世界观和方法论分析了具体的社会形态——资本主义社会，揭示了资本主义运动发展的规律，发现了剩余价值学说，创立了马克思主义政治经济学，并且使唯物史观的科学性得到了客观事实的验证。在此基础上，他们还深刻揭示了无产阶级和资产阶级对立的经济根源就是剩余价值生产，论证了无产阶级的历史使命是"推翻资本主义生产方式和最后消灭阶级"，并制定了无产阶级革命的策略，对未来社会的基本特征进行了科学预测，奠定了科学社会主义的理论基础。

因此，"原理"课应该将唯物史观和剩余价值学说作为教学的重点。任课教师应该集中各种资源把这"两大理论"的产生过程、主要内容以及它们之间的逻辑关系讲深入、讲全面，深入地向学生解释为什么这"两大理论"的诞生使社会主义由空想变成科学。只有这样，才能帮助学生更好地掌握马克思主义的基本理论、立场和方法，更好地从整体上把握马克思主义。不仅如此，把唯物史观和剩余价值学说作为教学重点还可以解决当前"原理"课教学内容多、课时比较少的矛盾。任课教师要在一个学期内，把以前马克思主义哲学、政治经济学和科学社会主义三门课的内容都讲授完毕，按以前的方法教学时间肯定不够。我们要根据邓小平同志提出的"学马列要精、要管用"的要求①，抓住马克思主义整体性的本质，以唯物史观和剩余价值学说作为核心设计教学内容，从整体上把握章节结构，抓住体现马克思主义整体性重要环节的衔接，不要纠缠具体的细节。具体来说，在教学设计中，"原理"课第三章到第四章、第五章到第六章就是这样的关键环节。任课教师在讲授第三章和第四章内容时，要重点讲清楚马克思如何由唯物史观领域转向剩余价值学说的研究，以及剩余价值学说从哪些方面验证和发展唯物史观的。在讲授第五章和第六章内容时，要重点讲解"两大发现"在社会主义由空想成为科学中的作用和意义，以及剩余价值学说和科学社会主义对唯物史观的运用和发展②。只有这样，我们"原理"课才真正贯彻了整体性教学的精神，才能彰显马克思主义的理论魅力。

（三）将实践教学和课堂教学相结合

教师在开展实践教学时要做到以下几点。第一，任课教师要加强调查研究，通过各种方式了解当前学生关注的热点焦点问题，结合马克思主义的基本原理、立场和方法，有目的地设计实践教学项目。引导学生学会用所学的理论和方法分析这些社会现实问题，增强教学针对性，提高学生学习兴趣，使学生感受到"原理"课的魅力和价值，在潜移默化中树立科学的世界观和价值观。做到既符合马克思主义基本原理的逻辑体系，又适合学生的认知规律。第二，要围绕所学内容或所学理论有针对性地设计实践教学活动。开展活动前要科学规划，发挥教师在实践教学中的引导作用和学生主体作用，做到主题突出、目标明确、组织灵活、富有创意、理论和实践相统一。在活动中，要加强对学生的指导，积极引导学生用马克思主义整体性思维分析和处理实践活动中遇到的问题，切忌不要放任不管、流于形式，或者没有发挥学生的主体能动作用。第三，根据本地实际探索灵活多样的实践教学形式。在课堂内，可以邀请相关专家或知名人士来校做专题报告或讲座；或召开座谈会，与学生交流思想，着力解决学生们的思想疑惑和理论疑难问

① 逄锦聚.《马克思主义基本原理概论》编写体会和讲授建议［J］.思想理论教育导刊，2007，（5）15-20.

② 黄伟力.《马克思主义基本原理概论》教材修订需要进一步凸显马克思主义的整体性［J］.思想理论教育，2010（19）：45-46.

题，给他们提供实践教学指导；也可以组织学生开展理论讨论、典型案例分析、经典文献研读、观看视频和辩论比赛等活动，鼓励学生发表自己的见解，以锻炼和提高他们运用马克思主义理论思考问题的能力。在课外，可以利用节假日和双休日到现实社会做社会调查，或者组织学生到校史馆、所联系的工矿企业、博物馆、爱国主义教育基地去参观访问，指导学生观察世界、收集资料、运用马克思主义理论和方法分析资料，提交调研报告或课程论文，并做好评审，作为平时成绩的一部分。第四，实践教学活动应该和学校组织的校园文化活动、学生社团活动相配合。"原理"课教师要积极为学校的社团活动、校园文化活动出谋划策，积极地与这些组织团体和个人沟通协调，争取将自己的实践教学计划放在他们的年度规划中，各自发挥自己的优势资源，形成大学生思想政治教育的整体合力。

（四）在考核中注重学生对整体性思维方法的运用

"原理"课是高校思想政治理论课的必修课程，一般要进行课程考核。课程考核像一个指挥棒，对学生的学习起导向作用，指引着学生应该学什么，应该怎样学习。因此，推进整体性教学改革，需要课程考核相配套，它应该和整体性教学的目的和任务相适应。既能做到反映教师教学的效果，又要能促进学生的学习兴趣的提高，增强学生利用马克思主义理论分析问题的能力，促进"原理"课整体性教学改革目标的实现。

为了进一步推进"原理"课整体性教学，必须相应地实施课程考核改革。第一，要优化考核环节。不仅要重视期末的测评，还要注重平时学习的考核，把课堂表现、作业情况、实践教学考核以及出勤率等计入平时成绩。在课堂上教师要鼓励和指导学生多角度运用马克思主义基本原理回答问题。在布置作业时，要求学生学会对相关原理进行有机整合、综合运用，用整体性思维方法来完成老师安排的任务。除此之外，还要借助实践教学环节来加强学生对于马克思主义整体性特征的理解和运用。第二，要灵活采用多种考核方法。应该根据马克思主义基本原理不同的特点采用相应的考试方法，这样既能够有效测评教学质量，又能提高学生学习的积极性。对于比较抽象、侧重于理论分析的教学内容，考试可以采用重视能力和素质为主的开卷、闭卷相结合的形式。对于实践性较强的内容，可以通过社会调查、撰写论文或调研报告的形式进行考察。对于一些仍处于探索中的理论，可以通过课堂讨论、发言、口试等形式。第三，考试内容要反映整体性教学的目的和要求。教师在命题时要深刻领会整体性教学任务和要求，认真钻研教学内容，在试卷试题的设计上，要体现整体性原则，有机地将马克思主义哲学、政治经济学、科学社会主义结合在一起。同时，考试内容要与学生的生活实际、社会发展的现实相结合，以培养学生的整体性思维能力，深化学生对马克思主义整体性的认知。

总之，"原理"课整体性教学改革是提升其教学针对性和实效性的关键，我们需要在教学实践中认真探索其整体性教学改革的规律，"以透彻的学理分析回应学生，以彻底的思想理论说服学生"，向学生更好地展现马克思主义的理论魅力。

第二节 "概论"课教学改革

当今，世界正经历百年未有之大变局，我国也迎来了新一轮科技革命和产业革命发展的最好时机。高职院校思想政治理论课肩负着培养有家国情怀的高素质技能型产业人才的重任。以问题为导向推动思想政治理论课教学改革，可以真正做到立德树人，是国家顺利实现"两个一百年"奋斗目标的重要一环。

一、问题意识导向在高职院校"概论"课教学中的重要性

（一）问题意识导向是高校思政课改革创新的重要原则和方法

"毛泽东思想和中国特色社会主义理论体系概论"（以下简称"概论"课）是高校思想政治理论课的重要课程，旨在帮助大学生掌握党的基本理论，坚定中国特色社会主义"四个自信"，引导大学生树立正确的历史观、民族观、国家观、文化观，将个人成才融入国家发展大潮，与历史同步伐、与时代共命运，自觉为实现中华民族伟大复兴的"中国梦"而努力。2019年，中共中央办公厅、国务院办公厅印发的《关于深化新时代学校思想政治理论课改革创新的若干意见》指出，思想政治理论课的改革要"坚持问题导向和目标导向相结合的原则，注重推动思政课建设的内涵式发展，全面提升学生思想政治理论素养，实现知、情、意、行的统一"。这就要求"概论"课注重培养高职学生正确应对经济社会发展中出现的一系列现实问题、热点问题、政治问题和敏感话题的能力，使其具有怀疑、批判和探究精神。为达到这一目标，必须以问题意识为导向，推动"概论"课教学改革，培养学生关注、探究和化解问题的能力。

（二）问题意识导向是提高"概论"课教学效果的重要途径

传统的高职"概论"课教学中存在着重分析理论而忽视通过对热点问题分析来讲透理论，对当前社会上存在的热点问题的错误看法没能适时纠正、不能及时做好大学生思想引领等问题。部分教师因为理论功底不够扎实，更不敢主动触碰尖锐的政治问题和敏感话题，也不能及时澄清错误观点，满足学生思想需求等，这严重影响了"概论"课教学的效果。高职院校"概论"课应主动关注社会热点问题，帮助学生客观、理性地看待问题、探究问题，将理论运用于实践的过程中，深化对马克思主义的理解和认同。以问题为导向展开讨论、理论讲解，能使高职学生不是为了理论而学习理论，从而既达到理论与现实的紧密结合，又增强教学的实效性。

（三）问题意识导向是提升大学生综合素养的需要

当前的高职学生以"00后"为主，他们正处在世界观、人生观、价值观形成的重要阶段，开始关注自身对国家、社会、家庭和个人的使命和责任，逐渐形成了比较稳妥的看待问题和处事的方法，但他们成长在互联网高速发展、面临国际秩序深度调整及我国各类矛

盾突显的经济社会变革时期，重大技术不断涌现和不确定、不稳定因素不断增加。面对自我实现和社会责任的双重考验，高职学生凭自己单薄的知识储备和人生阅历难以客观分析和理性面对。教师只有及时回应学生的发展需求和思想困惑，积极引导学生处理好大学阶段面临的学业与成才、机遇和挑战、情感与生活的关系，才能解决他们的现实需要，激发他们的学习兴趣，在实践中潜移默化地提高理论应用能力和综合素养。

二、高职院校学生"概论"课学习现状分析

（一）学生政治理论基础相对薄弱

随着我国高等教育大众化的普及，高职院校生源多元化，包括普通高中学生、中职学生、退役军人、社会考生和新型农民工等。高职学生文化基础本就薄弱，对口招生录取的学生在中职期间开始学习职业技能，无法系统地学习中学政治和历史课程，对国家制度、历史发展等相关知识了解甚少，政治理论知识基础薄弱。

（二）学生学习"概论"的积极性不高

随着当前我国社会主要矛盾的转变，高职学生对美好生活的需求强烈、对生活品质要求也很迫切。同时，受社会上享乐主义、拜金主义和实用主义等价值观念的影响，部分高职学生对网络游戏、偶像剧、微信、抖音这类轻松的娱乐活动兴致很浓，对烦琐艰苦的公益活动、社会实践却兴致不高。此外，高职学生对今后影响他们生计的专业课学习和参加学生团体、技能竞赛、评优等对今后就职履历有利的活动相对比较重视，对"概论"课等自认为实用性不强的科目学习积极性不高，对道德养成、政治素养提升的兴趣不大。

（三）学生的问题意识缺失

高职院校学生受学习能力和知识储备的影响，对课堂讲授知识及相关理论的掌握和理解不透，就会导致对所学内容以及社会现实问题缺乏科学的反思、批判、质疑和探究，学生也就很难提出一些比较深入的有意义的问题，甚至可能不知道提些什么问题。有的学生原本对有些知识有疑问，却由于个人心理因素而没有勇气提出来，可能是对自己不自信，担心自己提的问题水平太低而被同学嘲笑；有的可能是因为任课教师平时习惯于一味地灌输知识，太过严肃，不鼓励也没有给大家提问的时间和空间等，导致课堂上没有形成一种师生间互相探讨问题、学生积极提问、教师热情解答的课堂氛围。长此以往，学生也就慢慢地养成了被动听课、不提问题的习惯。

三、以问题意识为导向优化高职"概论"课教学路径

（一）提高教师问题导向的教学能力——坚持"六要"标准

习近平总书记在学校思想政治理论课教师座谈会上指出，办好思想政治理论课的关键在教师，并对思想政治理论课教师队伍的建设提出了政治要强、情怀要深、思维要新、视野要广、纪律要严、人格要正的"六要"标准。教师要把这门高职院校思想政治理论

课中理论性最强社会发展最关切的课程给学生深入浅出地讲清楚，可谓任务艰巨。如果教师不具备深沉的家国情怀、深厚的知识理论功底、广阔的视野，就难以取得良好的育人效果，直接影响大学生的思想认识水平和人生发展前景，难以肩负起立德树人、守正创新的重大责任和崇高使命。"概论"课教师要以"六要"标准深入学习研究马克思主义理论，不断提升理论水平，积极参加国内外考察调研，从国内改革发展的典型案例或身边鲜活的人物事迹中汲取养分，在国内外横向比较分析中收集丰富的教学素材。

（二）激活学生学习热情——融入"社会热点"

基于"概论"课理论抽象、政治性强的特点，高职学生往往望而却步。将社会热点融入"概论"课教学，既能贴近当前在互联网时代成长起来的"00后"高职学生的生活及关注点，又可以有效引导学生理性地看待社会热点问题。长时间活跃于各大网络社交平台的高职学生总能第一时间获取各类社会资讯，对社会热点问题的关注也更加普遍，但大多数大学生的思想尚不成熟，对社会热点问题缺乏理性的分析与正确的判断。再加上社会上一些非主流意识形态的误导，学生面对错综复杂的社会热点问题时，容易在思想上产生误区。因此，及时将社会热点问题引入高校"概论"课堂，既能有效消解由于课程内容本身的抽象性而带来的枯燥感，又能引导学生运用新学的理论知识对社会热点展开全面客观的分析，深入思考产生社会问题背后的原因，实现知识的吸收及转化创新。比如，在介绍我国制度的优势时，教师要善于从西方舆论经常鼓吹的"西方民主制度是世界上最民主的制度""西方价值是普世价值"等这些学生经常听到却无法有效分辨的问题入手，对中西方制度进行比较分析，同时着重从国家治理的案例分析中让学生知道西方国家会因为上议院和下议院意见不统一多次出现"政府关门风波"的问题，而我国在抗洪救灾、重大疫情等突发事件发生时，从中央到地方各级政府展示出的超强应对能力、以民为本的立场及民众体现出的超强凝聚力、向心力，是我国社会主义制度的优势所在，而且政府每年还在继续改革、完善。教师发挥主导作用，针对社会热点问题做好科学的解析与评价，可有效解除大学生在面对社会热点问题时的现实困惑和思想疑虑，不断提升学生正确认识、解决社会问题的能力，从而成长为国家需要、社会渴望、家庭期盼的有用人才。

（三）优化问题导向的教学内容——引入"专题化教学"

高职院校的"概论"课要把马克思主义中国化的理论成果给学生讲透，需要任课教师将教材体系很好地向教学体系转化，对教学内容、案例进一步优化、细化。专题教学就是教师通过自己对教材的理解、分析、加工后重新整合成有利于学生理解、掌握的模块。内容优化要注意几个问题：一是立足于教育部统一编制的"概论"课教材的教学大纲，精准把握教学目标，不能哗众取宠或迎合低级趣味而设置专题；二是以贴近高职学生所关注的社会现实问题为设计专题的导向，学生热切关注的问题本身就能激起学生的兴奋点和探究的兴趣；三是专题讲授中注重与学生的专业相结合，尤其是在国家政策宣讲时可穿插授课学生专业所处行业的政策情况，潜移默化地做好政策宣讲；四是专题设计要贯穿马克思主义中国化的主线，涵盖"概论"课教材的整体框架和重点内容，不能只挑选学生感兴趣及容易讲授的内容，偏离课程预期达到的让大学生运用马克思主义立场、观点和方法认识问题、分析问题和解决问题能力的目标。

（四）创新问题导向的教学方法——以"解决问题"为目标

让学生带着"解决问题"的目标进入学习，有利于学生找到学习切入点，这一点对高职学生尤为关键。比如，在讲授"'一带一路'构建人类命运共同体——中国的大国担当"专题时，教师可以提前给学生布置任务，并运用翻转课堂，将高职学生分为若干小组，以小组为单位收集"一带一路"倡议提出以来我国有哪些保障措施、各国响应情况如何、"一带一路"建设有哪些成果等方面的情况，并在课堂上进行汇报。在小组汇报完毕后，由教师对学生的汇报情况进行点评、梳理、补充并总结。这个设计首先是基于新闻媒体对"一带一路"报道较多且学生学习目标指向明确，有学生课前收集可行性高并能充分调动学生发挥其新媒体运用能力强的优势，可以极大地调动学生的积极性。课堂汇报环节既是学生课前学习成果的汇报，也在一定程度上锻炼了学生关注社会热点、国家政策以及分析问题的能力和表达能力。在各小组汇报展示后，"概论"课教师围绕教学目标对小组汇报及时展开点评，让学生通过"一带一路"倡议深入了解国家的外交政策、发展战略，了解我国发展起来后的大国担当，同时不失时机地引导学生在自己的专业领域刻苦学习，把个人前途和国家发展联系在一起。

（五）丰富问题导向实践教学的手段——依托"虚拟仿真"系统

针对"概论"课理论性强、学生理解难度大的问题，高职院校可以建设现代化的虚拟仿真实践教学场所，并将其运用到实践教学中。根据教学的需要，教师可以选择适合运用虚拟仿真情境的地点、历史事件，如巴黎和会、省港大罢工、中共一大会址、井冈山、陕甘根据地、开国大典等。教师通过虚拟重要历史场景及对重大历史事件进行情景再现等信息化手段，让学生身临其境地体验和感悟所处的历史阶段，实现传统学习不能达到的学习效果，提升学生的学习兴趣，增强课堂的感染力，为后续教学工作的开展奠定坚实的基础。如在讲授毛泽东思想形成的背景时，教师可以通过虚拟仿真系统让学生感受巴黎和会上中国作为第一次世界大战的战胜国仍面临山东权益被转让给日本时的无奈，让学生感受"五四运动"中我国青年学生联合起来反对我国外交代表在巴黎和会的协议上签字，捍卫国家主权的强烈意愿，让学生明白深受苦难的中国迫切需要新的理论指导中国的革命，毛泽东思想因之应运而生。在实践教学环节，教师可以向学生开放虚拟仿真实践教室，鼓励学生课外自学。高职院校可在有限的学习条件下为学生创造充分享受红色精神之旅的机会，让红色基因代代相传承，让学生爱上思政课。虚拟仿真实践的运用，拓展了课程实践的途径，也可在一定程度上有效缓解大规模组织学生外出参加实践教学的困局，使更多学生受益。

第三节　"近现代史"课教学改革

高校思想政治理论课是对大学生进行思想政治教育的主渠道和主阵地。《中国近现代史纲要》作为高校思想政治理论课的重要组成部分，承担着对大学生进行思想政治教育的重要使命。课程主要通过讲授中国近代以来抵御外来侵略、争取民族独立、推翻反动统治、实现人民解放的历史使大学生在了解中国国史、国情的基础上，深刻理解和领会历史和人民是如何选择了马克思主义、选择了中国共产党、选择了社会主义道路、选择了改革开放。① 为了进一步增强"中国近现代史纲要"课程对大学生的吸引力和感染力，提高该课程教学的实效性，授课教师在教学过程中必须不断改革教学方法，充分调动学生学习的积极性和主动性。

一、中国近现代史纲要课程教学改革的重要性

（一）有利于丰富课程的教学渠道

在传统的"中国近现代史纲要"课程教学中，教师占有课堂的主导地位，教学过程也主要以教师的讲授为主，这种单一刻板的教学方式，严重阻碍了教师与学生的互动交流，同时也不利于激发学生的学习积极性。而充分利用互联网的技术优势能够弥补这样的教学问题。加快信息技术与中国近现代史纲要课程的融合，可以丰富中国近现代史课程的教学渠道，促进师生间交流方式和教学渠道的拓展，从而增强教师与学生间的互动交流性。"互联网＋教育"的实现，可以改变师生间信息交流不对等的分散教学状态，此外，互联网技术也可以为"中国近现代史纲要"课程提供更多的教学方式与教学手段，为"中国近现代史纲要"课程注入新的生机与活力。再者，互联网的普及可以促进知识和信息的沟通和变革，使教学内容不再局限于教材中，从而丰富学生对"中国近现代史纲要"课程的理解，实现更加全面的教学。

（二）有利于改变以往的学习方式

"中国近现代史纲要"课程的教学改革，不仅可以创新教学观念，还可以从很大程度上改变学生的学习方式。在以往的教学过程中，学生的学习方式基本是上课听讲，课后完成作业，或是去图书馆查阅相关的史实资料②。这样的学习方式在时间和空间上都

---

① 余守萍."中国近现代史纲要"实践教学模式的创新研究［J］. 长春理工大学学报（高教版），2012（09）：178.

② 刘文丽.关于开展"中国近现代史纲要"课实践教学的几点思考［J］. 思想教育研究，2011（01）：36-39.

具有一定的局限性，而且漫长又枯燥的学习过程会打击学生的学习热情。依托新媒体技术的"中国近现代史纲要"课程，可以实现网络教学，使学生能够随时随地进行学习，打破了时空的局限性；此外，网络技术的高速性可以提高学生的学习效率，在查阅资料时可以直接搜索关键字，不像在图书馆里那样需要翻阅很多书籍，从而节省了学生的学习时间，也是从根本上改变了学生的学习方式。不仅如此，互联网中蕴含着海量的近现代史内容，可以丰富学生的知识储备，深化学生对于中国近现代史的理解。另外，社交平台的普及可以增加教师与学生的互动交流，及时解决学生学习中的问题，有利于学生正确历史观的树立。

（三）顺应时代发展的必然趋势

"中国近现代史纲要"课程的开设已经有了数十年的历史，在这过程中，其一直紧跟时代的发展，不断进步，不断创新。在当前信息技术高速发展、社会主义建设迎来新时代的大背景下，课程的改革成为思政教学改革非常重要的一环。"中国近现代史纲要"课程的教学离不开对马克思主义理论的阐述，也离不开党的政策的引导，所以，在新媒体时代下，课程要在不断丰富教学内容、深化教学内涵的基础上，加大对教学方式的创新。加快信息技术与"中国近现代史纲要"课程的融合，可以促进课程快速发展，有利于提高教学水平和教学效率，增强学生的人文素养，培养学生正确的历史观念，增强学生的爱国主义情怀，为建设中国特色社会主义强国培育出优秀的建设者。

二、中国近现代史纲要课程教学改革的路径

自从迈入到 21 世纪之后，全世界的科学、政治、技术、社会、经济等近乎所有方面都发生了翻天覆地的变化，集中表现为全球信息化和科技全球化，这种深度和广度是从未有过的。以此为背景，全球国家都为了培养出能够符合全新时代要求的高素质人才，而进行了课程改革。每一个国家进行课程改革的热点和侧重点由于国情不同而各有差异，但却有着提高国民核心素养这一核心共同点。

（一）了解"中国近现代史纲要"教材和教师执教特点

想要提高教学水平，首先就要有高质量的教材作为基础。中共中央宣传部和教育部在发布了有关文件后，华中师范大学组织了由校长领衔，和北京多所高校专家共同编写了中国马克思主义理论建设工程和研究的重点教材，即《中国近现代史纲要》。这本教材围绕着执教重点，帮助学生们更好的了解国情、历史、能够使学生们深刻体会到几大重点选择的目的性和必要性，对此进行了较为深刻的探讨和分析，有着针对性较强、科学性严谨和足够的思想深度等诸多特。

《中国近现代史纲要》主要是将思想政治教育和历史教育进行整合，侧重于对学生们进行思想政治理论教育，但同样由于教材本身涵盖内容过多，并且此课程是以往思想政治理论课程的有机整合，并不是对教材的粗略拼接。这就对执教教师提出了更高的标准要求。执教者不但要有着中国近现代史扎实的文学功底，还要对于中国近现代史上发生的一些重点事件、关键人物比较熟悉，要有着过硬的思想政治素质，对于中国以马克思主义为指导，由中国共产党进行领导，以及坚定对社会主义道路历史的必然性，并且也要求执教教师对课本教材有着较高的把握能力，对学生们进行教学时凸现这一特点。

（二）高校学生培养历史核心素养及责任心

高校学生在日常的学习生活中养成的涵盖学科思维的个人能力和关键品质即为历史学科核心素养，这是一种学生们情感价值、学习知识和能力、学习方法和过程的综合体现，其中家国情怀和对历史的解释能力是历史学科素养的重要体现。我们从目前高校学生们的学习现状分析，由于学生在基础教育阶段的历史学习流于表面，对历史知识只是单纯的记忆和背诵，没有系统的方法和过程，对社会现实的接触和联系也没有思想，对历史的了解都只是从教师到教材，缺乏将知识运用到新环境中解决问题等能力，大多是单纯的记忆和背诵，流于表面的认识，粗略的理科历史教材。作为21世纪新时代的高校学子，不但要对学习的专业知识完全掌握，有自身的技术特点，还要对人文知识进行学习和了解，才能称之为全面性的应用型人才。目前社会由于科学工具价值发挥较为片面，高校学生们受到实用主义的严重影响，传统的人文意识发生断层，在社会转型中道德缺失，社会人群精神家园逐渐迷失。这些严重问题都影响到了社会经济的可持续发展，作为高校学生们的一项必修课，《中国近现代史纲要》在对学生们的人文素养培育方面发挥了关键作用。

自古以来，以史为鉴，重视对历史的研究和学习，从中总结和汲取历史经验都是中华民族的优良传统。作为肩负祖国和社会建设的关键力量，高校学生不但要对目前的国情有深厚掌握，还要对国家以往的历史，尤其是近代史有充分了解。《中国近现代史纲要》首先就提出了要围绕中国现代化以及中国革命这两大历史性的课题来剖析，其中讲述了中国的人民群众和众多关键人物为中华民族伟大复兴和救亡图存的艰苦历史，讲述了中国共产党领导五十六个民族的中华儿女，进行的英勇奋斗，期间经过新民主主义革命，逐渐赢得了人民解放和民族真正独立的历史，并通过社会主义革命，不断进行改革和建设，把中国这头沉睡的雄狮逐渐唤醒，重回为一个充满活力和生机的社会主义大国，这段由贫瘠到昌盛的历史，值得所有中国人民铭记[①]。高校学生们通过学习《中国近现代史纲要》，要对中国近代以来的人民群众和关键的先进知识分子所进行的奋斗和探索历程充分了解，要对中国逐渐变成富强、民主、文明的泱泱大国历史完全掌握，并且通过自身科学系统的历史观来对历史问题进行评价和分析，增强其对社会发展方向和对历史是非辨别的能力，从而肩负起青少年的使命。

（三）以学生为中心进行改革实践与积极探索

时代的不断进步要求着教育的不断变革，传统的教育模式要求以执教者为中心，将教室作为执教场所，以教材为重，上课时记录笔记，考试时背诵笔记，这种传统的教学

---

① 解建红.《中国近现代史纲要》实践教学的目标和特点［J］. 边疆经济与文化, 2009（01）: 156-158.

授课模式已经不再满足新时代的需要，教学环境、教学评价模式以及授课方式都要发生改革。作为全新时代的"中国近现代史纲要"教学，不但要使学生们有知识的掌握，还要引发学生们的共鸣，激起他们情感上的归属和实践上的体验，一切都要从学生们的发展来处罚，努力拓宽学生们学习的空间，要重视过程性的评价，开展关于历史核心素养的课堂教学模式[①]。

传统的教学模式中，执教者占据着整个教学活动的主导地位。执教者对课本知识进行讲解，学生们对老师讲述课程进行记录和背诵，学生们对知识的掌握情况不得而知，只能够从考试成绩上略知一二，针对学生对历史的掌握和吸收情况，没有一个科学系统的考核机制。在这种教学模式下，学生无法培养出历史核心素养，这是由于历史核心素养并不是对历史知识的简单背诵和记忆，而是一种学生未来发展必备的重要能力，那么想要培养学生的历史素养能力，首先就要确定以学生为中心的教学模式。例如对中国近现代史人物进行评价时，学生要对处于变革时代的各种先进人士进行了解和评价，那么如何能够了解这些能人志士在历史洪流中做出的历史性抉择和影响，这就需要执教者发挥关键作用。作为教师，可以直到学生们根据个人兴趣进行有侧重性的阅读拓展，学生可以根据对近代历史任务的喜好来选择评价人物。学生通过自己查阅有关图书和资料，通过积极思考和知识的掌握，再重新对近代史人物进行评价时，我们能够发现，学生对人物的评价和选择大大超过了课本中讲述的历史人物和类型，不但有着一些正面人物，也有一部分反面人物，非但介绍了历史人物在历史舞台和政治舞台上的行动抉择，还有生活中不为人知的一面，对于近代史人物的评价也变得更加理性和客观。这种主题式的学习模式能够充分拓展学生的学习事业，适应了个性化学习的要求，更加对学生的历史解释能力进行了培养，这种教学模式的优点是传统教学模式不能够相提并论的。在整个教学过程中，学生激发了学习的兴趣，发展且尊重了学生们的个性，做到了以学生为中心。不断地坚持这种教学模式，才能够更好地培育学生的历史核心素养。

总而言之，高校思政课程教育改革的新话题即为培养学生们的历史核心素养。这也是当今时代和社会发展提出的全新要求，各种教育工程要众志成城，彼此协作来完成这一伟大变革，学生们目前主要还是要以课堂教学模式作为主体，但思想观念上要进行积极转变，从对知识的死记硬背转变到充分掌握史实，能够运用所学历史知识对历史人物和历史事件做出客观评判，培养学生们的合作能力和爱国情怀，这才是进行《中国近现代史纲要》教程改革的最终目的。

---

① 靳诺. 探索实践教学的可行性　增强公共理论课的实效性——在全国高校思想政治理论课实践教学研讨会上的讲话［J］.江南大学学报(人文社会科学版), 2004,3(05):5-6.

第四节 "思想道德修养"课教学改革

"思想道德修养"课作为高校"两课"和思想政治教育的基础课，承担着培养德、智、体全面发展的社会主义建设者和接班人的重要任务。从一定意义上来讲，一个没有爱国主义、没有社会责任感、没有高尚道德情操的人，纵然学富五车，胸怀万卷，也不可能成为国家和民族的有用人才。因此，加强大学生思想品德教育，引导和帮助大学生确立正确的世界观、人生观和价值观，造就社会主义建设事业的接班人，是高校思想品德建设中不可回避和必须解决的一个首要问题。

随着社会的深刻变革和巨大变化，人们的思想观念和行为方式也发生了明显变化，各种思想文化思潮相互激荡碰撞，大学生产生了诸多的思想疑问和理论困惑，需要我们从理论上和实践中做出回答。目前思想政治工作与计划经济时期不同的是，工作对象更加个性化、工作内容更趋复杂化、工作渠道更具层次化、工作环境则更加开放等等。这就迫切需要我们在开设"大学生思想道德修养"课的过程中，能够根据形势的发展，研究新情况、掌握新特点、拓展新思路、开辟新途径和探求新方法，以达到不断完善思想政治工作的运行机制、及时更新教学内容、有效改进教学方法和教学手段、丰富多样学科体系、全面提高教师素质的目的，真正发挥思想品德课的主阵地、主渠道作用，使课程教学取得实效，把思想工作落到实处。

一、树立正确的教育观是教学方法改革的根本保证

1982 年 10 月，教育部规定：为了培养学生成为有理想、有道德、有文化、有纪律的又红又专的人才，很有必要把共产主义思想品德课作为一门必修课，纳入教学计划。随后各高校陆续开设了这门课程。可以说，二十年来作为向广大学生宣传马克思主义理论及进行思想政治教育的主渠道、主阵地，"思想道德修养"课在学生的成长中起到了积极的指导作用。随着改革开放和社会主义市场经济的发展，广大青年学生的思想观念、价值观念、成才观念等发生了变化。"思想道德修养"课如何适应这一变化，如何帮助学生树立正确的世界观、人生观和价值观？教学方法的改革是关键。这就向我们提出了一个如何树立正确的教育观的问题。如果我们的思想还停留在传统的教育观念上，那么教学方法的改变将是一句空话。

由此看来，思想道德修养课教学活动的展开，必须立足于培养学生的全面素质，聚焦于培养学生的思想政治品德素质，着眼于培养学生的创新精神和实践能力，致力于调动学生作为主体参与教学过程的积极性。只有在这样的教育观指导下，才能改变长期以来形成的传统的教育观念，使学生们从"应试者"、课堂的被动"消费者"变为积极的、

自主的、有责任心的主动学习者。

二、师资队伍的建设是教学改革的前提

高校能否培养出合格的社会主义的建设者和接班人,在一定程度上取决于教师的素质。"思想道德修养"课为全面推进素质教育,对教师提出了更高的要求。鉴于教师是教学方法改革的主体,因此也就决定了提高师资队伍的整体素质是教学方法改革的关键环节。

从目前状况来看,高校承担思想道德修养课的教师大多数为兼职教师,其中包括部分从事学生思想政治工作的干部。这是一个责任心强、拼搏上进的集体。在大家的共同努力下,"思想道德修养"课取得了较好的教学效果。随高校思想理论工作的环境和任务、内容和渠道以及学生意识形态等方面的不断变化,对这支教师队伍提出了新的要求,不但需要进一步改革教学模式,还要注重对教学内容做深入的研讨,同时要通过各种途径提高教师的专业理论水平和整体素质。

注重把教师的自我提高和对教师队伍的培养和培训工作结合起来。我们知道,"思想道德修养"课是一门纳入教学计划的必修课,是对学生系统进行思想政治教育的课程。它是以马克思主义为指导,由人文社会学科中多种学科知识的交叉而构成。由于这门课程的特殊性,不但要求教师要有很好的道德修养,而且还要求教师要有良好的理论素养和广博的知识背景。教师不仅要专职化,而且还要专业化,教师的专业理论素质需要不断地提高。因此,首先,作为教师本人要进一步加强学习,自我发展,自我提高;其次,加强对教师的培养和培训工作,并将它纳入议事日程,给他们提供再学习、再提高的机会。应把教师要提高理论水平的内部要求和外部的支持有效地结合起来,以达到教师队伍整体素质的提高。

三、教学方法改进是教学改革的关键

(一) 理论联系实际是教学方法改革的主要原则

理论联系实际是马克思主义理论的根本特征和根本要求,是"思想道德修养"课教学方法改革的主要原则。为什么提出这一问题?因为我们在授课中,感到目前使用的"思想道德修养"课教材在理论上还能够与时俱进,但在联系实际上还存在一些欠缺。

我们认为,在充分利用现有教材的同时,还应在结合当前国内外形势、了解掌握学生思想动态的基础上,及时补充教材,以教学方式多元化的形式上好"思想道德修养"课。

所谓"思想道德修养"课教学方式多元化,是指根据教学内容来设计教学方式。其目标是培养学生整体素质和实践能力;其创新要求是通过师生对不同思想、不同观点、不同认识的充分表达、交流、探讨、整合,去伪存真、去芜存精,目的是使学生的政治觉悟和思想认识得到进一步提高并逐步建立科学的世界观、人生观和价值观。它的基本要求和主要方式是师生互动、学生积极参与教学活动。

鉴于此,我们在实践中,根据教学内容教学方式分成了"授课—讨论—实践"三大

类别。这其中,第一部分的理论性较强,知识范围较广(如人的本质、大学生活的时代背景、中国传统美德等),可采取集中讲课的方式。例如,"大学学习生活的特点与适应"这一讲,我们在课程内容中结合了学生"考上大学如进了保险箱,可以歇歇脚、喘口气"等观念进行深入浅出的分析。一是帮助学生了解大学学习生活的特点,树立新的奋斗目标;二是帮助学生完成从中学到大学的转变,走好进入大学后的第一步。再如,对一部分大学生们面临的人生课题(如人际关系、爱情与友谊、理想信念等),我们采取了讨论的方式。这种教学方式要求任课教师要把主要精力放在方案的设计和讨论会的组织、实施及对学生的指导和引导上。还有就是涉及关于爱国主义教育、审美教育的内容时,我们根据课程的需要,采取了走出去、请进来的教学方式,使同学们亲眼看见改革开放以来我国发生的巨大变化的同时,还通过专家学者的专题讲座丰富了自己的审美情趣和审美修养。总之,多元化教学方式的改革,对教师的要求提高了,极大地增强学生的学习热情和积极性,提高教学质量和实际效果。同时,也能在潜移默化中,锻炼师生们的创新思维能力,提高分析问题、解决问题的能力和处理各种矛盾和困难的能力,还可以培养学生协作互助、关心他人的品质。

(二)提高教学艺术是教学方法改革的核心问题

近年来,党中央、国务院做出深化教育改革、全面推进素质教育的决定,这是从传统教育向现代教育转变的重要标志。与此同时,也为"思想道德修养"课提出了新课题。我们知道,现代教育强调弘扬人的主体性,重视人的自我发展和自我价值,从而使传统的教育思想观念及人才培养模式受到冲击。但长期以来,思想道德修养课的教学指导思想,尚未做到以学生为主体,而侧重以教师为中心,课堂教学存在着"满堂灌"的现象。这不但不利于全面推进素质教育,而且会造成学生被动学习的局面。试想,如果我们在教育过程中仅仅把学生当作教育的对象和客体,那么会不会压抑学生的主动性、积极性和创造性?会不会束缚学生主体性和个人潜能的发展?鉴于此,思想道德修养课必须在改变传统教育中权威式的教学关系的基础上做到发挥教师的主导作用,确立学生主体地位;创造宽松的课堂教学环境,克服教师一讲到底的弊端;给学生创造条件使其有机会充分地表现自我,变"一言堂"为"群言堂"。[①]这其中还要强调的是,注意澄清学生中一些模糊及不正确的认识,帮助、引导学生坚定理想信念,树立正确的世界观、人生观和价值观。

教学是科学,教学也是艺术。教学是知识信息的传输,教学也是思想情感的交流。教师不但要钻研专业知识,还要钻研教学的科学,钻研教学的艺术。由于思想道德修养课课程有其特殊性,这就要求教师不但有较强的理论知识,新时代的教育观念,还要有别于其他课程的教学艺术,达到理论结合实际,使枯燥的书本知识融到实际问题中。

① 习近平.总结历史经验揭示历史规律把握历史趋势加快构建中国特色历史学学科体系学术体系话语体系[N].人民日报,2019-01-04(01).

第五节 "形势与政策"课教学改革

民主课堂是新时代建设一流金课的重要基础和内涵，充分发掘"形势与政策"民主课堂的积极作用和价值，做好课程教学设计，对增强课程教学针对性和实效性具有重大的价值和作用。

一、教学改革设计的原则

1. 师生教学地位平等

在传统课堂教学中，教师作为知识的传授者，拥有对课堂教学的绝对主导权和控制权；学生在这种单线型的课堂教学中，只能被动接受教师传递的知识；师生之间是一种对立而不平等的关系。在混合式教学模式中，教师的教与学生的学之间不再是一种单向关系，而是基于教师与学生之间友好对话的平等互动关系。这种友好对话的平等互动关系客观上要求教师不再是单纯的知识传授者，而是学生学习的领路人、引导者、同行者和支持者。

2. 师生互动教学相长

总体而言，学生对思想政治课缺乏兴趣的主要原因为：一是教师的教学过程只注重理论灌输，脱离学生实际；二是教学内容回避或者缺乏对现实问题的分析；三是教学方式传统、不灵活，难以调动积极性；四是教学效果上，没有从根本上解决学生的困惑。"重灌输""脱离学生实际""教学方式不灵活"，一方面与思政课教学内容的理论性、严肃性有关；另一方面却可以通过教师运用新媒体手段、精心设计教学互动等方式，让学生富有实效地参与课堂来加以改善。"回避或者缺乏对现实问题的分析""没有从根本上解决学生的困惑"等诟病，则反映出思政课教师面对"互联网＋"时代的现实挑战，对新形势认识不足、应对不够。因此，思政课教师在呈现教学内容的时候，要有"互联网＋"意识、"新媒体"思维，并且要了解学生在"互联网＋"及新媒体环境下可能接触到的信息，在教学内容、教学形式、教学过程等方面均要做好充分准备，以便有针对性地解惑。思政课教师如果结合"互联网＋"及新媒体与学生有效互动，则教学实效性的改善应当是可以预见的[①]。

3. 教师主导学生主体

在教学活动中，有两个能动性因素，一是教师，二是学生，他们积极性的调动、能动性的发挥，将直接影响思政课教学效果的取得。因此，一切教学设计的出发点和目标都应是以人为本，一切教学过程中的技术手段和方法的应用都要体现人文关怀。思政课教学设计就要以学生为中心，发挥主导和主体作用。

教师是思政课教学活动的实施者，对教学活动起着组织、引导作用。因此，在思政

---

① 侯勇，饶启慧."慕课"视阈下思想政治理论课教学范式变革探究［J］.思想政治教育研究，2016，32（06）：63-68.

课教学设计中，首先要充分发挥教师的主导作用，通过教师对各门思政课理论知识的传授、对思政课教学活动的精心组织、对学生学习的积极引导，最终使思政课的教学目标得以实现。可是教学活动不能以教师为中心，而要以学生为中心，因为学生是教学活动的受教者，学生对思政课是否接受以及接受程度如何，直接决定了思政课的教学效果。所以，在思政课的教学设计中，要充分发挥学生在思政课教学中的主体作用，要把尊重学生的主体地位、激发学生的主体意识、调动学生学习的积极性、主动性和创造性贯穿于各个教学环节之中，以使学生由被动教育转为主动学习，由他育转向自我教育，并逐渐实现和谐地发展 ①。因此，在思政课教学设计中，要以学生为中心，但不能缺少教师的主导作用，要实现教师主导与学生主体的有机结合。

二、教学改革设计的载体

1. 线上软件和课堂教学相得益彰

以微课为主要形式的在线教学便于向高职生传授关键的知识点，但是学生难以抓住学习重点和难点，学习存在知识碎片化和缺乏系统性的不足。此外，在线课程存在制作周期长、运行成本高、内容更新相对较慢等缺陷。虽然基于思政理论课开发的微课不能完全替代传统的课堂教学，但是传统的课堂教学需要不断变革教学内容与教学方法，重新定位自身的教学功能与地位。

"三位一体"混合教学模式的实施，将有关知识点的教学从"线下"转移到了"线上"，学生可以利用教师开发的在线开放课程中的微课教学视频学习基本知识点，完成相关练习并在线提出问题。教师在课堂教学中不需要像传统教学那样单纯进行知识点的讲授，但是需要结合线上课程的教学实际对课堂教学内容重新进行整合。教师要以思政理论课程的教学大纲为指导，针对学生自主学习存在的疑问、社会热点难点问题设计并开展专题化教学，重视引导学生以小组讨论、展示、汇报等形式深化专题学习，从而提升课堂教学的理论深度、知识广度和现实关注度。思政理论课教师还要运用现代化教学设备和手段，改变当前课堂教学中 PPT 一统天下的格局，针对高职学生的移动学习特点，积极采用手机移动教学 App 软件（学堂在线雨课堂、超星学习通等），激发学生的学习兴趣。这类手机教学 App 一般都具有签到、提问、发言、知识点检测和投票等功能，教师利用这些功能既能提高高职生的课堂参与度，有效解决传统大班课学生发言机会少的问题，又能减少学生利用手机上网浏览其他信息的现象。

2. 课堂教学和课后调研相结合

实践教学是引导学生运用所学理论参与社会活动的教学过程，是实现理论检验和知识内化的重要环节，是思想政治理论课教学体系的重要组成部分。而思政理论课的教学

---

① 班建新，王晓莉."微媒体"视角下新疆高校大学生主流意识形态认同教育现状调查分析［J］.昌吉学院学报，2019（2）：72—77.

目标就是要帮助高职生实现理论学习与实践行动的知行合一，教师必须重视实践教学，推动思政理论课的理论教学与实践教学的协同发展。教育部在《新时代高校思想政治理论课教学工作基本要求》中明确指出，高职思政理论课要拿出1个学分用于实践教学，说明实践教学对于思政课教学的重要性。但是受师资力量、经费等现实问题所限，实践教学一直是高职思政理论课教学的难题之一。因此，构建和实施"三位一体"混合教学模式，不仅可以开发在线开放课程、加强课堂教学，而且能创新实践教学。教师可以根据课程教学内容、学生专业特点设计丰富多样的实践教学形式，将校内实践教学与校外实践教学结合起来。比如，针对"爱国主义"内容，教师可以组织学生参观爱国主义教育基地、访谈爱国人士；针对"道德修养"内容，教师可以组织学生开展寻访身边的道德模范活动，或参加"日行一善"、社会公德"随手拍"等活动；针对"职业道德和职业法律"内容，教师可以组织学生参加企业开放日和就业创新实践等。这些形式多样的教学实践活动，可以使学生在实践中接触生活、感知社会、触摸时代发展的脉搏，在实践中加深对理论知识的理解和认同，增强历史使命感和社会责任感。

三、教学改革设计的途径

新时代高校思政课教学面临着新形势和新任务，迫切要求我们深入推进教学范式改革，积极探究高校思政课教学改革的基本路径，不断提升思政课教学的实效性。

（一）推进高校思政课教师接受新媒体技术教学培训常态化

教育者首先需接受教育。我们认为，学校教育教学主管部门可以通过开展思政课教师"三大培训"和"四大学习"活动，增强新时代思政课教师的综合素质和能力，为构建思政课教学科学化范式奠定基础。思政课教师只有通过接受一定的培训和进行相关学习才能掌握教育教学的科学原理、原则和规律。这里所说的"三大培训"即提升思政课教师教学业务技能的国内外培训、校内外培训、网上网下相关业务培训。培训方式可以是分散或集中培训，培训活动应有详尽且明确的内容和任务，又要有适当的考核指标。这里所说的"四大学习"即学理论、学技能、学方法、学榜样。思政课教师应常态化开展马克思主义理论学习、先进教学理念学习和教学技能学习，以适应新时代对思政课教师提出的新要求；学习方式可以是短期进修、面对面交流，也可以通过互联网交流工具（QQ、微信、微博、电子邮件）等向教学名师、教学能手请教和学习，还可以与同一专业或不同专业教师同事之间相互学习、取长补短等。笔者认为，组织思政课教师开展有效学习活动还应重视搭建必要的学习平台，并不断充实学习资源。譬如，有条件的单位可以订购由人民出版社开发的"中国共产党思想理论资源数据库（党政图书馆）"，为思政课教师开展理论学习和教学研究提供更加丰富的资源和便利条件。总之，高校思政课教师只有在工作过程中通过持续参加培训和学习，掌握了科学的教学理论、理念和新技能，才能更好地领会和运用思政课教学新范式。

（二）构建科学的思政课教学范式设计、实施和评价机制

科学的思政课教学范式是确保高校思政课教学目标实现的前提和条件，是提升新时代思政课教学效果的基本要求。思政课教学管理部门应组织和整合本学科专家学者、优秀教学管理者和一线教师杰出代表等力量，建立一套科学的思政课教学范式设计、实施和评价机制。科学的思政课教学范式设计、实施和评价机制应具备如下功能：第一，优化教学目标。高校思政课教学不仅注重让学生掌握理论知识，同时要重视学生思想道德素质的提升、能力的培养，良好学习和思维习惯、行为习惯的养成。为此，我们可以通过思政课课堂教学、校园文化、网络文化建设引导大学生树立正确的"三观"；在能力培养上促进思政课理论教学和实践教学密切配合，锻炼和提高大学生的学习能力、思考能力和实践能力。第二，丰富教学内容。教师在将高校思政课教材体系向教学体系转化过程中，尤其应注意促进教学内容与生活现实紧密相结合，与学生的知识背景、专业课程学习紧密结合。思政课教师因此要善于观察和思考现实生活，同时注意学习和了解一定的与学生专业相关的知识，促使自己与教学对象有更多的"共同语言"，并将这些"共同语言"揉进自己的教学当中，让学生"亲其师，信其道"；思政课教师还应注意与专业课教师定时开展交流，促进思政课程教学与课程思政教学实现有机融合；另外，思政课教师应学会充分利用新媒体给学生展示内容丰富多彩的动态教学素材和资源，让高校思政课教学更接地气。第三，创新教学方式方法。我们应将讲授思政课理论知识转化为科学互动探究、师生教学相长的过程；通过情景教学、体验式学习等方法，努力激发大学生学习思政课的兴趣和热情。同时，教师还应重视运用新媒体技术改进传统教学方法，促进学生更有效参与思政课教学。譬如，可以通过举办论坛、辩论赛、演讲赛等活动使学生在参与和体验中愉快地接受思政教育。第四，改革和完善教学评价体系。教学评价应既注重结果评价也重视过程评价、既注重定性评价也重视定量评价，教学质量评价标准应是多维的。我们应着力建立起一套与新时代思政课教学要求相适应的科学考核和评价体系，客观评价学生的学习成绩和教师的教学效果，以期能够达到对师生产生积极的激励效应。

（三）打造有新时代特色的高校思政课跟踪反馈教学范式

高校思政课教育教学不应止于每节40多分钟的课堂讲授，也不应随着课堂授课活动的结束而结束。新媒体的出现为思政课教学跟踪反馈活动的开展提供了有利条件。慕课、微课、翻转课堂、远程教学等教学方式的实践，使课堂内外的教学活动紧密联系起来。但是这些教学方式的效果如何，我们需要进行跟踪和反馈，要适时进行阶段性总结。以财经类高校为例，在思政课教学中开展某些跟踪反馈教学范式的改革，积累了一定经验：一是结合大学生所学习财经类专业的特点开展财经伦理道德教育；二是结合大学生职业生涯规划课程开展职业选择指导开展思政教学工作；三是结合大学生心理健康教育开展思政教学工作；四是与学生工作部门相配合开展思政教育。关于思政课教学效果的跟踪反馈在开展时间方面：既在学生在校期间开展，也在学生毕业离校后若干年内对学生的品行表现进行调查和跟踪。笔者认为开展思政教育跟踪反馈是十分必要的，能够为

改进后续学生的思想政治教育，提升教育效果提供启示。当然，具体如何"跟踪"、如何"反馈"，这些又是有待我们深入研究的问题。

值得注意的是，新时代高校思政课教学范式不是单一的、孤立的，而是多元复合的，我们应注意解决教学范式之间的协调、共同推进的问题，以及思政课各门课程教学范式的协调配合问题，具体各门思政课程自身不同的特点使得教学范式在其中的运用上必然会有所区别。

第八章 "四史"课教学改革建设

第一节 "党史"课教学改革

　　加强高校党史学习教育是高校落实立德树人根本任务、筑牢意识形态阵地、传承红色基因、推动改革发展的必然选择。习近平总书记指出，历史是最好的教科书。新时代高校应坚持"立德树人"与"铸魂育人"有机结合，将党史学习教育作为教书育人的重要抓手，理直气壮地讲政治、讲党史，把党史学习教育融入课程思政建设中，用好红色资源，丰富课程内容，不断深化课程思政教学改革，擦亮中国特色社会主义大学的鲜亮底色。

　　习近平总书记指出："学习党史、国史，是坚持和发展中国特色社会主义、把党和国家各项事业继续推向前进的必修课。这门课不仅必修，而且必须修好。"加强高校党史学习教育是高校落实立德树人根本任务、筑牢意识形态阵地、传承红色基因、推动改革发展的必然选择。要深入学习贯彻习近平总书记关于党史学习教育及教育工作的重要论述，不断深化课程思政教学改革，擦亮中国特色社会主义大学的鲜亮底色。

　　学史明理，树立正确党史观。中国共产党成立于民族危亡之际，本着解放全人类的理想信念，以全心全意为人民服务为宗旨，艰难且昂扬地走过百年，带领中国人民站起来、富起来、强起来，使中华民族得以传承，中华文明能够发扬光大。作为新时代的大学生，应该认识到我们党的一百年，是矢志践行初心使命的一百年，是筚路蓝缕奠基立业的一百年，是创造辉煌开辟未来的一百年，并认识到我们党是先进的政党，代表着先进生产力和文化，要坚信在战争年代我们党能带领劳苦大众抵御侵略者和反动派的炮火，新时代凭借其智慧和力量也能肩负起民族复兴之重任，带领中国人民迈向更好的明天[①]。

　　学史增信，坚定"四个自信"。新时代的大学生应该正确认识我党建立、发展及奋进的历史，要运用历史唯物主义和辩证唯物主义客观地对我党、我国及全体中国人民的不朽功绩做评价。尽管在前进中遇到过挫折和迷茫，这也是符合事物发展客观规律的正常现象。作为新时代的大学生，应该具备明辨是非的能力，尊重历史、尊重客观存在；

---

　　① 熊晓琼.加强国史教育 为中国特色社会主义服务［J］.兵团党校学报，2007，108（05）：49-51.

要坚定"四个自信"，以习近平新时代中国特色社会主义思想为指引，在党的领导下坚定不移地走中国特色社会主义道路，充分认识到我国社会主义制度的优越性，热爱祖国和人民，充满民族自豪感。高校作为意识形态建设的前沿阵地，要坚决做到守土有责、守土负责、守土尽责，面对错误思潮敢于亮剑，坚决抵制。既要对大学生进行系统的党史国史教育，帮助他们进一步明白走中国特色社会主义道路和坚持中国共产党的领导是历史的必然、实践的选择、人民的选择，又要通过深化"党史""新中国史""改革开放史""社会主义发展史"的学习教育，让大学生更清晰地了解历史真相、探究历史发展规律，从而汲取经验教训，增加前行动力。

学史崇德，弘扬红色精神。新时代的大学生应该是积极的、乐观的、充满正义感和奉献精神的，我们要以党史学习教育为契机，用革命先烈们前赴后继的牺牲精神和革命乐观主义精神对大学生进行深层次教育，这是提升大学生道德内涵的有效途径。党史孕育并铸就了赓续不绝的红色基因。面对"双一流建设"的历史重任和前进道路上的风险挑战，高校理应以党史学习教育为契机，唤醒红色记忆，传承红色基因。既要深化和提高对红色基因的认识，用党的优良作风汇聚力量、提振精神，激发高校师生坚定信心跟党走、撸起袖子加油干的强大精神动力，又要进一步夯实道路自信、理论自信、制度自信、文化自信的根基，激励高校师生从红色基因中汲取奋进力量，坚定理想信念，保持战略定力，把握发展机遇，从容自信地投身学习、工作和生活，不断提高学用新思想、建功新时代的精气神。同时，也要增强赓续红色基因的行动自觉，引导高校师生用党的光辉历史观照现实、指导实践、推动工作，以更加昂扬的奋斗姿态投身高等教育事业，为实现中华民族伟大复兴的中国梦贡献自己的力量。

学史力行，笃行求实。《礼记·儒行》有云："儒有博学而不穷，笃行而不倦。"以史为鉴、以史明智的最终目的是要以行动践行真知，达到知行合一。高校理应坚持理论联系实际，把党史学习教育与加强和改进思想政治教育工作结合起来，遵循认知规律，融合网络传播手段，创新教育教学方法，在增强吸引力、感染力中加强对师生的思想政治引领。要把党史学习教育与促进高校改革发展稳定结合起来，进一步健全治理体系、学科体系、学术体系、育人体系，努力完善现代大学制度，不断提高办学质量。同时，要把党史学习教育与为师生办实事解难题结合起来，在关注民生、解难纾困中奋力推动高校"十四五"开好局、起好步，切实将党史学习教育转化为促进改革发展稳定的强大动力。具体来说，对大学生的思想政治教育应该分为三个阶段：课堂教学、课后引导和实践，实践既是教育的出发点，也是教育的归宿。新时代大学生应该在日常学习生活中遵纪守法、尊师重道、信仰真理、尊重历史，始终坚持实事求是、笃行自立，从点滴做起，在课堂之外用行动培育高尚的品德情操，传承红色基因。

历史是最好的教科书。新时代高校应坚持"立德树人"与"铸魂育人"有机结合，将党史学习教育作为教书育人的重要抓手，理直气壮地讲政治、讲党史，把党史学习教育融入大学生的专业学习、内心理想，引导大学生"知党情、报党恩、跟党走"，让大学生在刻苦钻研、攻坚克难中激发斗志、增强本领、提高素质，努力成为担当民族复兴大任的时代新人。

第二节 "新中国史"课教学改革

唐太宗曾说过："以人为鉴，可以明得失，以史为鉴，可以知兴替。"借鉴历史可以知道一个国家的兴盛衰亡。70余的新中国史蕴含着丰富的历史经验与宝贵的精神遗产，值得我们学习借鉴。只有认真系统地学习新中国史，才能够把握历史发展的规律，才能不断为新时代中国特色社会主义建设做出更大的贡献，因而高校的新中国史教育工作尤为重要。

一、大学生中开展新中国史教育的重要意义

2019年1月3日，习近平总书记在论说历史研究时强调："鉴古知今，学史明智……当代中国是历史中国的延续和发展。在新时代下坚持和发展中国特色社会主义，需要对中国历史文化进行更系统全面的研究，在深刻的历史思考中，我们汲取智慧，走向未来。"

1. 有助于大学生深刻认识新时代所肩负的新使命

只有认真研究新中国史，大学生才能深刻领会中华民族伟大复兴的意义，准确把握历史地位，创造美好未来。今天，在历史上我们比任何时候都更接近实现把我国建成富强、民主、文明、和谐、美丽的社会主义强国这一伟大目标。因此，大学生必须树立崇高的爱国情怀，努力实现中华民族的伟大复兴。只有认真研究新中国史，才能使大学生深刻了解和把握我国在复杂环境下克服种种艰难险阻的重要历史经验，使有益经验得到运用和发展、从失误和挫折中吸取教训，努力奋斗，促进中华人民共和国的发展与进步。大学生只有继承革命先辈们的革命精神、爱国精神，才能不断奋斗、不断前进，自觉投身于为实现中华民族伟大复兴中国梦的实践中去。

2. 帮助大学生铭记历史，培养爱国情怀

新中国史是促进大学生成为人才发展的必修课。更重要的是，学习新中国史是国家各项事业发展的保证，是培养大学生爱国情怀的主要方式[①]。可以肯定地说，学习这门必修课对大学生和国家的发展是非常必要和有益的。习近平总书记曾说："历史是最好的教科书。"党史和新中国史，是坚持和发展中国特色社会主义、把党和国家各项事业继续推向前进发展的必修课[②]。这门功课不仅必修，而且必须修好。要继续加强党史和

---

① 习近平. 党史新中国史这门课必须修好［J］.党课，2013（14）：36.

② 中共中央党史研究室. 历史是最好的教科书学习习近平同志关于党的历史的重要论述［M］.北京：中共党史出版社，2014.

国家历史的研究，在对新中国史和党史的不断深刻思考中更好走向未来，不断交出合格的令人满意的答卷。因此，大学生通过新中国史教育，从历史中汲取智慧，向各国文明学习，铭记历史，提高自身的综合能力。

二、大学生新中国史教育的困境、问题及成因

党和国家始终都非常重视新中国史教育，并出台了一系列政策措施。取得的实际效果距离党和国家的要求以及社会的期望还有一定的差距。新中国史教育缺乏一定的针对性，整体功能也尚未得到充分利用。部分高校新中国史教育仍然存在课堂教学形式单一、内容枯燥乏味的现象，因部分教师授课缺乏生动性、趣味性及缺乏实用性致，使年轻的大学生对学习新中国史不感兴趣。

（一）大学生新中国史教育的困境

1.新中国史教育内容缺乏针对性

理论性的教育内容抽象而概括，不容易激起大学生的学习兴趣。同样，历史性的教育内容由于时间久远也容易让大学生产生时间和空间上的距离感而学习兴趣不高。大学生学习国家的历史是为了更好地明白历史与现实之间的紧密联系，达到用辩证理性的眼光看待过去和现在，了解社会发展规律，从而建立对国家未来的信心。因此，新中国史教育内容必须与当今社会和学生自身实际联系起来，解决他们思想认识上存在的问题和困惑，引导他们辩证理性地看待问题。然而，在大学生教育中，往往注重讲国家的发展历程，讲经验教训，讲伟大精神，缺少与当今国内外现状相结合、与大学生的实际相结合的内容。这种教育使大学生对教育内容有了概念上的理解，却不能很好地与现实状况和自身责任相联系，这就使教育显得空洞而缺乏现实的指导意义。

2.日常大学生新中国史教育体制不健全。

大学生的新中国史教育是一项长期性、持久性工作，如果缺乏一定的联系就有可能削弱教育的效果。大学生的学习课程相对自由，自身的空闲时间相对较多，因而他们在课堂外的活动也更加丰富。但部分高校并未重视到这一特点，课外活动关于新中国史教育的机制相对缺失，不能及时准确把握大学生在课余时间的实际活动动向及思想状况，致使课堂的新中国史教育作用效果欠佳。高校大学生新中国史教育效果不佳，是高校日常大学生新中国史教育体制不完善和缺乏相对应工作机制的共同结果。

3.缺乏实践活动

当前，部分高校对大学生的新中国史教育仍然以课堂、教师、书籍为中心。首先，部分高校对新中国史的理论知识较为重视，但对有关新中国史教育的课外活动重视程度不够。虽然大多数学习都有关于新中国史教育的一些活动、社会实践和志愿者服务等，但学生参加的次数仍然很少，活动时间较短，短期效果明显，长期不足。其次，新中国史教育较为形式化，学生一般难以认同。一些高校教学过程不能够贴近学生的生活实际，与现实社会脱节，学生难以理解和接受。这致使高校在新中国史教育方面虽然投入了大

量的人力、财力，但教育效果却不明显。

（二）大学生新中国史教育问题及成因

1.多元文化背景下不良思潮的影响和大学精神的空心化

在经济全球化的大力推动下，不同国家和地区间的经济、政治、文化等方面的交流不断增多，影响日趋加深，文化呈现多元化的发展趋势。改革开放以来，西方国家的资本、技术流入中国，同时错误思潮也通过各种途径和方式传入我国，对高校学生产生不同程度的影响。新自由主义、民族主义和历史虚无主义等并不仅仅只是停留在学术研究领域，而且以不同的方式伪装在社会和大学中传播，吸引了大学生的注意力。由于高校学生正处在成长的关键时期，年龄相对较小、社会阅历不够丰富，容易被错误的西方思潮迷惑。这些错误思潮潜移默化地影响和改变着高校学生的思想和行为，成为高校学生成长成才道路上的"拦路虎"和"绊脚石"。但是部分高校在创建和发展的过程中，没有认识到新中国史教育建设的重大意义与价值，导致其大学精神底蕴不足。

2.新兴媒体功利主义和过度娱乐的负面影响

改革开放40多年来，社会主义市场经济体制逐步建立和完善，我国经济发展的速度和质量踏上了新的台阶，这也提高了我国的综合国力和人民群众的生活水平，也影响改变着我国的社会结构、社会形态和社会成员的生活方式、工作方式和思维方式等。社会成员的价值观在这一进程中也发生了变化，社会出现效率优先的功利化现象。市场经济发展中一些错误的思想观念，如"效率第一"和"金钱万能论"等甚嚣尘上，这就会导致功利主义和拜金主义的出现。西方文化中的"功利主义""实用主义""个人主义"等，通过各种途径和方式对我国大学生产生潜移默化的影响，这也是导致效率优先的功利化的重要原因。效率优先的功利化对大学生产生一定的不利影响，给大学生的思想政治教育带来一定程度的挑战。

三、大学生新中国史教育的路径

新中国史教育关乎大学生增强对祖国的认同感和自豪感，因而各个高校应结合本身实际情况，探索新时代加强大学生新中国史教育的有效路径，增强高校大学生学习新中国史的兴趣。

（一）改革课堂教学方式，激发学习兴趣

课堂教学是高校开展新中国史教育的主要渠道，在大学生必修的四门思想政治理论课中，《中国近现代史纲要》涉及新中国史的内容较多，承担着从新中国史角度对新时代学生展开新中国史教育的重任，其内容重在展现中国革命建设和改革的光辉历程[1]。高校教育者应深刻把握新时代的脉搏，推进高校新中国史教育课的改革，结合本地区的情况，开发学生倍感亲切有趣的新中国史通识课程教育，如新疆的高校即可结合内地各

---

[1] 朱佳木.国史研究撷英［M］.北京：当代中国出版社，2010.

省援疆省情，开设内地与新疆精准对接等反映新中国成立后新疆发展史等选修课程，以使课堂教学更接地气、更富成效。

（二）健全学校新中国史教育保障机制

国家历史教育保障体系主要涉及资金、设备和人员三个方面，是高校开展国家历史教育活动的重要保障。按照教育部的有关要求，高校应制定相关政策，确保国家历史教育和科研机构的正常支出，保证资金的正常使用。高校有国家历史教育支出的基础，确保在教学中使用特殊费用。财务部与相关国家历史教研机构相互监督。加大对国家历史教育教学和研究的投入，确保基础设备和教学资源的使用。现代教育技术和多媒体的广泛应用，使高校教育模式发生了深刻的变化。当代大学生对新事物非常好奇，在国家历史教育和科学研究中，应该给予政策支持科研成果的创新。只有对思想政治教育人员投入更多的支持，才有可能创造更加优异的成果。

（三）开展形式多样的新中国史教育活动

高校对新中国史教育应加强网络媒体对国家历史教育和宣传的力度，适当增加学生访问革命纪念馆、革命圣地、博物馆等的数量。要深化新中国史教育活动的主题和内涵，开展颂红色经典故事大赛，以领袖人物、民族英雄、仁人志士、革命先烈故事为主，重点是倡导中华民族的辛勤劳作，坚持不懈、不屈不挠的崇高精神。发起唱红歌比赛是为了唤起人们心中的红色回忆。开展民族文艺和运动会活动、观看新中国史教育相关的爱国教育影片等活动，传承民族精神，塑造中华民族文化，弘扬正气。通过实施各种形式的国家历史教育活动，可以有效地加强大学生的民族历史教育，增强民族历史主题的实践教育活动的个性和趣味性，提高学生参与国家历史教育主题实践的积极性。高校要建立完善实践教学的保障机制，不断探索实践育人的长效机制，实现新中国史内化育人的目的。

第三节 "改革开放史课"教学改革

从历史中汲取智慧和力量，在历史与理论的贯通中增强思想自觉和行动自觉[①]，既是中国共产党的优良传统，也是我国高校思想政治理论课教学一贯秉承的原则。习近平总书记曾强调，要把学习贯彻党的创新理论作为思想武装的重中之重，同学习马克思主义基本原理贯通起来，同学习党史、新中国史、改革开放史、社会主义发展史结合起

---

① 田克勤，郑自立. 在历史与理论的贯通中增强思想和行动自觉［J］. 思想理论教育，2020（7）：11-17.

来①。 这既是对我们党通过学习历史来掌握科学理论的这一优良传统的呼应，也是对当下价值多元、思想分化、意识形态领域多样多变现状的积极应对。 要解决现实层面的多重困惑，需要我们拨开笼罩其间的迷雾与纷扰，通过学习历史来凝聚思想共识，清除错误思潮。反之，对于历史的认同一旦溃决，必然会带来现实层面巨大的思想混乱。改革开放 40 余年的伟大实践深刻改变了中国社会，塑造了中国崭新的国际形象。 这段历史在党史、新中国史中占据的比例越来越大，同时， "改革开放只有进行时没有完成时"②，这段历史之河依然裹挟着我们奔涌向前，其轨迹连接起了过去和现在，并为当下与未来提供着各种宝贵指引。 以改革开放史来教育、引领学生健康成长并使其成为国之栋梁，既体现了时代要求，也是抵制历史虚无主义，凝聚全面深化改革和扩大开放共识，落实立德树人使命，培养全面发展的社会主义建设者和接班人的重要途径。

一、多维视角下的改革开放史融入高校思想

改革开放史是一部中国人民从温饱不足到小康富裕的伟大飞跃史，它彰显了中国人民的伟大觉醒，孕育了一系列的伟大创造，是新中国发展历程中的伟大革命。

从宏观层面出发，我们将改革开放史置于新中国史、中国共产党史、中国近现代史、世界社会主义发展史等历史进程中，能够实现多层次、多维度的视角，能够观察到这段历史的多个侧面。 从中国近现代史的视域下审视改革开放史可以发现，近代中国闭关自守、落后挨打的历史教训可以阐释改革开放决策的产生逻辑，揭示改革开放史展开的深层动因，彰显改革开放伟大历史成就与民族伟大复兴的历史关联；从新中国史的视域下审视这段历史会发现，40 多年的改革开放史占据了新中国 70 多年历史的主体部分，我国综合国力、国际地位的显著提升主要得益于改革开放带来的一系列巨大飞跃；从世界社会主义发展史的视域下审视改革开放史会发现，这段历史不但不是对社会主义的否定，而且通过对社会主义原有模式的调整和变革，彰显出了社会主义制度的巨大优势，是在新的历史条件下对社会主义的坚持、完善和发展，它不但凸显了 "中国之治" 的独特性，更为世界社会主义的发展贡献了丰富的理论经验和实践创新；将改革开放史置于世界现代化史的进程中来审视，可以得出结论，改革开放的过程是中国走向现代化的过程，中国现代化是世界现代化的重要组成部分，而中国的改革开放也为其他发展中国家实现现代化提供了宝贵借鉴和丰富经验，为世界现代化开辟了一条崭新的道路，提供了另一种思路与方案，这也是人类文明发展道路多样性的充分体现。 由此可见，将改革开放 40 多年的历史放置于不同的时空坐标下进行审视，形成了不同层面的历史叙事图

---

① 习近平. 在 "不忘初心、牢记使命" 主题教育总结大会上的讲话［N］. 人民日报，2020-01-09：（1）.

② 习近平. 习近平在主持十八届中央政治局第二次集体学习时的讲话要点［EB/OL］.（2015-07-20）［2020-08-29］. http://cpc.people.com.cn/xuexi/n/2015/0720/c397563-27331294.html.

景，它们各自凸显了这段历史丰富多彩的特性，也共同汇聚起了更为接近历史真实的场景与面相，多维度的组合为我们正确把握改革开放史的时空定位提供了可能 [①]。

更为重要的是，改革开放史尚未终结，它依然正在进行并不断延展，对青年学生而言，这是一段史料鲜活、现场感最为突出的历史 [②]。作为在改革开放开启的美好时代中成长起来的青年人，他们对于距离自己最近的这段历史充满亲切，同时由于见证了中国走向富强的伟大奇迹，他们也会对由贫弱到繁盛的历程充满好奇，想要一探"中国奇迹"的究竟，想要理解改革开放是如何成为决定当代中国命运的关键抉择。因此，改革开放史是高校思政教育重要的时代内容，我们要立足于新时代的历史方位，深入探讨将改革开放史融入高校思想政治理论课教育的实施路径，这对于凝聚共识、更加坚定地肩负起深化改革开放的重大责任、培养民族伟大复兴事业的建设者和接班人具有重要意义。

二、改革开放史教育在当前高校思政课体系中的实施现状

目前全国普通高校（本科）的思想政治理论课设置主要包括"马克思主义基本原理概论"（简称"原理"课）、"毛泽东思想和中国特色社会主义理论体系概论"（简称"概论"课）、"中国近现代史纲要"（简称"纲要"课）、"思想道德修养与法律基础"（简称"基础"课）以及"形势与政策"课5门课程。此外，"习近平新时代中国特色社会主义思想概论"的选修课与必修课也开始逐步在各高校开设。虽然还没有开设专门的"改革开放史"，但改革开放史的内容在上述课程中都具有重要地位。"基础"课主要是针对大学生成长过程中面临的思想道德和法律问题，开展马克思主义的世界观、人生观、价值观、道德观、法治观教育，引导大学生提高思想道德素质和法治素质。其中涉及改革开放史最重要的部分是以改革创新为核心的时代精神，而改革开放史中大量丰富鲜活的案例也为讲好人生观问题、理想信念问题等提供了重要支撑。"纲要"课是一门以历史教育为基础的思想政治理论课，主要讲授中国近代以来抵御外来侵略、推翻反动统治、争取民族独立和人民解放，在社会主义道路上实现民族振兴、国家富强、人民幸福的历史，教学目的就是要帮助学生了解国史、国情。第十章"中国特色社会主义的开创与接续发展"和第十一章"中国特色社会主义进入新时代"，这两章涉及改革开放以来的重要历史进程，在教材中占据突出地位，因此"纲要"课是高校思政课开展改革开放史教育的主渠道和主阵地。

"原理"课的重点是讲授马克思主义世界观和方法论，引导学生从基本立场、基本观点、基本方法的有机统一中，学习和把握马克思主义基本原理，并学会运用理论去观

① 陈金龙，吴晓璇. 以大历史观认识和把握改革开放史论纲 [J]. 思想理论教育，2020（7）：18-23.

② 雷志松. 论新时代高校开展改革开放史教育的实施路径 [J]. 牡丹江大学学报，2020（4）：102-106.

察、分析、解决问题。改革开放进程中对科学社会主义理论在新的历史条件下的坚持、完善和发展为本课程讲授科学社会主义发展规律及根本原则，不断提供着丰富而充实的时代内容。"概论"课着重讲授中国共产党把马克思主义基本原理与中国实际相结合的历史进程和主要理论成果，引导学生把握毛泽东思想、邓小平理论和"三个代表"重要思想以及习近平新时代中国特色社会主义思想及其科学体系，从理论和实践的结合上把握中国化马克思主义的活的灵魂，了解当代中国社会主义建设和改革的一系列重大基本问题。改革开放40多年来的伟大实践所孕育出的诸多理论成果正是本课程的重要内容。

在讲授国内外重要形势与实事，焦点、热点事件的"形势与政策"课，以及正在高校逐步开设的"习近平新时代中国特色社会主义思想概论"课中，改革开放史也提供了重要的知识背景、深厚的理论渊源和丰富的鲜活资料。

可以说，改革开放史贯穿了高校各门思想政治理论课教学，但也应当看到，当前高校思政课进行改革开放史教育还存在一些需要解决的问题。第一，改革开放史的教学内容在思想政治理论课的教学体系中缺乏整体规划。目前各门思政课的教学内容虽然都涉及了改革开放史，但这些内容往往是从每门课程各自的教学目的和教学要求出发来进行设置的，相关教学内容也基本各取所需、各自为政，缺乏整体规划，当然彼此之间也没有形成有机衔接与配合，其结果就是，学生在学习过程中面对的往往是碎片化的改革开放史，难以全面、系统了解这段历史的展开过程以及其背后起支配作用的运行逻辑。第二，现阶段改革开放史的内容在实际的教学过程中显得比较抽象和笼统，这是教学内容重"论"轻"史"造成的，其原因则是由于改革开放史的最新研究成果没有能够及时融入教材和教学体系，对教学的支撑不足。举例来说，改革开放史是"纲要"课教学的重点内容之一，同时也为"概论"课、"原理"课及"习近平新时代中国特色社会主义思想概论"课提供了重要知识背景，但目前的教材及具体的教学内容主要还是通过改革开放以来党的重要历史文献和重大历史结论来呈现和评价这段历史的，学生接触的知识点比较抽象、枯燥的结论，课堂教学没有全面、深入、透彻、生动地呈现出这段被称为"伟大觉醒""伟大创造""伟大革命""伟大飞跃"的波澜壮阔的历史。

三、改革开放史融入高校思想政治理论课的实施路径

针对以上问题，应努力推动高校思想政治理论课形成分工协作、彼此衔接、内容互补的改革开放史教育教学体系。

（一）优化改革开放史教学内容，统筹安排各门课程

要在宏观、立体层面对各门思想政治理论课进行统筹安排，针对不同课程的教学目标和自身属性，从不同角度科学、有效地融入改革开放史的相关内容，发挥课程的合力效应，优化改革开放史的总体教学内容。"基础"课的教学目的是提升学生的思想道德素质和法治素养，培养人生有方向、做人有准则、做事有底线，自觉担当民族复兴大任的时代新人。改革开放史融入"基础"课的重点在于突出现场感：要通过运用大量改

革开放历史进程中的鲜活案例，使学生理解人只有在奋斗中才能实现人生价值，人生只有融入国家和民族的伟大事业才能精彩纷呈；要运用改革开放取得的伟大成就培养学生的爱国主义精神和改革创新精神，弘扬中国精神，凝聚中国力量；要引导青年学生从与改革开放共同成长的立场出发，以改革开放见证者和受益者的视角，自主发掘身边的巨变等等。"纲要"课的教学目的是使学生理解历史和人民为什么和怎样选择了马克思主义、选择了中国共产党、选择了社会主义、选择了改革开放。改革开放史融入"纲要"课教学的重点是要突出历史感：要使学生在中国近现代历史的进程与脉络中理解改革开放的必要性和取得伟大成就的重要性。只有将改革开放史置于整个中国近现代发展史的历程中，在近代屈辱历史的比对下，才能更深切领会改革开放伟大决策的内在逻辑，进而认同中国社会主义道路的正确选择。同时也要以更广阔的历史视野，帮助学生正确认识改革开放前后两个历史时期的关系，它们是彼此连贯、不能割裂的。"纲要"课应注重结合改革开放史研究的新取向和新成果，注重宏大历史叙事与微观个案研究的结合，以多元视角观察改革开放以来中国各个领域的巨大变迁，结合文献史料与口述史料，立体地展示生动鲜活、如长河奔涌的改革开放史。

"原理"课的教学目的是帮助学生掌握马克思主义的世界观和方法论，改革开放史融入"原理"课的重点是要突出学理性和思辨性。应帮助学生运用辩证唯物主义的观点和方法分析改革开放史。比如，以普遍联系的观点从整体上把握改革开放史，包括改革开放前后两个时期的纵向的历史联系，以及中央与地方间的上下联系和地区之间、事件之间的横向联系等，立体地呈现改革开放史的展开进程。以永恒发展的观点理解改革开放进程也曾步履维艰，最终又方向鲜明地向前推进。对于改革开放决策的产生及推动则着重运用对立统一的观点去分析，改革开放是通过变革生产力和生产关系、经济基础和上层建筑，通过解决发展中的诸多矛盾而推动社会的全面进步。这样的视角能为学生理解改革开放伟大成就取得的原因和意义提供学理依据。

"概论"课的教学目的是对学生进行系统的马克思主义中国化理论教育，将改革开放史融入"概论"课的重点是突出理论性，为学生理解改革开放进程提供国情基础和理论渊源，引导学生认识改革开放是当代中国发展进步的必由之路。

将改革开放史融入"形势与政策"课的重点是应突出针对性和时效性，可重点展示改革开放的伟大成就和壮阔历程，引导学生了解改革开放不是一蹴而就的，每个阶段存在着各自的改革任务，在取得阶段性成果之后，才能为后续改革开放的进行奠定基础。

（二）建立多元高效的实践教学模式，在现场感中融入改革开放史

历史观教育不应仅仅是抽象、纯粹的理论教育，将改革开放史融入高校思政课，理论教学并非唯一渠道，应重视多元实践教学环节的建立[①]。改革开放史最鲜明的特点是

① 宋俭，廖玉洁. 将"四史"教育融入高校思想政治理论课教学体系的思考［J］. 思想理论教育，2020（7）：24-29.

它并非封闭的历史时段，而是依然在延续发展的现实生活，它既是历史的往昔，也是鲜活的当下，青年学生都是这段历史的参与者和见证者，应结合其强烈的现场感，使学生在参与和创造中学习。

在实践教学环节中，应以问题意识为主导，关注改革开放进程中理论与政策产生的背景、条件、实施过程及效果，通过理论与实践的双向互动，揭示改革开放史的内在逻辑和运行机理。可充分挖掘改革开放进程中当事人的口述史、回忆录等资料，构架历史与现实对话的桥梁，为改革开放史的框架填充丰富的血肉，深刻揭示宏大事件背后深刻的历史逻辑、理论逻辑和实践逻辑。

青年学生普遍思维比较活跃，非常乐于接受新鲜事物，思政课应牢牢把握这一特征，坚持以学生为主体的教学理念，对实践教学环节进行优化。第一，可设计组织校园实践教学，充分挖掘和利用校内资源，组织学习改革开放史的各种校园活动；邀请学者、政府官员及改革开放重大历史事件的当事人进校园，举办相关讲座或专题报告等。第二，可引导学生开展校外实践活动，鼓励学生结合自身成长经历，深入城市、农村、企事业单位等进行走访，对改革开放以来的城乡巨变实地调研，将学生的个人成长与改革开放的伟大实践结合起来，使其感同身受地认识到，自己也是这段宏阔历史的见证者、参与者，更将成为伟大历程的书写者。第三，可利用校园网络进行各种宣传、访谈、征文等活动，拓展改革开放史教育融入高校思政课的时间与空间。

（三）加强高校思想政治理论课教师队伍建设

在将改革开放史融入思政课的进程中，可能会出现部分思政课教师的知识结构和专业素养欠缺、教学内容支撑不足的现象。应加强高校思政课教师队伍建设，将学习改革开放史、提升专业水平作为重要内容，通过开展多种形式的进修、讲座，拓展教师的知识面和专业背景，创新高校思政课体系，深化思政课教学内容改革，更好地将改革开放史融入高校思政课，充分发挥思政课对学生的政治引导、思想引领、价值塑造、道德培育等功能[1]。

总之，将改革开放史融入高校思想政治理论课教学体系涉及多个方面，这项工作既是凝聚共识、培养民族复兴大任接班人的重要途径，也任重道远、充满挑战。我们应在统筹各门课程并优化课堂教学内容、创新多元实践教学模式、优化教师知识结构等几个方面协同配合、大力推进，建立多维、立体的改革开放史融入思想政治理论课教育体系的模式，引导广大学生以宽广、深邃的历史视野认识改革开放在多个历史坐标系中的重要影响和意义，全面理解改革开放的伟大决策带来的历史性巨变，教育学生努力承担民族伟大复兴的重任，书写无愧时代的青春之歌。

---

① 沈传亮.坚持唯物辩证法深化中国改革开放史研究［J］.晋阳学刊，2020（3）：11-18.

第四节 "社会主义发展史课"教学改革

习近平总书记多次指出,历史是"最好的老师"、最好的"教科书"和"营养剂","历史、现实、未来是相通的。历史是过去的现实,现实是未来的历史","一切向前走,都不能忘记走过的路;走得再远、走到再光辉的未来,也不能忘记走过的过去,不能忘记为什么出发"[①]。坚持和发展中国特色社会主义,使中国特色社会主义更加符合规律地向前发展,需要加强党史、新中国史、改革开放史、社会主义发展史学习教育,从历史中汲取智慧,更好地走向未来。在"四史"中,社会主义发展史在时段上涵括中国共产党历史、中华人民共和国史和改革开放史;党史、新中国史、改革开放史是社会主义发展史的有机组成部分,是世界社会主义 500 多年发展史的中国篇。社会主义发展史在这里就是指世界社会主义发展史,它构成"四史"总体学习的基础。

一、需要重点把握的问题

500 多年的社会主义理论和实践发展史,总体上经历了从空想到科学、从运动变为制度现实、从一国实践到多国实践、从单一模式走向多样化发展、从低潮走向振兴的过程。这个历史发展脉络与历史时间段大体一致。教师在教学中可分为三个大的板块讲授,并把握需要重点讲清楚的问题。

(一)社会主义从空想到科学的发展

恩格斯的《社会主义从空想到科学的发展》,分别讲述了科学社会主义的理论来源即空想社会主义,科学社会主义的理论基石即唯物辩证法、唯物史观和剩余价值学说,以及经典科学社会主义理论体系。马克思称之为"科学社会主义的入门",它也是我们学习理解社会主义发展史第一、二个时间段的基础文献。

作为一种影响现代世界的思潮,社会主义思想源远流长。恩格斯在上述著作中,对科学社会主义诞生之前 330 余年的社会主义思想史作了三个时段的细分:"在 16 世纪和 17 世纪有理想社会制度的空想的描写","在 18 世纪已经有了直接共产主义的理论(摩莱里和马布利)",19 世纪初"出现了三个伟大的空想主义者:圣西门、傅立叶和欧文"。习近平在"1·5讲话"中讲空想社会主义的产生和发展,也是作的这三个时段的划分。对空想社会主义理论及其历史地位,应做历史的科学评价。空想社会主义的共同点是兼具批判性和建设性,既对资本主义及其制度弊端作了无情的揭露和批判,也提出了关于未来理想社会的设想和设计,并且已经有了先驱实践。特别是 19 世纪初的三大空想社

---

① 中共中央宣传部.习近平谈治国理政(第1卷)[M].北京:外文出版社,2018.

会主义者，对资本主义制度的揭露和批判越来越接近资本主义的现实，对未来新社会的见解和制度设计更具价值，为科学社会主义的创立提供了直接的思想材料，成为科学社会主义的主要理论来源之一。正是在这个意义上，马克思和恩格斯称赞圣西门、傅立叶和欧文是"三个伟大的空想主义者"和"社会主义创始人"，肯定他们的学说是"关于未来社会的积极的主张"和"本来意义的社会主义和共产主义的体系"。但是空想社会主义者受限于"不成熟的资本主义生产状况、不成熟的阶级状况"，始终未能摆脱唯心史观的窠臼，他们不能科学揭示社会发展规律，找不到实现理想社会的正确道路和改造现实社会的主体力量，其解决社会问题的方案难以实现。这就是相对于19世纪40年代出现的科学社会主义，16—19世纪初的社会主义思想被称为空想社会主义的原因。

与空想社会主义认为理想社会应该建立在人类理性和正义的基础上不同，马克思、恩格斯根据资本主义社会提供的现实材料，"深入理解无产阶级所进行的斗争性质、条件以及由此产生的一般目的"，把社会主义置于现实的基础之上，创立了科学社会主义理论。科学社会主义的诞生，是人类思想史上的伟大事件，它犹如壮丽的日出，照亮了人类探索历史规律和寻求自身解放的道路，为长期在黑暗中摸索的无产阶级和广大劳动人民指明了方向，由此开辟了对资本主义整体性超越的航向，推动世界社会主义运动浪潮奔涌向前。随着实践的发展，马克思、恩格斯对科学社会主义理论不断进行丰富和发展，到19世纪七八十年代，形成了系统的科学社会主义理论体系。这个体系科学揭示了人类社会发展的一般规律和资本主义运行的特殊规律，为人类指明了从必然王国向自由王国飞跃的途径。科学社会主义理论体系的内容宏大而丰富，包括批判旧世界发现新世界的方法论，人的解放和自由全面发展的价值目的，未来社会的制度设计等。

（二）社会主义变为制度现实和苏联模式的推行

这是社会主义发展史的第三、四个时间段。19世纪末20世纪初，自由资本主义过渡到垄断资本主义阶段，世界进入了帝国主义和无产阶级革命的时代。列宁端起历史规律的"望远镜"洞察时代发展和世界变局，又用"显微镜"仔细深入研究俄国国情，在对帝国主义进行全面深入研究的基础上，创造性地提出了帝国主义理论和社会主义革命可能在经济文化相对落后国家"一国胜利"的理论，并领导俄国取得了十月社会主义革命的胜利。在当时，提出俄国可以在先进国家的无产阶级夺取政权以前首先取得社会主义革命胜利，是需要极大的理论勇气的。正是由于不能进一步解释资本主义在落后国家发展后所产生的一系列矛盾的性质及其运动规律，第二国际一些所谓"正统马克思主义者"，逐步沦为革命问题上的机械论者。斯大林后来在谈到这一点时说，普列汉诺夫等人当时说列宁是在"说梦话"，"列宁发疯了"，但结果是列宁胜利了。邓小平在讲到列宁在社会主义发展史上的贡献时说："列宁之所以是一个真正的伟大的马克思主义者，就在于他不是从书本里，而是从实际、逻辑、哲学思想、共产主义理想上找到革命道路，在一个落后的国家干成了十月社会主义革命。"十月革命后，列宁进一步提出在欧洲社会主义革命胜利前，俄国的无产阶级政权不仅能够生存下去，而且可以在一国范围内开展社会主义建设，并在苏维埃制度的基础上赶上别的国家。这对后来斯大林提出的一国建成社会主义理论产生了重要影响。

俄国十月革命的胜利，是人类制度文明发展史上的一次历史性跨越，从此以后，人们不再只是从书本上去构想社会主义新社会，而可以在新社会制度下创造自己的新生活。十月革命后，列宁领导苏俄社会主义建设的六年多时间，大体上是前三年设计和实施"直接过渡"，后三年转向"新经济政策"，进而对社会主义看法发生"根本改变"。1921年春苏俄出现严重的经济政治危机，列宁在党内高层做了大量说服工作，开始推行新经济政策，除了放弃余粮收集制，列宁提出了国有企业改行商业原则；控制"制高点"；利用商品、货币和市场发展经济；利用资本主义建设社会主义；通过合作社过渡到社会主义；开展"文化组织工作"即进行文化制度建设等重大战略思想，并付诸实行。从战时共产主义转向新经济政策，是社会主义发展史上第一次重要的改革实践。列宁对什么是社会主义、在经济不发达国家如何建设社会主义作了开创性的探索，在理论和实践上都给后人留下了极其宝贵的遗产。邓小平评价列宁的"思路比较好"，搞了新经济政策。

列宁逝世以后，联共（布）党内围绕怎样建设社会主义特别是选择怎样的发展战略的问题，连续发生了几次重大争论。在当时严峻的国际国内环境下，主张超高速开展工业化和农业集体化的意见占了上风。在备战的环境下推行赶超战略，为此必须建立高度集中的指令性计划经济体制和相应的其他体制，就成为当时最可能的也是必要的选择。1929年年底，斯大林明确提出把新经济政策"抛开"，苏联模式开始形成。邓小平和习近平都使用过"苏联模式"这一提法。对于"苏联模式"，学术界有不同的理解。有学者把十月革命胜利后苏联的社会主义建设模式都称为苏联模式，时间段从列宁时期起到苏联解体为止；也有人认为苏联模式就是"斯大林模式"；还有人把苏联模式同苏联建立的社会主义制度等同。应该说，列宁逝世以后，斯大林在领导苏联社会主义建设中，逐步形成了实行单一生产资料公有制和指令性计划经济、权力高度集中的经济政治体制。苏联模式在特定的历史条件下促进了苏联经济社会快速发展，也为苏联军民夺取反法西斯战争胜利发挥了重要作用，但由于不尊重经济规律等，随着时间推移，其弊端日益暴露，成为经济社会发展的严重体制障碍。这一定位有助于澄清理论界在苏联模式问题上的歧见。从中我们可以理解，苏联模式是指列宁逝世以后，在斯大林时期逐步形成并持续到20世纪80年代末的苏联社会主义模式，不包括列宁时期的探索，也不只限于斯大林时期，故不能简单称之为"斯大林模式"。而苏联模式与苏联建立的社会主义制度，是既有联系又有区别的两个范畴。苏联社会主义制度是人类历史上崭新的社会制度，但由于没有任何先例可循，这一制度在体制机制上存在不少缺陷和弊端。第二次世界大战后，社会主义的感召力空前增强，社会主义也越出苏联一国范围，逐渐扩展到欧亚和拉美多个国家，形成了世界社会主义体系。这股强大的社会进步潮流，推动了民族解放运动的高涨和人类进步事业的发展。走上社会主义道路的国家，大都选择了苏联社会主义模式。但是随着时代发展，苏联模式弊端日益暴露。斯大林去世后苏共历代领导人和照搬苏联模式的东欧社会主义国家，未能适时进行实质性的改革，致使这一模式越来越僵化，20 世纪 80 年代后苏联、东欧国家的改革调整又偏离了正确方向，最终导致苏联解体东欧剧变。

苏联解体东欧剧变的原因是错综复杂的。中外学术界作了各种各样的解释，包括外部因素、直接原因、导火线等，主要有：西方的"和平演变"；苏联长期积累的民族矛盾；斯大林之后苏共严重脱离人民群众，党内形成特权阶层；戈尔巴乔夫等人推行错误的改革路线，使"改革"走向"改制"；还有如美国学者大卫·科兹等人提出的"来自上层的革命"等等。结合邓小平的分析和习近平"1·5 讲话"，可以认为苏联解体和东欧剧变的深层次根源是苏联模式体制的僵化。它在社会主义史上留下的深刻教训是，"不坚持社会主义，不改革开放，不发展经济，不改善人民生活，只能是死路一条。"苏联解体一个多月之后邓小平在南方谈话中概括的这"四不"，至今仍然振聋发聩。

（三）科学社会主义在中国的新飞跃

这是社会主义发展史的第五、六个时间段。中国的社会主义运动在世界社会主义运动勃兴的大背景下产生，在世界社会主义的发展中成长，与世界社会主义发展休戚相关。近代以来，中国逐步沦为半殖民地半封建社会。俄国十月革命和马列主义传入中国，为近代以来苦苦探寻救亡图存出路的中国人民指明了前进方向、提供了全新选择。在历史的大潮中，以科学社会主义理论为指导、勇担中华民族复兴历史大任的中国共产党应运而生，中华民族的命运从此开始发生了深刻改变。

中国共产党成立 100 年来的奋斗历史，是一部不断推进马克思主义中国化的历史。习近平总书记指出："我们党开辟的新民主主义革命道路、社会主义革命道路、社会主义建设道路、中国特色社会主义道路，都是把马克思主义基本原理同中国具体实际相结合的伟大创造。"中国人民选择社会主义并确立社会主义制度，探索适合中国国情的社会主义建设道路，做出改革开放的历史性决策、开创和发展中国特色社会主义，新时代书写坚持和发展中国特色社会主义新篇章，都是在这一结合中接力探索、进行伟大创造形成的伟大成果。在开辟中国道路的过程中，中国共产党不断推进理论创新和进行理论创造，产生了毛泽东思想、邓小平理论、"三个代表"重要思想、科学发展观和习近平新时代中国特色社会主义思想等中国化马克思主义理论成果，为社会主义在中国的发展提供了科学理论指导。

科学社会主义在中国的发展，中国特色社会主义在实践中的巨大成功，在世界社会主义发展史上具有里程碑式的意义。它提示的一个重要经验是，坚持科学社会主义基本原则，同时不断推进马克思主义"三化"，是社会主义发展的必由之路。它充分证明了科学社会主义的强大生命力，也使中国共产党人心怀的为世界社会主义事业、为全人类做出更大贡献的初心和使命得以践行[1]。它也深刻地预示着 21 世纪世界社会主义发展的

---

① 习近平.辩证唯物主义是中国共产党人的世界观和方法论［J］.前线，2019，（1）：4-7.

新趋势。经历风雨见彩虹。中国共产党人始终有坚定的社会主义自信,坚信世界社会主义有着光明的前途。新时代中国特色社会主义必将不断展现社会主义的优越性、吸引力和感召力,在全面建设社会主义现代化国家的征程中,继续推进世界社会主义事业,引领人类文明发展方向。

未来 30 年,中国进入新发展阶段。中国既要引领时代变局和人类文明发展进步,又要全面建成社会主义现代化强国和实现民族复兴,同时推动社会主义初级阶段从量变到质变、进入更高阶段,这一历史进程将为马克思主义中国化提供巨大的理论创新和理论创造空间,从而实现科学社会主义在 21 世纪中叶新的历史性飞跃。

二、教学基本要求和建议

第一,学习社会主义发展史的科学方法是唯物史观。要以唯物史观引导学生确立正确的社会主义史观,认清社会主义发展史的主题主线、主流本质,把握社会主义发展规律。把握了这一点,就抓住了学习社会主义发展史的总纲。教师在讲授中,应加强思想引导和理论辨析,使学生理解社会主义是人间正道,自觉抵御各种历史虚无主义思潮,正本清源,坚定社会主义信仰和中国特色社会主义自信,达到学史明理、学史增信的目的。

第二,从"四史"关系上把握社会主义发展史的讲授重点。社会主义发展史既是一门单独的课程,又与中共党史、中华人民共和国史和改革开放史相关联,与高校其他思政课也有衔接。要在"四史"的总体上把握社会主义发展史,从社会主义起源开始认识社会主义,着力讲清楚 500 多年社会主义演进的理论逻辑和历史逻辑,讲清楚社会主义在中国的兴起、发展与世界社会主义发展的关系,讲清楚新时代中国特色社会主义在世界社会主义发展史上的历史方位、对 21 世纪世界社会主义发展和人类社会发展的重大意义,使学生养成历史思维,具有中国情怀,树立世界眼光。

第三,增强实效性。社会主义发展史作为大学生思政课的有机组成部分,要贯彻习近平总书记在学校思想政治理论课教师座谈会上的讲话精神,融合政治性和学理性、价值性和知识性,坚持问题导向,增强课程实效性。教师在讲授中,可以从每个专题中归纳出一些重点难点问题,有针对性地讲授,不回避问题,解答学生的理论困惑。讲授过程中可以运用相关文献和案例,丰富学生的历史知识,但要注重材料与观点之间的联系。教师还可以列出一些与本专题相关的经典文献供学生阅读或在课堂上引读、讨论,提升学生的理论素养。

第九章 习近平新时代中国特色社会思想融入思政课探索

第一节 融入的理论视角

一、深刻领会习近平新时代中国特色社会主义思想对大学生的意义是新思想融入思政课的前提

党的十九大确立了习近平新时代中国特色社会主义思想的指导思想地位，习近平新时代中国特色社会主义思想是马克思主义中国化的最新理论成果，是中国特色社会主义进入新时代指引我国各项事业的伟大旗帜。

高校思政课承担着帮助大学生树立正确的世界观、人生观、价值观的重要使命，习近平总书记提出了"接班人"之问，要求高校帮助学生扣好人生的"第一粒扣子"，教育大学生把个人的命运与国家民族命运维系在一起，做一个国家民族需要的过硬的接班人。正如总书记所说："当代青年是同新时代共同前进的一代。我们面临的新时代，既是近代以来中华民族发展的最好时代，也是实现中华民族伟大复兴的最关键时代。广大青年既拥有广阔发展空间，也承载着伟大时代使命。"

党的十九届五中全会审议通过的《中共中央关于制定国民经济和社会发展第十四个五年规划和二〇三五年远景目标的建议》，是开启全面建设社会主义现代化国家新征程，向第二个百年奋斗目标进军的纲领性文件，当代大学生应当成为新征程的弄潮儿、实现第二个百年奋斗目标的生力军和见证者。思路决定出路，格局决定结局，他们能否用新思想武装自己的头脑，关系到他们今后走上社会担当重任时的思路和格局。

习近平新时代中国特色社会主义思想融入思政课，需要明确融入什么问题，这就有必要厘清习近平新时代中国特色社会主义思想的结构体系，理解理论品质。

习近平新时代中国特色社会主义思想是一个完整的科学理论体系，其内容涵盖了改革发展、内政外交、治党治军等领域。同时习近平新时代中国特色社会主义思想又是一个严密而清晰的科学理论体系，体系包含着"一个重要判断"，即社会主要矛盾的变化；

"一个核心要义"，即坚持和发展中国特色社会主义；"一个鲜明主题"，即坚持和发展什么样的中国特色社会主义，怎样坚持和发展中国特色社会主义；回答了"怎么看"，即8个明确；"怎么办"，即14个坚持；"一个总体布局"，即五位一体；"一个战略布局"，即"四个全面"战略布局。

习近平新时代中国特色社会主义思想是马克思主义中国化的最新理论成果，用习近平新时代中国特色社会主义思想武装新一代大学生，需要理解和领会习近平新时代中国特色社会主义思想"新"的理论品质[①]。一是习近平新时代中国特色社会主义思想的创新性理论品质，它是对过去马克思主义中国化理论成果的创新性发展，闪耀着新时代的光芒，它开辟了马克思主义新境界，也开辟了中国特色社会主义新境界。二是习近平新时代中国特色社会主义思想的实践性理论品质，它是形成于新时代中国特色社会主义的伟大实践中，形成于领导全党、全军、全国各族人民开启新征程、实现宏伟目标的伟大实践中。三是习近平新时代中国特色社会主义思想的引领性理论品质，习近平新时代中国特色社会主义思想科学回答了新时代坚持和发展中国特色社会主义的一系列基本问题，为实现中华民族伟大复兴的宏伟事业指明了清晰的前进方向，提供了科学的行动指南。

二、坚持高校思政课守正创新的基本遵循

（一）在教学目标上坚持价值性和知识性相统一

与其他课程相比，思政课在教学目标上更具价值引领性，是启迪思想、增强政治意识的关键课程。思政课的价值性不是孤立存在的，还需要以知识性为依托，通过有理有据的教学来展现。只有坚持价值性和知识性相统一，才能使学生将思政课的教学内容内化于心、外化于行。因此，思政课教师在教学中要提高知识传授能力与价值引导能力，在不断提高教学能力成长为理论知识优良传播者的同时，争做价值理念的优秀领航者。

（二）在教学内容上坚持统一性和多样性相统一

一是推动教材体系向教学体系的转化。思政课现行教材是教育部统编教材，其体系科学完善且具有很强的理论性，给学生的学习带来了一定的挑战。这要求思政课教师坚持多样性原则，从学生的角度思考如何将教材体系转化为教学体系，把马克思主义基本原理、中国特色社会主义实践与大学生的日常生活紧密结合起来，更科学地回答时代所提出的重大理论和现实问题，更好地解决学生的思想困惑。二是在坚守政治立场的基础上，从学生的实际情况出发因地、因时制宜、因材施教，开展多样性的教学活动。因地制宜要求思政课教学与具体的授课环境相结合，如充分利用当地的红色资源、实践教学基地等开展教学活动，丰富思政课教学内容，使思政课更接地气、更有温度、更显成效。因时制宜要求思政课教学把握时代课题与社会发展需求的变化，将前沿理论成果、社会

---

① 陈烨. 新时代推进马克思主义大众化的问题及意义［J］. 重庆理工大学学报（社会科学），2018（10）：136–142.

热点问题融入教学内容，提高学生对现实社会的关注度与参与度，增强思政课的底气。因材施教要求思政课教师在统筹协调的基础上分类制定教学模式，有针对性地进行差异化教学，充分调动学生学习的积极性与主动性，增强思政课的亲和力和针对性。

（三）在教学方法上坚持灌输性和启发性相统一

思政课"要坚持灌输性和启发性相统一，注重启发性教育，引导学生发现问题、分析问题、思考问题，在不断启发中让学生水到渠成得出结论"。坚持灌输性原则是旗帜鲜明、理直气壮开好思政课的重要保障。当前国际国内形势复杂，美国等西方国家加紧对我国实施西化、分化战略，国内错误思潮暗流涌动。对此，必须用正确的理论抵制错误的思想，使大学生形成正确的世界观、人生观、价值观。这就需要思政课教师在教学中用正面宣传的方式将马克思主义理论传授给学生，使大学生能够用马克思主义的观点、立场、方法分析问题、解决问题。值得注意的是，思政课的灌输性教学主张在启发中进行灌输。这要求思政课教师坚持以人为本的教育理念，将知识理论体系融入具体实际，通过事例的剖析启迪学生发现问题、积极思考，促使其对学习内容产生更深刻的领悟，锻炼自身主动学习与独立思考的能力，做到学以致用、融会贯通。

（四）在教学阵地上坚持理论性和实践性相统一

思政课的思想性与理论性离不开其实践性，因此，要在教学阵地上坚持理论性和实践性相统一，把思政课融入具体的生产生活实践，融入学生的学习生活，充分彰显思政课的实践性[①]。一是坚持理论教学与实践教学相统一。在思政课的理论教学中，思政课教师要向学生阐明相关理论知识，使学生真正学懂弄通马克思主义理论；在思政课的实践教学中，思政课教师可将思政课堂延伸至爱国主义教育基地或思政课实践教学基地，把思政课的理论知识融入具体的现实场景中，使思政课教学更加生动、更具说服力。二是将思政"小课堂"同社会"大课堂"结合起来形成"大思政"，在实践中检验真理、发展真理。思政课的教学目标是培养德智体美劳全面发展的社会主义建设者和接班人，这就需要将思政课的教学成果转化为生动的社会实践，让学生在从实践到理论再从理论到实践的循环交替中着力解决实际问题、深刻领会马克思主义的真理力量和实践力量。

第二节　融入的主要内容

一、习近平法治思想融入高校思政课教学的时代价值

作为习近平新时代中国特色社会主义思想的重要组成部分，习近平法治思想的理论

---

① 张烁. 习近平在全国教育大会上强调 坚持中国特色社会主义教育发展道路 培养德智体美劳全面发展的社会主义建设者和接班人［N］. 人民日报，2018-09-11（1）.

价值和现实意义，不仅表现在其指导我国政法改革和法治中国建设的实践过程中，还体现在宣传教育方面。因此，作为肩负着宣传研究马克思主义、培养中国特色社会主义事业建设者和接班人任务的高校来说，如何宣讲好习近平新时代中国特色社会主义法治思想的重大意义自然就是题中之义了。高校思政课是加强党的意识形态建设，全面贯彻党的教育方针的核心课程，担负着普及法律知识、弘扬社会主义法治文化、培养大学生法治思维和法治方式的功能，也是最大范围地实现对大学生全覆盖的最好教育方式。因此，将习近平法治思想及时科学地融入高校思政课，就具有极重要的时代价值。

首先，将习近平法治思想融入高校思政课教学，是落实党的十九大精神，坚持社会主义办学方向的政治需要。党的十九大精神的核心就是习近平新时代中国特色社会主义思想，将这个思想融入高校思政课教学过程中，是落实党中央"三进"精神的重要要求。其中，习近平法治思想则是融入的重要方面，它关系到我国高校的政治方向和教育定位问题。正如习近平总书记反复强调的"高校思想政治工作关系高校培养什么样的人、如何培养人以及为谁培养人这个根本问题"，我国高校的办学方向就是培养社会主义建设者和接班人，这个建设者和接班人不是资本主义的，也不是为别的国家培养人才的，它必须是为中国的社会主义建设服务的，这个政治定位必须毫不动摇地坚持，而且要持之以恒地坚持，保持持久的定力[①]。只有这样，我们培养的人才会走得正，走得端，行得远，我国的社会主义建设才会有持久的动力和活力。高校思想政治课关乎大学生的"扣子"和"帽冠"等"三观问题"，法治思想更是关乎青年人的行为规范和政治信仰，其重要意义自不必说。所以，在思政课中将习近平法治思想融入其中，并且持续不断常讲常新，尤其是要给学生讲清楚社会主义法治有着自身的特点。它与资本主义法治根本不同，社会主义中国的民主是符合中国国情和时代特征的民主，它与资本主义民主也根本不同。我国的民主法治是具有强烈时代特征和中国风格、中国气派的民主法治，对于这个民主法治要有政治自信、民族自信、法治自信。当然，这不妨碍高校的学术自由和学术借鉴。

其次，将习近平法治思想融入高校思政课教学，是国家安全和社会稳定的现实要求。从意识形态和国际形势的角度看，随着中国进入新时代，国家由大而强，一些别有用心的国家和组织扰乱青年人的思想。所以，意识形态工作是党的一项极端重要的工作，它"事关党的前途命运，事关国家长治久安，事关民族凝聚力和向心力"。高校是意识形态工作的前沿阵地和主战场，要充分发挥思想政治理论课作为宣传马克思主义主渠道的作用，提升思政课教育的质量，加强思政课的法治意味，将法治与德治有机融合，相得益彰，实现法治教育与思想道德教育同向同行；让学生在坚定理想信念、弘扬社会主义主旋律的过程中，提高法治意识和法治思维；在学习法治知识和提升民主观念中，筑牢

---

① 吴潜涛，徐柏才，阎占定. 高校思想政治教育的理论与实践 [M]．北京:人民出版社，2012.

社会主义核心价值观①。正如习近平总书记讲的，"要坚持不懈培育和弘扬社会主义核心价值观，引导广大师生做社会主义核心价值观的坚定信仰者、积极传播者、模范践行者。"在这个过程中，最紧要的是要防止高校思政课因马克思主义理论标签化而被边缘化的问题。为此，必须加强习近平法治思想"融入"思政课的研究，创新"融入"的技巧和途径，提高思政课教学的时效性、针对性和时代感，增强大学生对习近平新时代中国特色社会主义法治思想的理论认同和情感认同，彻底解决习近平法治思想融入高校思政课面临的难题。

第三，将习近平法治思想融入高校思政课教学中，是贯彻党的教育方针，实现学校立德树人教育目标的必然要求。我们党的教育方针就是围绕"培养什么人、如何培养人和为谁培养人"这个根本问题展开的。对这个问题的科学回答其实涉及三个方面的内容：以什么目标为引领，以什么方式为实现手段，以什么培养结果为成功标志。按照习近平总书记的要求："要坚持把立德树人作为中心环节，把思想政治工作贯穿教育教学全过程，实现全程育人、全方位育人"，"我国高等教育肩负着培养德智体美劳全面发展的社会主义事业建设者和接班人的重大任务"。上述三个问题的答案就是：以立德树人为目标引领，通过高校思政课教育教学的全面融入，实现培养社会主义事业合格建设者和可靠接班人的目标。由此可见，及时科学地将习近平法治思想融入高校思政课的全过程，通过课程创新等方式，提升学生的思想品德和法治素养，实现立德树人的教育目标，是当下贯彻落实党的教育方针的现实要求。同时，将习近平法治思想融入高校思政课教学，也是新时代改进、加强和创新高校思想政治教育工作的急切需要。众所周知，习近平法治思想实现了一系列重大理论创新，为新时代改进和加强高校思政课既提供了理论指导又赋予了新的内涵。针对当前高校思想政治理论课建设实际，要把推进习近平法治思想的"三进"工作作为在改进中加强高校思政课的新内容、新要求，从而真正实现因事而化、因时而进、因势而新。高校肩负着培育社会主义事业的建设者和接班人的历史使命，只有将马克思主义理论中国化的最新成果融入大学生的全过程、全方位的成长之中，才能使这个思想真正教育、引导、滋润学生，使之学懂、悟透，也才能使高校思政课真正肩负起其历史责任和时代担当。

最后，将习近平法治思想融入高校思政课教学，是建设法治中国，培育当代大学生法治素养的现实需要。法治中国是建设社会主义强国的目标模式，依法治国则是实现法治中国的基本方略，法治社会则是实现这个方略的具体实践之一。在实现法治中国的进程中，国家和社会需要大量的有法治思维和法治能力的青年才俊。大学生正是社会精英的主要代表，他们的法治素养和法治能力直接影响到我国法治社会的建设质量和法治中国的进程。在高校思政课中融入习近平法治思想，使大学生树立坚定的法治观念，提升

---

① 教育部新时代高校思想政治理论课教学工作基本要求（节选）［J］．教育科学论坛，2018（15）：3-6.

法治素养，自觉养成依法办事、遇事找法、解决问题靠法、化解矛盾用法的思维习惯和行为方式，自然就是高校思政课坚守"立德树人"的题中之义。正如党的十八届四中全会会议通过的《中共中央关于全面推进依法治国若干重要问题的决定》中指出，"坚持立德树人、德育为先，推动中国特色社会主义法治理论进教材进课堂进头脑，培养和造就熟悉和坚持中国特色社会主义法治体系的法治人才及后备力量。"大学生是中国特色社会主义建设大业和民族复兴伟业的接班人和建设者，迫切需要用习近平法治思想这一马克思主义中国化最新理论成果武装头脑。因此，"必须围绕学生、关照学生、服务学生，不断提高学生思想水平、政治觉悟、道德品质、文化素养，让学生成为德才兼备、全面发展的人才。"当前，中国社会意识形态领域正呈现"一元主导，多元并存"的态势。思想越是多元化，就越需要发挥科学理论的导向作用。所以，当前高校思想政治教育的重点，就是将习近平法治思想融入高校课堂教学中，用习近平法治思想的理论精髓和核心价值坚定大学生的理想信念，从而为建设新时代中国特色社会主义事业和实现中华民族伟大复兴中国梦培养时代新人，提供人才支撑。

二、习近平新时代中国特色社会主义政法思想融入高校思政课教学的核心内容

习近平新时代中国特色社会主义政法思想内容丰富，体系严密，涉及法治理论和法治实践的方方面面，这些思想主要体现在总书记十八大以来关于法治理论和政法工作的一系列讲话（尤其是在中央政法工作大会上的七次讲话）、党中央关于全面依法治国的几个重要决定（特别是十八届四中全会决定）和党内法规中有关政法工作的规范性文件（尤其是《中国共产党政法工作条例》）。这些文献都是广大师生应该参考阅读的，里面的精髓都是要求掌握的。但因为容量太大，思想丰富，加之思政课的课时有限，高校教师在融入这些内容的时候，必须抓住重点，科学凝练，而且要讲清习近平新时代中国特色社会主义政法思想的逻辑关系。概括起来，习近平新时代中国特色社会主义政法思想主要包括两个方面的内容：对马克思主义法学理论有重大创新的法治中国理论和对政法改革实践有指导意义的平安中国理论。前者偏重理论，是习近平新时代中国特色社会主义政法思想的理论内核，也是实现依法治国的指导思想和理论旗帜；后者偏重实践，是习近平新时代中国特色社会主义政法思想的现实表现，也是实现依法治国的具体操作和落脚点。所以，习近平新时代中国特色社会主义政法思想的核心内容可以高度概括为理论和实践两个方面：法治中国思想和平安中国思想。二者的有机融合就是习近平新时代政法思想的核心内容，也是我们要融入高校思政课的主要方面[①]。除此之外，还要给学生讲清楚另外两个相关的问题，即习近平新时代政法思想的历史地位和重大意义与现实实践的内在逻辑关系。

就历史地位和重大意义而言，习近平新时代中国特色社会主义政法思想是以习近平

---

① 董雅华，徐蓉. 思想政治教育学科自觉与科学化研究［M］. 上海:复旦大学出版社，2013.

总书记为首的党中央，针对中国法治建设和政法工作的实际，以马克思主义法学理论为指导，创造性地提出一系列事关当代中国法治理论和政法工作实践的理论，是马克思主义法治理论的中国化，是习近平新时代中国特色社会主义思想的重要组成部分，是我国新时代政法工作的指导思想和工作遵循。从理论层面讲，这个思想体系深刻阐释了新时代中国特色社会主义法治的"理论依据、本质特征、指导思想、价值功能、内在要求、中国特色、基本原则、发展方向等重大问题，系统阐述了什么是新时代的社会主义法治，为什么要全面依法治国，如何推进全面依法治国、建设中国特色社会主义法治体系和法治中国等一系列根本性问题"，这个理论对于我们全面理解社会主义法治的内涵、要求，以及推进全面依法治国、推进国家治理体系和治理能力现代化，把我国建成社会主义现代化法治强国，具有重大的理论意义和现实价值。从实践层面讲，这个思想系统揭示了政法机关和政法工作的性质宗旨、原则要求、职责任务、动力源泉等实践问题，明确回答了政法机关和政法工作的系列工作原则和方法，为做好新时代政法工作提供了科学遵循和行动指南。

就核心内容而言，包括法治中国和平安中国两个方面。"法治中国以无比的包容性、强大的凝聚力和感召力而成为新时代习近平法治思想的统摄性概念"，有着重要的目标导向功能和厚重的内容统摄功能，能够容纳当代中国法治建设的一切理论内涵和思想原则，包括社会主义法治理念、法治道路、法治体系，依法治国、法治文化和法治保障等，内容极为丰富。对此，学者们有不同的凝练。张文显认为，从法哲学的角度看，习近平法治中国的一般理论有：法治道路、法治本质、法治建设、党法关系、法治价值、法治体系、法治改革、国家治理体系与治理能力现代化等。李林教授认为习近平的法治中国思想的精髓要义有："统筹布局的战略观、治国理政的方略观、公平正义的价值观、党法统一的政治观、人民为本的主体观、宪法至上的权威观、全面推进的系统观、良法善治的治理观、于法有据的改革观、依法治权的监督观、民族复兴的强国观、命运共同体的全球观等。"这些概括都非常全面，基本上都侧重在理论和价值层面，宏观的思想总结很多，微观的实践内容却相对不足，而且具体内容也不够，特别是缺乏政法机关的性质职能和体制改革。为此，就要增加平安中国的理论概括。

平安中国也是一个包容性特别大的概念，能够涵盖当代中国法治建设的几乎所有实践目标和改革事项。郭声琨在 2018 年 5 月 3 日 "政法领导干部学习贯彻习近平新时代中国特色社会主义思想专题研讨班"上，首次将习近平新时代中国特色社会主义政法思想概括为 15 个方面的重点内容：坚持党对政法工作的绝对领导，确保刀把子牢牢掌握在党和人民手中；坚持以人民为中心的发展思想，增强人民群众获得感、幸福感、安全感；坚持充分发挥政法机关职能作用，肩负起中国特色社会主义事业建设者、捍卫者的神圣使命；坚持辩证唯物主义世界观方法论，推动政法事业科学发展；坚持把政法工作放到党和国家工作大局中谋划，为经济社会持续健康发展提供政治保障；坚持总体国家安全观，坚决维护国家主权、安全、发展利益；坚持把维护国家政治安全放在第一位，坚决捍卫党的执政地位和中国特色社会主义制度；坚持预测预警预防，有效防范各类风险；坚持走中国特色社会主义社会治理之路，提高社会治理社会化、法治化、智能化、专业化水平；坚持把解决影响人民群众安全感的突出问题作为着力点，建设更高水平的平安中国；坚持走中国特色社会主义法治道路，深入推进法治中国建设；坚持全面深化司法体制改革，建设公正高效权威的社会主义司法制度；坚持把智能化建设作为重要支撑，提高政法工作现代化水平；坚持把抓基层、打基础作为固国之举，夯实政法事业长远发展的根基；坚持正规化、专业化、职业化方向，建设一支过硬队伍。这个总结详细而权威，可以说面面俱到，但内容复杂，把握起来比较难。

为此，2018 年 12 月 27 日，中共中央政治局召开会议审议通过的《中国共产党政法工作条例》则相对简洁，一共概括为十条原则：把党的绝对领导作为根本保证；把坚持人民为中心作为根本立场；把法治思维和法治方式作为根本方式；把服务和保障大局作为根本职责；把维护国家安全作为根本任务（政法机关的基本任务是维护国家政治安全、确保社会大局稳定、促进社会公平正义、保障人民安居乐业）；把巩固人民民主专政的国家政权作为根本使命；把推进社会治理现代化作为根本路径；把改革创新作为根本动力；把分工负责、互相配合、互相制约作为根本要求；把统筹兼顾、整体推进作为改革要求；把革命化、正规化、专业化、职业化作为素质标准，打造政治过硬、业务过硬、责任过硬、纪律过硬、作风过硬的政法队伍；把实现安全的政治环境、稳定的社会环境、公正的司法环境、优质的服务环境，增强人民的获得感、幸福感和安全感作为政法工作的最终目标。这些基本原则极大地提高了党领导政法工作法治化、制度化水平，是坚持和发展中国特色社会主义制度、推进国家治理体系和治理能力现代化的题中之义。《条例》首次以党内基本法规的形式，对党领导政法工作做出全面规定，是习近平新时代政法思想在实践层面的权威阐释，有利于推进依法治国与依规治党有机统一，有利于推动政法工作政治性、人民性和法治性在更高水平上深度融合。

就内在逻辑而言，习近平新时代中国特色社会主义政法思想虽然内涵丰富、体系复杂，却有着严谨的内在逻辑，表现出历史逻辑、理论逻辑与实践逻辑的高度一致，有助于师生把握其核心要义："它以建设法治中国的历史逻辑为思想统帅和价值追求，以全面依法治国的理论逻辑为理论指导和战略安排，以深化依法治国的实践逻辑为工作布局和规格标准，张弛有度地运筹建设法治中国的宏伟蓝图。"在这个逻辑体系中，建设法治中国是总目标，是最高"统帅"，管根本、管长远，具体表现为建设社会主义法治体系、建设社会主义法治国家这两个方面。因此，法治体系和法治国家是现实法治中国这个长远而根本目标的"一体"之"两翼"，分别从理论与实践两个层面服务于法治中国。这个"一体两翼"思想是习近平新时代中国特色社会主义政法思想的逻辑起点。由此出发，理论层面的法治体系是个总揽全局、指导政法工作的"总抓手"，包括完备的法律规范体系、高效的法治实施体系、严密的法治监督体系、有力的法治保障体系和完善的党内法规体系，将这个庞大的体系展开，就是整个法治中国建设的理论框架，它包括逻辑相关的三个要素：法治道路、法治路径和法治保障。法治道路是一个"管总的东西"，其核心要义是坚持党的领导、坚持中国特色社会主义道路、坚持中国特色社会主义法治理论，关键是理清党法关系；法治路径是法治中国建设"用劲"和"着力"的地方，包括三个"一体推进"；"三个共同建设"；一个"结合"和一个"统一"，即"坚持依法治国、依法执政、依法行政共同推进，坚持法治国家、法治政府、法治社会一体建设，坚持依法治国与以德治国相结合，依法治国和依规治党有机统一"。法治保障是法治中国建设的基础和条件，包括运行有效的政法机关、一支高素质的政法队伍和全民尊法学法守法用法的法治文化，其关键是干部带头尊法守法。实践层面的法治国家建设是具体推进依法治国的"施工图"，也是建设平安中国的政法改革实践。正如习近平总书记所说："必须坚持厉行法治，推进科学立法、严格执法、公正司法、全面守法。"立法、执法、司法、守法是司法实践的具体环节，它们逻辑严密、环环相扣、层层递进。其中，立法是前提和基础，要求科学立法、民主立法和依法立法；执法是重点和关键，要求严格执法、柔性执法、文明执法；司法是保障和防线，要求"让每一个公民在每一个司法案件中都感受到公平正义"；守法是要求和结果，关键是领导干部带头学法守法。

第三节　融入的基本要求

党的十八大以来，中国共产党人围绕我国当前的新形势新变化提出了一系列新理念新观点新判断，形成了习近平新时代中国特色社会主义思想，为建设社会主义现代化强国提供理论指导。深入贯彻学习这一新的理论成果，用科学理论武装学生头脑，弘扬主旋律、传播正能量，是思想政治教育的重要任务。因此，必须积极创新将这一思想融入思政课的有效路径，引导广大学生积极投身于中国特色社会主义伟大事业的接力奋斗中，培养全面发展的社会主义事业建设者和接班人。

一、统筹三种关系，整体把握融入路径

习近平新时代中国特色社会主义思想逻辑严密、内涵丰富、思想深邃，在将其融入思政课过程中，不能拘泥于传统教学方式，要另辟蹊径、创新路径，统筹把握时代与思想、理论与实践、继承与创新的关系，将其鲜活的生命力深深植入学生内心世界。

（一）时代与思想的关系

只有科学把握时代与思想的合理张力，才能以思想引领时代步伐，感受思想魅力，才能站在时代前沿、体验时代变迁。新时代背景下，国内外形势发生了巨大变化，新形势新变化给中国提出了新的挑战，习近平新时代中国特色社会主义思想应运而生，对中国面临的新课题做出系统科学的回答，满足了广大人民群众对发展中国特色社会主义事业的理论诉求[①]。在思政课教学中，教师可以运用历史比较法深刻剖析不同时代条件下，中国共产党紧跟历史脚步、总结历史经验、发挥集体智慧，不断形成马克思主义中国化的理论成果；运用实证分析法，凸显这些理论对中国革命事业、改革开放事业所起到的作用，以更加清晰的脉络，理清时代与思想的关系，理出习近平新时代中国特色社会主义思想形成的历史必然性，以更具说服力的事实引导学生认识这一理论成果对中国经济发展、社会进步的指引作用。只有理清时代与思想的关系，才能使这一新的理论更接地气、更富活力。

（二）理论与实践的关系

任何一种理论的形成和发展都有其深厚的实践基础，都是对实践经验的总结。我党不断在奋斗中发展在探索中成长，在实践中积累经验，这为习近平新时代中国特色社会主义思想的形成奠定了重要的实践基础，使其逐步形成系统完整、逻辑严密的科学理论。习近平新时代中国特色社会主义思想在实践中产生，并在实践中不断丰富和发展，同时以其科学的理论体系、深邃的思想内涵指引着中国各项事业的发展。在思政课教学中，教师可运用举例论证法深刻阐述全面深化改革和治国理政的实践，以鲜活的例子阐明实践是理论的源泉，说明实践对形成科学理论成果的重要作用；运用案例分析法说明理论对实践的指导作用，以事实引导学生理清理论与实践的关系，使学生深刻认识到习近平新时代中国特色社会主义思想的深厚实践基础，以及这一科学理论对实践的长远指导意义。

（三）继承与创新的关系

任何思想都不是无本之木、无源之水，都是在继承前人思想的基础上发展起来的。马克思主义虽历经世事沧桑、时代变迁，但"依然闪烁着耀眼的真理光芒"。习近平新时代中国特色社会主义思想始终坚持马克思主义的立场、观点、方法，坚持马克思主义基本原理与中国国情和阶段性特征相结合，在新时代新景下，不断书写治国理政新篇章、擘画民族复兴新蓝图。习近平新时代中国特色社会主义思想形成的过程是马克思主义继续在中国开花结果的过程，也是马克思主义与时俱进理论品质的体现。如何理解这两者之间的关系，是检验学生综合知识运用能力、知识储备丰富程度的重要体现。在思政课教学中，教师一方面要引导学生独立思考并结合知识储备以及相关文献，深刻认识马克思主义这一科学理论体系的精髓。另一方面，要认识到中国共产党既继承了马克思主义的科学原理，又结合中国实际不断将其丰富和发展，而习近平新时代中国特色社会主义思想也是对马克思主义继承与发展的 21 世纪的马克思主义。

二、着重课程体系转化，逐步细化融入路径

思政课作为理论性较强的课程，必须克服枯燥性，增强趣味性；克服灌输式，增强生动性；克服呆板性，增强灵活性。因此，在教学进程中必须把教材体系转化为教学体

---

①吴潜涛，徐柏才，阎占定. 高校思想政治教育的理论与实践［M］. 北京：人民出版社，2012.

系，把知识体系转化为价值体系。

（一）以教材为基础、教学为依托，实现教材体系向教学体系的转化

1. 区分教材体系与教学体系

教材体系与教学体系虽然目标一致，都是通过各种教学方式掌握教材内容，培养学生能力，但两者又具有明显的差异。教材体系解决的是"教什么"的问题，它以严肃的态度、严谨的语言、完整的体系，向学生展示系统的学习内容。教学体系解决的是"怎么教"的问题，即方法问题。因此，教学中必须以教材为基础，统观教材内容，统筹规划教学安排；注重教材的整体性和前后联系性，合理安排各个章节的课时；吃透教材内容，授课逻辑清晰；教学方法灵活，教学过程完整顺畅，教学评价科学合理。

2. 理清教材统一性与学生差异性

教材面对的是全体学生，具有普遍性、统一性、一般性等特点，但是不同地区教育教学资源不同，不同学校软硬件设施不一，每个学生特点、兴趣点不同，学生眼界的开阔性、思维的灵活性、知识的丰富性不同，对知识的接受程度、能力大小具有差异性，理科学生和文科学生的文史知识储备不同等，因而教学必须因地制宜、因材施教、因人施教[1]。比如，理科学生相对来说文史知识储备较少，故而教学中应注重基本内容的讲解，而文科学生则应注重理论的提升。

3. 锻造教学语言，让理论知识更接地气

教学语言承载着阐述理论、传授知识、传播思想的重要功能。目前，思政课教学中存在诸如传话筒式、教条式讲解教材内容，语言晦涩难懂、不易于学生理解等问题。因此，教师必须锻造教学语言，展现思政课语言魅力[2]。第一，讲实话、真话，不讲空话、大话。讲实话，学生才会相信；讲真话，学生才会动真情。如讲授中国的历史性成就，真实的数据和案例就是最好的证明材料。"事实胜于雄辩"，用事实说话，才能说服学生，让学生真信、真懂。第二，接地气，避免曲高和寡。学术语言针对的是专家学者，教材语言针对的是全体学生，只有让教学语言鲜活起来，用学生喜闻乐见的形式表达，语言的生动性才会体现，语言的魅力才会展现。如讲解中国梦，只有讲清楚中国人民在党的领导下寻梦、追梦、圆梦的过程，才会有历史感、立体感，才会增强学生为中国特色社会主义事业奋斗的决心和信心。第三，因事而化、因时而进、因势而新。语言需要随着时代的发展不断更新以反映时代特点，而教学语言也必须结合时代背景、符合时代特点、反映时代特色。

4. 创新教学方法，增强教学效果

① 吴曼.习近平新时代中国特色社会主义思想融入思政课路径探索［J］.中学政治教学参考，2020（37）：7-9.

② 教育部新时代高校思想政治理论课教学工作基本要求（节选）［J］.教育科学论坛，2018（5）：3-6.

（1）坚持问题导向，师生双向互动。为增强教学实效性、针对性，思政课教师往往要上知天文地理，下晓古今中外，既要严肃认真，又要幽默诙谐，而现实往往是"教师台上唱独角戏，学生台下表情呆滞"，"教师台上讲得天花乱坠，学生台下听得昏昏欲睡"。因此，必须促进师生双向互动，将教师的主导作用和学生的主体作用相结合，让学生参与到课堂教学中来。只有以问题引发学生思考，触动学生灵感，激发学生兴趣，才能使学生真正体悟到思政课的价值。

（2）方法灵活适用，注重实际效果。近几年，各个学校都在不断探索新的教学方法，取得了显著的效果，但也存在些许问题。比如课堂气氛看起来很好，实则浮于表面；实践课开展困难，学生缺乏真正的情感体验等。因此，方法的选择至关重要。如展现改革开放以来我国所取得的巨大成就，可以用大量的数据来说明；可以选取相关图片将改革前后人们的衣食住行、国家的发展等进行对比；可以让学生搜集改革开放以来的老照片，讲述照片背后的故事；还可以通过影片展播让学生直观地了解、感受改革开放以来中国取得的巨大成就，达到事半功倍的效果。

（二）内化于心，外化于行，实现知识体系向价值体系的转化

知识追求"真"，价值追求"信"，知识体系是基础，价值体系是目的，两者是辩证统一的。长期以来，思政课将知识体系与价值体系结合度不够，并没有真正做到内化于心。因此，必须加强对知识体系的认知与理解，对价值体系的感悟与体验，将知识体系内化为学生的价值认同。

1. 探索体验式教学，实现理论知识内化于心体验式教学是一种通过情景再现、亲身感受使学生形成理论认知、情感体验、价值认同的教学方法。体验式教学可以使受教育者与教学内容发生实际的情感关联并经历感动，使体验者对教学内容生发切己的理解和领悟，有助于克服思政课教学情浓而理不透、理丰而情不真的问题。开展体验式教学，须做到三个统一。

（1）真理与价值相统一。真理解决的是客观实际问题，价值解决的是主观实用问题，要达到两者统一，必须做到客观真理对主观实体的有用性。习近平新时代中国特色社会主义思想对全面深化改革、坚持和发展中国特色社会主义具有重要的指导作用，必须用这一科学的、系统的理论武装学生头脑，使广大学生坚定理想信念，勇担历史责任，成为全面发展的社会主义事业建设者和接班人。

（2）过程与方法相统一。在思政课教学中融入习近平新时代中国特色社会主义思想，既要注重过程的完整性，也要注重方法的灵活性。第一，实践体验要具有可操作性。只有理论与实践相结合，才能体现理论的思想性、深刻性，才能进一步体悟社会现实、增强实践能力。因此，实践内容既要丰富，又要和学生实际、学校实际、当地实际结合起来。第二，案例体验要符合逻辑。一要符合生活逻辑，不能用生活的特殊性代表普遍性、用特殊情境代替普遍存在。二要符合年龄逻辑。三要符合理论逻辑。案例分析最终要回归理论，要让学生从案例中体悟真理、感受价值。第三，情景体验要富有真实感。情景

再现是通过一定任务、场景、情节，将某一事物、事件展现出来，从而体现出体验者对知识的认知和情感的体悟。

（3）情感与态度相统一。在知识体系向价值体系转化的过程中，必须保证情感体验与态度转变方向一致。体验式教学可以使学生身临其境，对某个理论、某一事件产生情感共鸣，以实证思，最终实现态度的转变以及正确价值观念的形成。在思政课教学中运用体验式教学，可以实现对习近平新时代中国特色社会主义思想的深刻理解和坚定信仰。因此，对案例的解读、实际问题的分析，必须一语解惑、一语激情、一语破的，才能让学生顿悟，形成情感共鸣、理论认知和价值认同，达到情感与态度相统一。

2. 坚定信仰，砥砺前行。实现价值认同外化于行是思想政治教育的重要目的，关键是为了满足人的需要，提高人各方面的素质，促进社会进步。为此，思想政治教育必须内化于心、外化于行。思政课应秉承这一目的，充分了解和掌握当代学生的时代特点、内心所需，转变教学理念，创新教学方法，以深厚的学理性、方法的灵活性，促进学生理论知识提升、思想理念融入和价值观念认同，使学生坚定共产主义理想信念，坚定走中国特色社会主义道路的信心。习近平新时代中国特色社会主义思想继承了马克思主义基本原理，并结合新时代新特点，提出了一系列新思想、新观点、新论断，在思政课教学中必须使学生全面掌握辩证唯物主义和历史唯物主义的世界观和方法论，把共产主义远大理想和中国特色社会主义共同理想结合起来，充分认识社会发展的曲折性、漫长性，在不断发展进步中坚定共产主义理想信念，练就过硬本领，掌握真才实学，努力成为勇担历史重任的栋梁之材。总之，将习近平新时代中国特色社会主义思想融入思政课是一项系统且复杂的工程，非一朝一夕所能完成。广大思政课教师要深刻领会其核心要义和精髓，寻找融入契合点，转变教学理念，创新教学方法，探索出一条更有效的路径。

第四节　融入的路径探索

一、将"新思想"融入高校思想政治理论课的现实可能性

事物的现实可能性不同于抽象可能性，是指事物有可能转化为现实的依据。将"习近平新时代中国特色社会主义思想"融入高校思想政治理论课不仅要讲清楚其何以必须，还要分析其是否具备成功实现的条件。通过对将"习近平新时代中国特色社会主义思想"融入高校思想政治理论课现实可能性的分析，可以进一步坚定广大高校思想政治理论课教师贯彻落实"习近平新时代中国特色社会主义思想"的信心。

（一）"习近平新时代中国特色社会主义思想"与高校思想政治理论课的内在一致性为其融入奠定了基础

"习近平新时代中国特色社会主义思想"与高校思想政治理论课内在契合。究其本

质，作为当代中国社会的主流意识形态，"新思想"具有目标引领、实践指导和凝心聚力的功能。高校思想政治理论课则是高校对大学生宣传、灌输社会主义主流意识形态的主渠道。"习近平新时代中国特色社会主义思想"只有通过高校思想政治理论课的深入贯彻落实才能为大学生所接受和认同。另一方面，作为马克思主义中国化的最新理论成果，"习近平新时代中国特色社会主义思想"本身也是高校思想政治理论课教学的题中应有之意，故而二者具有高度的内在契合性。概而言之，二者的内在一致性体现在主体内容高度契合、本质目的趋同、意识形态功能一体等方面。

（二）以往中国化马克思主义理论成果的成功"三进"为其融入提供历史经验

将中国化马克思主义理论成果融入高校思想政治理论课并非始于今日。改革开放以来，从邓小平理论到科学发展观，每一个中国化马克思主义重大理论成果在其形成后，都经历一个融入高校思想政治理论课的教学实践过程，并积累不少成功经验，回顾与总结这些历史经验，有助于发现、掌握和运用中国化马克思主义理论成果"三进"的客观规律，从而增强"习近平新时代中国特色社会主义思想"融入的自觉性，减少盲目性。

（三）部分高校关于思想政治理论课的相关教学改革探索为其融入积累了丰富经验

当前关于"习近平新时代中国特色社会主义思想"融入问题不再停留在学术探讨层面，早已从理论走向实践。部分高校先行先试，就思想政治理论课如何贯彻落实习近平总书记重要指示进行了大胆的教学改革探索，形成不少成功模式，如中国人民大学的"一体两翼"教学模式，中央财经大学的"问题链教学法"，清华大学的混合式教学模式，上海市高校通过开设"大国方略""治国理政""创新中国"等"中国系列"选修课程拓展思想政治理论必修课的模式，以及辽宁省高校思想政治理论课的情景剧教学法等。积极总结、归纳上述好的做法，可为"习近平新时代中国特色社会主义思想"融入提供可资借鉴的成功经验。

（四）当前高校思政课课程设置模式为其融入提供了课程体系方法的保障

现有高校思想政治理论课教学体系基于"05方案"，共设置四门公共必修课程。这四门课程构成"一主三辅"的有机整体，其中概论课处于主导地位，原理课、"纲要"课和"基础"课处于辅助地位，共同承担着马克思主义理论教育和思想政治教育的主阵地作用。在"习近平新时代中国特色社会主义思想"的学习教育中，思想政治理论课教学体系当以融入"概论"课为主，主要讲解"习近平新时代中国特色社会主义思想"产生的社会历史背景和发展过程、科学内涵、理论地位及其与毛泽东思想和中国特色社会主义理论体系之间的继承发展关系等。同时以融入原理课、"纲要"课和"基础"课为辅。"原理"课侧重讲解"习近平新时代中国特色社会主义思想"的理论依据。"纲要"课聚焦于"习近平新时代中国特色社会主义思想"的历史依据。"基础"课则从学生成长成才成功维度拓展对"习近平新时代中国特色社会主义思想"的理解。思想政治理论课教学体系的上述"一主三辅"设置，有助于实现各门课程在实现"习近平新时代中国特色社会主义思想"融入任务方面的分工合作与共同推进，并有效避免四门课程在"习近平新时代中国特色社会主义思想"教育方面的可能重复。

（五）中共中央和教育部对学习宣传十九大精神的工作部署为其融入提供了政策遵循

2017 年 10 月 27 日，十九届中共中央政治局 27 日召开专门会议，对学习宣传贯彻党的十九大精神做出具体安排部署。会议强调要把学习党的十九大精神作为学校思想政治教育和课堂教学的重要内容。

2017 年 10 月 28 日，教育部召开传达学习党的十九大精神大会，并就教育系统学习宣传贯彻党的十九大精神做动员部署。教育部提出"学起来、教起来、传起来、研起来、干起来、实起来"等六项要求，宣传贯彻党的十九大精神。此外，党的十九大刚闭幕不久，教育部高校思政课教学指导委员会在天津工业大学、青岛科技大学等高校分别举行了全国高校思政课现场教学展示活动，第一时间将"习近平新时代中国特色社会主义思想"融进高校和思想政治课课堂。

二、习近平新时代中国特色社会主义思想融入思想政治课教学的实现路径

第一，思想政治理论课教师要与时俱进，真切领会习近平新时代中国特色社会主义思想，进一步坚定理想信念，教师才能上好课、讲好课。首先，要政治认同。思政课教师要认真领会党和国家的政治要求、政治理论等，并且要高度认同，最终形成政治上的认同感。其次，要终身学习。思政课教师应该坚持终身学习，不断学习新理论、新知识、新思想，与时俱进。有了深厚的理论功底，才能讲活思政课，才能让大学生信服，才能更好地去传播新时代的新思想。最后，要加强师德建设。为了更好地开展德育活动，一名合格的思想政治课教师必须加强师德修养、坚定理想信念。

第二，利用新媒体、新技术创新思想政治理论课课堂教学模式，充分融入新时代新思想，学生才能听好课、爱上课。首先，在教材方面，大胆充分利用丰富多样的社会信息资源，拓展教材知识，及时整理党和国家最新的大政方针、政治理论以及体现时代发展、国家进步的热点内容，同时选取一些经典的马克思主义原著、习近平总书记治国理念的著作等，充实教材，激发学生的兴趣[①]。其次，在教学内容方面，要体现系统性、广泛性，还要关注问题的多维性，教授学生具有综合性的教学内容。比如增加一些生活或网络中出现的热点新闻，引导学生能够通过发散思维去思考，通过多种途径分析新闻，认清事件或问题的本质，在思考和分析中慢慢领悟习近平新时代中国特色社会主义思想。最后，在教学方法方面，要充分发挥大学生的积极性和主动性，运用适应新时代发展的教学方法，如多媒体教学、参观教学、采访座谈等。通过多种方式把新思想与大学生的身心发展结合起来。

第三，将课堂教学与校内外各种实践活动深度融合，协同育人，深化习近平新时代

---

① 周月阳.着力提高中职学校思政课的实效性［J］.云南教育（视界时政版），2019（06）：11.

中国特色社会主义思想的教育效果，高校才能育好人、培养人。大学生思想政治理论课不应该仅仅局限于课堂内，还要融入社会，将理论真正用于指导实践①。首先，参观红色基地。可以参观革命遗迹、考察重大历史事件发源地，或者寻访红色革命以及改革开放的见证者和亲历者等。其次，参观行政机构。可以组织学生参观政府服务机构，了解目前政府的办事理念、办事流程等，从中感受政府对群众的服务态度。还可以参观博物馆、科技馆等，感受祖国文化和科技的博大精深、日新月异。再次，开展学习活动。可以开展社会调查、参观考察、采访等活动，也可以在重大节日和重大事件的时候开展相关的主题征文比赛、演讲比赛等活动。最后，要将各种资源深度融合，充分发挥政府、社会、网络各种资源的优势，把课堂之内与课堂之外有效结合起来，进而实现全员育人、全程育人、全方位育人。

第四，开设专题讲座和选修课程。高校思想政治理论课中的四门必修课是对大学生进行系统的马克思主义理论教育的主渠道，具有不可替代的主渠道作用。通过"一主三辅"，突出重点，有效解决了"习近平新时代中国特色社会主义思想"融入各门思政课课程的切入点与重点问题，但这一融入方法尚有美中不足之处。其一，存在碎片化问题，不利于大学生整体把握"习近平新时代中国特色社会主义思想"体系；其二，存在低效性，在校大学生要把握"习近平新时代中国特色社会主义思想"体系需要一到两个学期；其三，存在"三进"盲区，没有实现对大学生的全覆盖。因为大三、大四学生基本已经修完四门思想政治理论课，故而存在着"习近平新时代中国特色社会主义思想""三进"的盲区问题。

有鉴于此，在积极将"习近平新时代中国特色社会主义思想"融入各门思想政治理论课的基础上，还可倡导广大思想政治理论课教师围绕"习近平新时代中国特色社会主义思想"开设专题讲座或选修课程，这样既可拓展四门思政理论必修课，又可讲深讲透，不留盲区，起到应有的理论宣讲效果。

---

① 李娜. 习近平新时代中国特色社会主义思想融入高职思政课实践教学路径研究——以湖南现代物流职业技术学院为例［J］. 大视野，2020（05）：39-43.

第十章 思政课程教学质量监控

第一节 现状及存在问题

高校思想政治课教学质量监控是督促高校教学方式改革的一种重要方式。各高校能够成效显著地改革在目前还是非常困难的。思想政治理论教育在高校的发展中具有重要的战略地位，因此搞好思想政治课教学质量监控刻不容缓。

一、思政课教学质量监控对于思政课教学的意义

思政课教学质量监控有利于促进思想政治课的改革和创新。随着时代的快速发展传统的教学方式早已不适合社会发展的需求，传统的教学方式逐渐淹没在历史的洪流之中成为新事物发展的奠基石。如若导师还抱残守缺，思想固执，教出的学生也会亦步亦趋，没有主见，缺乏创新意识。这完全违背了国家创立思想政治课的初衷。思想政治课教学质量监控能够有效地改变这一现象[①]，对教学质量的监控能够让导师时刻反思自己的教学方式，从中找到不足，提高自身的教学素质，适应国家培养人才的需求。

思政课教学质量监控机制能够有效地推动思想政治课课程建设。高校思想政治课的重要作用是培养思想优秀的高端服务型人才，对国家的科学研究和服务社会提供源源不断地新鲜血液[②]。对人才培养的方式大多数还是在课堂上通过导师的传授、课后实践的方式，导师通过课程教授知识、思想。完善思想政治课的课程建设就是提高导师的教学素质[③]，改善导师的教学方式，思想政治课教学质量监控能够通过监督导师的教学素质来推动思想政治课课程建设。

二、思想政治理论课教学质量内部监控体系的基本要素分析

思想政治理论课教学质量内部监控体系是一个完整的培育组织学习系统，由监控

---

① 王雅辰.高校思政课教学质量监控所存问题及其对策分析［J］.青年与社会，2018（27）：106.

② 沈壮海，董祥宾.论新时代思想政治理论课的改革创新［J］.思想理论教育，2019（05）：10-15.

③ 教育部思想政治工作司.大学生思想政治教育理论与实践［M］.北京：高等教育出版社，2009.

者、被监控者、监控活动和监控目标等四个基本要素构成。这4个基本要素都具有独立的功能，但它们之间又相互联系、相互制约，共同完成系统的总目标。

1. 监控者

监控者是思想政治理论课教学质量监控的实施者，由一些相关的机构和人员组成。它主要有四个层次：第一层次是校级的教学质量监控与管理机构及人员，如校教学工作委员会、主管校长、校教学督导委员会以及教务处等；第二层次是院级的教学质量监控管理机构及人员，如学院党政负责人、教学副院长、院教学督导小组、院教务办公室主任、教学秘书等；第三层次是系级的教学质量监控管理人员，如以教研室主任为中心组成的教研室督导小组，由教研室主任及其他经验丰富的教师或优秀教师组成，它是整个教学质量监控的基础；第四层次则是学生，这是监控者中不可或缺的重要组成部分，由思想政治理论课全体学生组成。

2. 被监控者

被监控者是对教学质量构成影响、发生作用的因素，主要有三个：第一个是"人"，包括教师、学生和教学管理人员等；第二个是"物"，包括教学仪器设备、教材图书资料、一些场地场所以及生活后勤服务条件，它是学校为了保证教学及其管理提供的物质条件；第三个是"管理"，包括先进的管理方法、高超的管理艺术、严密的管理组织、健全的规章制度等。

3. 监控活动

监控活动是监控者对被监控者实施控制活动的过程，包括监控内容、监控形式以及监控实施过程。监控内容即监控的对象，具体来说，就是指对"什么"进行监控。一般情况下，与教学质量相关的都会成为监控的对象。监控形式指的是采取什么方法、方式、手段、途径对监控内容进行监控。一般情况下，教学质量监控主要采取这样几种形式：制度规范、督促检查、评估评价和反馈调节等。监控实施过程则是指整个监控管理从开始到结束的全部过程。一般情况下，监控过程包括制订计划、运转调控、检测评估、总结提高等这样依次进行的几个环节，但是这只是一个监控管理周期（一般可为一个学期），实际上监控过程是一个循环往复不断提高的过程。

4. 监控目标

监控目标是实施教学质量监控预期并希望达到的结果，分为总目标和分目标两个层次。质量监控总目标能够统领全局，是整个目标体系中的灵魂和核心，起着一种方向选择与引导的作用。分目标是具体监控过程中每一项工作的具体目标，它的制定是为了使教学质量监控体系更具有可操作性。总目标和分目标合起来最终形成纵横交错、上下贯通、关系协调的教学质量监控目标体系。

三、高校政治理论课教学质量监督存在的问题

思想政治教学过程中管理不当。思想政治课教学质量监控重点在于对思想政治课课

程教学的监控，对其他的诸如教学目的、教学纲领等教学环节的监控则较为偏少；由于教学环境等不同因素的制约，导致教师对思想政治理论教学为重视，缺乏相应的实践教学。

思想政治课教学质量监控机制还不够完善，不能很好地将表面的教学升华到教学内涵建设上。由于思想政治课教学质量监控对思想政治理论较为重视，许多高校的教师只是将自己的经验、知识生搬硬套给学生，没有很好地将思想政治课知识的内涵传授给学生，教学中教师没有主动引导学生快速适应环境，否定学生原有的兴趣爱好以及学习积极性。

思想政治课教学质量监控对学生的学习能力考核方法不够完善。就目前的教育体制看，成绩是对学生考核的主要依据，思想政治课的教育目的是要求学生在如今的政治体系中形成自己的立场，并有自己独立的鲜明观点，思考社会上出现的问题。而这些是无法通过考试来考察的，重视结果而忽视过程，重理论知识考核，忽视学生的实践能力，传统的考试考核方式引导不了学生学习的积极性。

第二节　需要改进的趋向

一、课程教学质量评价的现实审视

思政课教学质量评价是一个动态发展的过程。在明确思政课教学质量评价体系的要素结构基础上，还必须考虑实际操作层面的因素，把握当前思政课教学质量评价的实际情况，反思问题并予以改进。

（一）现存的问题分析

第一，评价方式相对单一。

当前思政课教学质量评价，尤其是思政课的教学结果评价主要依据成绩合格率或优秀率，而对学生成绩的考评主要由授课教师单独完成，一般依据考勤、课堂发言或考试成绩等常规方式评定，而其他评价主体难以参与到教学结果评价过程中去[①]。另外，作为高校公共必修课，思政课教学班学生数量多，专业背景复杂，教师很难对每个学生进行细化考评，学生也很少重视该门课程的深度学习，评价多流于形式，难以准确反映出学生的真实思想状态和学习成效。

第二，评价标准仍待完善。

当前思政课教学质量评价标准以及指标体系缺乏完整性、科学性。高校开设思政课

---

① 党的领导是思想政治理论课建设根本保证——论学习贯彻习近平总书记在学校思想政治理论课教师座谈会上的讲话［N］.人民日报.2019-03-22（1）.

的目的在于帮助学生领悟马克思主义中国化成果，掌握科学方法指导实践，最终为社会和人民大众服务。而目前教学质量评价的关注点集中在学生掌握多少理论知识点，及格率达不达标，教师有没有完成既定教学计划。简单一刀切的评价标准明显忽视了学生思想动态的发展以及教师价值引领作用的发挥，违背了思政课本来价值追求。

第三，评价重点尚不明确。

当前思政课教学质量的评价内容侧重于结果，包括学生学习效果，以及教师与学生对授课效果的反馈。事实上，对学生学习效果的评价主要停留在卷面分数和课堂考勤两条上，对授课效果的评价集中于课程及格率以及教案完备度。伴随着高校思想政治理论课教学改革，概论教学质量评价尚处于改革中。目前来看，各项评价指标还未能充分认识思政课特殊性，评价指标的权重仍不统一和明确。

第四，评价时间较为短暂。

思政课教学质量评价一般集中于课程结束后，而多数情况下学生在课程结束之后，就将课堂所学知识抛诸脑后；教师也在课程结束之后，不再关注教学效果，教学评价时间集中且短暂，形成的信息反馈难以全面衡量思政课教学质量。思政课质量评价更多聚焦于短期评价，很难深入把握思政课实际育人效果。

第五，评价结果缺少重视。

思政课一般作为高校通识课，但很多学生甚至部分高校管理者、授课教师对该课程不够重视。学生普遍认为只要给分高，学习任务量少就是"教得好"，而谁来教、教什么以及怎么教并不重要。部分学校也不够重视思政课的督导或审查，导致教师教学敷衍了事，课堂照本宣科，甚至水课的现象都曾出现。最后对思政课的评价也只有合格与不合格，这样的评价只是隔靴搔痒。

二、思政课教学质量评价的改进方向

（一）坚持评价主客体多元化原则

评价主客体多元化原则，其实就在教学质量评价过程中多一点沟通与协调，在实际的评价目标设定中有必要将被评价者转化为主动参与评价，打破传统的单一评价模式。为了能够更好地实现评价，使得评价更加的全面性与合理性，有必要建立多元评价主体，这些评价主体可以由行政部门、学校领导、教育专家、同事、学生以及社会人员等组成。在确定评价原则中，需要明确不同的评价主体需要负责不同的评价项目。教育行政主管部门是作为教育系统的官方管理者与监督者，主管部门主要是对教学质量进行整体检查，明确评价标准，给予人力物力和财力方面的保障等[①]。所以，对于教育主管部门做出的评价或者评估，通常是以思政课教学质量来进行总体评估的，对高职院校起到督促管理责任，其评估并不是针对某一个具体的思政课教师。但是，教育主管部门有权对高职院

---

① 蒋晓云.新时代背景下高职院校思政课教学质量评价研究［D］.河北师范大学，2021.

校的骨干教师、优秀教师以及优秀教案等进行总体质量的评价。作为一名学校的管理者，他是作为思政课教学的主管部门，负责具体的教育政策以及导向，例如在职称评定、课酬标准以及教学岗位考核等方面对教师进行全方位的评价。至于同行专家与同事，更多的是从教学专业这个角度出发，通过听课等方面来了解思政教师的教学质量，并给予评价。而在校学生是教师的教授对象，对任课教师的教学情况较熟悉，学者可以在每一个学期对任课教师进行教学质量的评价。除了使用传统渠道来评价学生成绩之后，因为思政课教学存在着一定的特殊性与效果长期性，所以对学生进行思政教育的表现情况，需要进行日常的跟踪。这是作为考查学生学习成果的一种方法，这种日常跟踪考察与单纯的考核成绩相比，有着明显的优势，日常的跟踪考核也更符合思政教学的要求。因此，根据学生管理部门以及校友会等渠道来对学生学习质量进行评价，使得教学质量评价更加的全面，这对于创新思政课教学质量评价有着十分重要的意义。从现有思政课教学评价情况来看，思政课教学评价通常主要评价的内容有：一是学生学习评价、二是督导评价、三是课堂教学评价。这三种评价方式，从评价角度来看相对较为单一，评价主体为教师与学生。

现在有许多高校评教通常是使用学生在线评教系统，对学生学习效果的评价也较为单一，更多的只是对学生学习表现情况进行评价，而对学生学习成绩则使用考试来评价，用分数的多少来得出质量结论。此外，在评价过程中都是千篇一律，不分课程的标准的差异性，也没有体现思政课教学存在的特殊性。所以，通过多角度来进行评价，同时将其看作是多元化的评价体系。这是作为全面开展科学、客观以及合理的思政课教学质量评价一个重要前提。

（二）坚持评价方法多样性原则

评价者对被评价者在进行评价时需要体现动态性与多样性的评价方法，必须改变过去一刀切的评价方式，根据不同学科的特点，使用不同的教学质量评价方法，实现定性与定量相结合的评价方式。为了减少打分量化，有必要将质与量两者间相结合起来。[①]由于思想政治教育本身是较难进行量化的，即使能够实行量化考核了，但是也无法全面反映学生的品德。在日常现实教学管理中，通常使用打分量化的评价方式，这评价方式表明，量化评价方式能够起到一定的效果，这是值得肯定的。它能够起到作用，主要是由于量化评价是在一样的教育背景下，一样的评价标准和一样的评价主体下进行的，并且取得的效果并非能够全面反映教师的思政课教学质量，而是作为其他考核的一种组成部分。通过评价可以更好地激发教师不断改进教学质量，有利于进一步提高教学风气和教改意识的提高。因此，这种量化评价是作为思政课教师教学质量的有力评价。但量化评价过程也需要与使用适当的"质化"评价相结合起来，也就是进行定性评价。定性评

---

① 轩兴荣，陈慧. 课堂教学质量评价的实践与探索［J］. 黑龙江教育（高教研究与评估），2012（11）：62–63.

价是可以对被考核者教学情况进行定性的评价，从本质上可以体现出被考核者的整体面貌以及考核过程。一般而言，评价者按照被评价者日常表现情况进行动态化观察与分析，并进行对比，用评语的形式得出评价结果。比如，教师是否敬业、是否关心学生、师生关系等都是无法进行量化，只能通过定性评价。因此，教学质量的评价需要突出以定性评价为主，但是也需要结合定量化评价，两者相结合才是最理想的评价结果。这样可以更好地促进思政课教学质量评价的差异化功能与激励功能得到较好的应用，也有利于教师努力提升教学质量的同时，有利于教师自身加强自我学习，端正教学态度，最终为教学质量提升而服务。

（三）坚持评价指标多维性原则

思想政治理论课是属于一项较为系统工程，尤其是它的意识形态教育功能。就课程内容的整体安排来看，思政课主要是突出以马克思主义理论及马克思主义中国化理论为主，内容涉及哲学、政治、经济、历史以及法律等各个方面。所以，单一的评价指标体系是难以满足所有评价需要的，事实上教学质量评价更多的是体现多维度的原则。通常而言这个维度是自评与互评相结合起来的，结果评价与评价过程相结合起来，诊断性、形成性和中介性的评价相结合起来，从而可以更好地实现教师教学质量、学生学习效果以及教学管理保障这三个维度能够有机地结合起来，以此来更好创新思政课教学质量评价。

第三节　质量监控的方式

一、课程教学质量评价系统的要素结构分析

思政课教学质量评价是通过收集思政课教学活动的主体、客体、介体、环体各方面的信息反馈，客观测量和科学分析思政课教学活动及其效果，实现价值评定。而要实现思政课教学质量评价，就必须首先明确思政课评价系统的要素与结构，进而厘清"为什么评""评什么""谁来评"以及"怎么评"等一系列问题。

（一）评价理念

在对思政课进行教学质量评价之前，必须充分考虑其课程教学的特殊性，形成符合该课程教学发展规律的评价理念，指导具体评价工作。

第一，知识评价与价值评价相结合。

与其他专业课程相比，思政课在向学生传授马克思主义中国化理论成果，帮助学生构建这门课程知识体系的同时，也在进行意识形态教育工作，帮助学生理解在中国革命建设与改革进程中中国共产党人的初心与使命，引导学生树立为"中国梦"奋斗的人生理想，打牢奋斗的思想基础。可以说，思政课教学既要传授知识，又要实现价值。对该课程的教学质量评价应是知识评价与价值评价的统一。只有两者有机结合，才能更加科

学地反映在该门课程教学过程中学生对知识和技能的掌握运用情况以及马克思主义理论素养和思想道德品质的提升情况，更全面地衡量教师在知识传授和价值引导层面的实际教学效果。

第二，过程评价与结果评价相结合。

作为公共必修课，思政课教学质量评价必须纵贯整个教学过程，对教学过程以及教学工作各个环节做出质量分析，同时必须对照既定的教学要求和指标内容，针对实际教学工作所产生的结果进行评价。因此，思政课教学质量评价要坚持目标与过程并重的价值取向，及时跟踪学生在这一过程中对中国共产党的情感态度的变化，对中国革命、建设和改革实践的认知发展以及个人思想动态。在多元主体、多方位考核维度以及动态考核过程中完成思政课教学质量评价。

第三，教学实践评价与学习效果评价相结合。

思政课教学质量评价是处于同一场域内教育者与受教育者共同进行质量分析和价值评定的过程。但值得注意的是，教学质量评价不等于学生品德测评，也并非教师资格考核，实际操作中不仅是检查课程目标、课程任务，更重要的是推进"教"与"学"。思政课教学是教师与学生双向互动实现发展的过程，那么其教学质量评价也应当坚持教学实践评价与学习效果评价相结合。既要重视对教学各要素、各环节的评价，关注教学实践，又不能忽视学生的学习效果反馈，必须坚持评教与评学相结合，构建双向立体的评价体系。

(二) 评价内容

在明确评价理念基础上，我们需进一步回答"评什么"，即思政课教学质量评价内容是什么的问题，主要包括以下三个层面。

第一，思政课教学要素评价。

主要包括以下两方面。一是教学目标。衡量思政课教学目标是否科学、合理、可行，是否符合科学发展规律，立足现实需要，体现思政课特色，具备规范、具体、可操作性。二是教学方法。衡量思政课教学方式是否灵活、教学手段是否得当，教学设计是否合理。三是教学理念。衡量思政课教学是否以现代教育发展理念为指导，是否坚持以学生为本。四是教学条件。衡量思政课教学是否具备良好的硬件设施、充足的资金保障、专业的师资队伍等。

第二，思政课教学实践评价

主要包括以下几方面。一是教学过程评价，即衡量教学过程中的一系列教学行为。教学内容的传授。衡量教学内容是否规范、系统、新颖。教学环节的设计。衡量教学环节是否具有连贯性、丰富性，能够承载思政课所要向学生传授的全部内容，满足学生的学习需求和期待。考核方式的制订。衡量考核的程序正当性、方式合理性以及结果公平性。教学工作态度。衡量教师对思政课教学活动的认知、情感价值取向以及时间精力成本投入程度。二是管理过程评价，即衡量教学过程中的一系列管理行为。课前教学进度安排。衡量章节学时、授课重点及目标等安排是否科学合理。课上教学秩序管理。衡量教师是否规范约束个人言行举止、仪容仪表等；是否规范教学秩序，如维护教学环境，明确课程签到、请假制度等。课下学业发展指导。衡量教师是否对学生掌握的知识点进行检测和分析，答疑解惑，是否对学生的成长成才给予关怀，传道授业。

第三，思政课教学结果评价。

主要包括以下几方面。一是授课效果评价。主要从教师"教"的层面出发，从教师理论水平高度、教学要素尤其是现代化教育技术组织度、教学实施过程把控度、时间精力投入度等方面，衡量教师教学水平。二是学习效果评价。主要从学生"学"的层面出发，从学习态度、情感状态、时间投入等维度衡量学生理论学习质量，形成学生理论知识素养提升效果评价；从实践能力、思维方式、人生规划等维度衡量学生实践发展水平，形成学生个人综合素质提升效果评价。

（三）评价主体

针对"谁来评"的问题，从参与评价活动组织与实施的过程来看，评价主体应包括以下四类：

一是管理主体，包括思政课教研室主任、专家，教学评估中心人员等。他们站在管理者的位置上，综合信息反馈，诊断教学实践问题并形成评价。二是教育主体，即思政课授课教师。作为高校思政课建设的实践者、教学计划的执行者以及教学活动的主导者，教师在教学实施过程中总结反思教学实效并形成评价。三是学习主体，即学习思政课的学生。他们对思政课教学有着最直观的感受，其学习效果也直接体现了该课程的教学成效。四是社会主体，主要是实践单位及相关人员，诸如教育实践基地等。这些人员具有相对专业性，对学生的实践能力有一定评判能力并形成评价。

（四）评价方式

对"怎么评"，结合不同评价主体，评价方式基本可分为以下五种：

一是教师自评。一般依据评价标准并借助评价工具，如结构性调查问卷、教学工作记录和分析量表等，实现教师自评。二是学生评价。主要是学生综合教学各要素环节实践情况和个人学习情况，进行教学质量评价。三是同行评价。通常是在同一备课组或教研组范围内，衡量其他思政课教师对教学要素环节的安排、教学实践过程以及教学结果。四是督导评价。包括专家评价，即专家组进行督导，通常采取随机听课，检查教案、教学任务进度表等形式，重点衡量教师个人专业素质和教学水平，形成评价。以及院领导评价，即通过听课、谈心、观察等形式，不仅考察教学水平，更考察其教研能力、师德表现，最后形成综合评价[①]。五是社会评价。实践单位及相关人员主要针对实践教学，从教学环节设计、师生互动情况、学生创新思维锻炼等方面入手，形成教学质量评价。

---

① 蒋晓云.新时代背景下高职院校思政课教学质量评价研究［D］.石家庄：河北师范大学，2021.

二、 思政课教学质量评价的方式

（一） 对教师教学质量评价的方法

问卷评价法。问卷评价法主要是通过发放问卷、回收问卷、整理问卷以及分析调查结果的一种教学评价方法。问卷评价法，可以让答卷者更好地表达自己的看法和意见，调查者能从问卷中获取有用资料。调查者在制定问卷过程中，要求每一项问题都需要有一定的逻辑性，题目应该简洁明了，让答卷者容易看懂，并且具有评价的针对性。

自我评价法。自我评价法是任课教师自己按照日常授课的情况进行科学判断，找出优点、发现问题的一种教学评价方法。事实上，在过去的教学质量评价中，作为任课教师更多的是处在一个被动接受他人的评价，而自己是不能参与到评价中来，这样不利于教学评价的公正性和合理性。通常而言自我评价法是属于一种较为人性化评价方法，通过这种评价方法可以更好地激发任课教师所具有的主体意识，增强教师认知能力，不断促进广大教师能够更加积极面对教学活动，不断转变教学观念以及教学技巧。一般情况下，自我评价法具体使用是：先由院系或者教研室等部门来开展相关评价活动，然后再由各个任课教师来对自己教学情况进行总体的汇报，明确已经完成的教学目标以及所取得教学成果，查找还有哪些不足，然后提出改进措施。

专家评价法。专家评价法其实就邀请教育行业相关专家、学者来做出专业评价。学校可以根据实际需要建立专家评价小组，安排具体的听课时间、人员、地点、要求等。由评价小组来进行课堂听课，并且对查阅教案情况，还有对学生作业批改情况等进行全面的审查，从而可以更好地了解教师教学情况以及学生反馈的意见，同时需要与教师本人面对面的交谈，也可以通过召开教师座谈会形式，综合多方面评价意见，并做好学生测试工作。总之，要进行全面具体的分析，才能做出结论。

同行评价法。这里的同行，是指同事。通常是指邀请任课教师的同事来对其进行教学质量的评价。因为教师之间相对较熟悉，教学能力较好了解，特别本学科的同事，他们本学科的教学目标、内容以及方法都非常熟悉。所以，采取同事来进行互评价可以更好地体现评价准确性，并且也有利于教师相互间形成较好的学习与交流，从而可以更好地提升教学队伍的总体水平。具体评价方法是：教师间相互听课，利用教研活动等多种形式进行互评。但是需要客观真实，通过互评可以发现优缺点，为进一步分析提供参考依据，也为今后的改进提供方向。

学生评价法。事实上，这是一种较为常见的评价方法，该评价方法较为客观。学生是作为高职院校思政课教学的对象和受益者，对教师教学质量最有见解。例如：通过向学生发放问卷，与学生谈话等多种形式来对教学质量进行评价。听取学生对教前、教中、教后的评价。听取学生对课程内容、教师素质、教学方法、教学手段、学生作业批改、辅导答疑、实践教学、考核评价等方面意见。对教师日常教学质量进行反馈，可以作为评价的参考依据。

（二）对学生的学习质量评价的方法

学生自我评价法。是一种较为常见的方法。学生根据自己所学习的情况进行自我总结评价的一种方法。使用这种方法来评价，有利于学生形成自我评价、自我教育以及自我不断完善的学习能力。学生对自己的评价虽然存在着个人思想，但最起码也可以作为评价方法的有益补充。评价方法通常可以用是学生互评、自我总结、师生交流等方式来进行。

形成性评价法。形成性评价是一个时段式的评价，一般采用期中考试、期末考试等形式进行评价。该方式通常有三种：第一种是开闭卷考试相结合。闭卷考试一般以辨析题、论述题以及材料分析题等作为主要的题型；开卷考试主要侧重于对学生的能力以及综合素质进行评价，目的就是为了更好地培养大学生的认识问题、分析问题和解决问题的能力。第二种是笔试与口试考核相结合的形式。笔试考核可以选择形式多样的题型，题材覆盖范围要广泛，只要是与思政课有关题目皆可。而口试考核则侧重于学生对思政课的理论知识的掌握和应用程度。第三种是平时考核与期末考核相结合起来。对于平时考核有必要通过更加灵活以及形式多样的考核方式，比如举行课前活动、自学、线上答题以及社会实践等活动，表现成绩也作为课程考核的一部分。

综合评价法。众所周知，"高校思政课教学既是一个内化的过程，又是一个外化的过程。高校思政课教学评价自然也需要对这种内化外化效果进行评价。"要从多角度、多层面对学生进行立体的客观评价。综合评价不仅包括学生的课堂表现，还要重视其在课外活动的表现，将学生的平时成绩和期末考试成绩作为综合考核成绩，也要将考核成绩与学生的日常行为表现结合起来。

第四节 质量监控的体系

高校教学质量监控体系与运行机制的理论研究，自20世纪末我国高等教育全面扩招以来，一直为社会各界密切关注，教学质量成为高等教育改革与发展的核心问题。为此，各高校普遍开展教学质量监控与保障研究，建立内部质量监控体系与保障机制，作为提高教学质量的重要环节。正是在这一背景下，传统高校思想政治理论课也经历了"98方案""05方案"最重要的教学改革调整期，以适应知识经济时代和信息时代的更高要求。在教学基本框架调整和教学内容重新整合之后，思想政治课教学教材内容向教学内容转化成为改革主题，彰显高等学校思想政治课教学质量监控与保障机制在高等人才培养中的重要作用。

目前，各高校对思想政治课教学质量的监控与评估，主要依托思想政治课教学的科学有序管理，从知识、能力和素质等3个维度将培养目标夯实到每门思想政治课程和每个教学环节中去[①]。因此，高校思想政治课教学质量监控与保障机制的运行，主要涵盖教学目标、教学制度、教学督导、教学信息及教师激励等多个监控环节。

一、逐步加强三级教学质量监控与保障机制建设

为了切实提高高等教育教学质量与人才培养质量，规范教学主要环节与教学过程，由学校、二级学院、教研室组成对教学环节全方位、全过程的三级教学质量监控机制。

校级监控主要由学校教务处执行，主要为教学质量监控提供政策依据、制度保证及教学管理全过程的主要环节规范，督促、指导教学管理与教学改革方案的实施和落实。二级学院教学监控体系主要由四部分构成，即：首先，组织实施教学过程的教学机构组成，成立由教学院长与教研室主任为主要成员的教学质量保障工作领导小组，这是基本教学活动安排（包括理论课堂教学与实践教学环节）、教学研究和教学过程监控的基本单位，从课程教学角度负责确定制订（修订）教学计划，改进课程体系，完善丰富教学内容，加强师资与教材建设，改革教学方式方法，掌握日常教学进度，教学计划的实际执行及学生反馈等情况，加以监督与调控。其次，学生信息员队伍。在每个专业的学生中，选择部分责任心强的学生担任学生信息员，定期向教办汇报教师教学情况，作为学生评教的补充和参考。学生评教制度与学生信息员制度，针对每门课程教学情况进行评价。评价侧重于教师教学态度、教学内容、教学方式方法与教学效果。再次，成立由学院领导班子与部分资深教授（名师）构成的教学评价委员会，负责指导教学管理与教学改革方案的实施和落实，指导课程建设，负责青年教师的培养，督促检查专业日常教学任务的完成与专业规范化建设。最后，常设教学督导员，由学院负责教务与考务工作的教师组成，配合学院教学质量保障工作领导小组展开工作。日常教学活动以抽查为主，汇总教学信息、实施情况和反馈信息，定期或不定期地组织教学检查与督导。

二、思想政治课教学质量监控与保障机制的内容

（一）完善教学规章制度

二级学院在严格执行学校教务处制定的相关教学指导文件的同时，要根据本学院教学基本情况制定相关的教学管理规章制度。这些教学规章制度的建立与完善，会进一步加强和规范教师从教行为，应涵盖课程建设、教学运行、教学质量管理等方面，做到教学过程中有章可循，为课程建设和人才培养提供有力的制度保障，涵盖学院教师岗位责任制、学院教学质量监控实施办法、集体备课（听课）制度、试讲制度及档案保管制度等。

（二）制定教学环节质量标准

为了客观、准确地监控思想政治课的教学质量，学校制定各个教学环节质量标准，

---

① 范海洲. 高校思想政治理论课实践教学质量监控与评价体系的构建［J］. 黑龙江教育（高教研究与评估），2015（5）：26-27.

包括理论课程教学环节质量标准、实践课程教学环节质量标准、课程成绩考核教学工作标准等。二级学院依据学校主要教学环节质量标准，也应相继出台具有针对性的主要教学环节质量标准[①]。例如，教学准备质量标准、理论教学环节质量标准、实践教学质量标准及考试质量标准等。

（三）坚持不懈，抓日常教学环节监控

理论教学环节的监控与运行。理论教学环节的监控，主要是指每学期学校督导组及学院领导随机听课及教师间相互听课与期初、期中、期末教学常规检查几个部分。督导组随机听课，主要检查授课教师课堂教学情况、教学文件准备情况、教师与学生交流，及时总结后，向教务处反馈信息。学院领导班子应长期严格执行听课制度，每位领导至少每个学期要听 6 节课次。

期初教学检查主要监控教学准备及教学秩序情况。每学期开学初，学校在开学前两周抽查本学期教师的教案和上学期试卷与毕业论文归档情况；学院主要在开学初检查教师到位、教材配备、实践教学准备、教学计划和课程表再次核对、教案、教学日历、实践大纲和教学大纲等教学材料的准备情况；教研室召开期初教学工作会议，制订本学期主要教研活动计划，安排集体备课时间段，核对教学日历进度安排是否与大纲相符，对新聘任、新开课教师，教研室和院系应组织听课和考核。

期中教学检查重点监控课堂理论教学的运转与质量跟踪，涉及教学与授课计划的执行、教研活动的开展与教改方案的落实，教学文件是否规范，作业与实践报告是否批改等。同时，学院会组织教学督导员核查教师调停课和教学事故等情况。

除此之外，各教研室会组织教师互相听课磨课，互相学习，取长补短，交流教学经验，也会相互审查授课教师教学进度是否与教学日历相符、教学内容是否与大纲相符、教学方法是否使用得当等与教学相关的项目。同时，由学院副书记与辅导员牵头，组织召开学生座谈会，组织下发教学质量学生调查问卷，了解掌握每门课程前半段学生学习情况，听取课程教学的意见。然后，集中听课意见和学生反馈意见，研究是否需要调整教学计划、教学内容或教学方法。

期末教学检查主要是在每学期末，院系、教研室会进行教学效果鉴定，核查全学期调停课情况，期末考试命题情况，期末试卷批阅、分析工作完成情况，教学工作材料整理归档情况，检查及总结本学期教师、领导干部听课情况。同时，也会组织学生的评教活动。

实践教学环节的监控及其现状。思想政治理论课一直以来坚持理论与实践相结合、第一课堂与第二课堂相结合的原则，实践活动搞得扎扎实实，形成一定的规模与独特的实践环节运作模式，相关规章制度比较健全，学生喜欢基地也欢迎。因此，思想政治课教学质量监控，不仅对理论课也要对实践教学进行严格监控，弥补教学质量监控机制的

[①] 陈艳梅.高等学校思政课教学质量监控体系与保障机制研究［J］.教学与研究，2015（51）：36-37.

不足。实践教学大纲、实践教学指导书等相关材料，是实践教学质量的保障性措施，应严格执行。

三、信息反馈与整改措施

教学质量监控体系，只有实现闭环质量监控，才能起到真正的指导与监督作用。二级学院应建立积极有效的信息反馈和跟踪整改机制。学校对进行课堂教学检查、试卷检查、实践教学检查等均会及时地给出书面反馈意见。学院应在第一时间将检查信息反馈给系主任和每位教师，对做得好的教师及时表扬，对出现问题的教师适时提醒与批评，并根据学校专家组的反馈意见做出相应的具体整改。理论课教学和实践教学环节结束后，授课教师要完成相应试卷分析、实践教学活动总结，总结理论教学与实践教学中出现的问题。根据人才培养需要，结合实际教学计划执行中遇到的问题，共同研讨是否调整教学计划、修订教学大纲等问题，授课教师要提出方案，经教研室研讨后，交由院专业指导小组审核评估，经学校专业指导委员会审核后施行。

特别是近一段时期以来，一些地方高校为适应地方经济发展需要，在新的教育改革时期，适时转型，将应用型人才培养作为学校发展定位，这要求高校教师和学生要改变传统人才观，彻底改变重专业课轻基础课、重专才轻通才、重知识轻创造、重学问轻能力等教育观念，树立适应时代要求的教学思想。这种转化的实现，需要一个艰辛的过程，教学质量监控便是实现这一教育目的的有效手段之一。通过教学质量监控与评价，及时获得教学过程中各个要素、环节和工作状态的信息反馈，对教学过程进行准确客观的监控、评判与调整，以有效的手段约束和激励教学过程的组织者和实施者，使思想政治课的教学质量持续提高，进入良性循环轨道，推动高等学校教育教学质量管理的进一步系统化、合理化和科学化，实现高等学校办学水平和社会地位的不断提升。

参考文献

［1］中共中央文献研究室. 建国以来重要文献选编［M］. 第一册. 北京：中央文献出版社，1992.

［2］教育部社会科学司. 普通高校思想政治理论课文献选编（1949-2006）［M］. 北京：中国人民大学出版社，2007.

［3］中共中央文献研究室. 十六大以来重要文献选编［M］. 北京：中央文献出版社，2008.

［4］杨章钦，林光汉，等. 软实力与硬功夫——思想政治理论课教学改革新论［M］. 长春：吉林人民出版社，2012.

［5］中共中央文献研究室. 十八大以来重要文献选编［M］. 北京：中央文献出版社，2014.

［6］林建华. 21世纪高校思想政治理论课教学改革研究［M］. 北京：知识产权出版社，2014.

［7］张春枝，温景文. 思政课综合改革与实践［M］. 北京：中国文史出版社，2015.

［8］丁俊萍，佘双好. 思政课多元立体教学模式探索［M］. 武汉：武汉大学出版社，2017.

［9］杨章钦，徐章. 思政理论课教学改革与大学生思政教育互动研究［M］. 上海：上海财经大学出版社，2017.

［10］金丽馥. 高校思想政治理论课改革［M］. 南京：南京师范大学出版社，2019.

［11］陈伟华. 新时代高校思政课实践教学模式改革研究［M］. 北京：光明日报出版社，2019.

［12］程美东. 改革开放四十年高校思想政治理论课建设［M］. 北京：知识产权出版社，2019.

［13］唐召云，胡华，胡梅. 基于互联网云平台的高职思想政治课教学改革与创新［M］. 北京：人民出版社，2020.

［14］李腊生. 高等教育基本规律视阈下的思政课教学改革与创新［M］. 武汉：武汉大学出版社，2021.

［15］刘宝杰，杨世宏. 高校思想政治理论课实践教学理论与实践［M］. 北京：光明日报出版社，2021.

［16］赵平，黄建华. 进一步完善高校思想政治理论课教学质量监控机制［J］. 教材通

讯，2007（5）：64-65.

［17］石云霞.高校思想政治理论课建设和改革60年回顾与思考［J］.思想理论教育，2009
（19）：4-12.

［18］蒋家胜，贺继明，凌红.基于工作过程导向的高职思政课教学改革的探索和实践
［J］.中国职业技术教育，2009（8）：37-38.

［19］陈琦.“两论”与“概论”课改革［J］.首都师范大学学报（社会科学版），2009
（S2）：143-145.

［20］董世明.对“概论”课程教学改革中若干问题的思考［J］.教育研究与实验，2009
（26）：121-123.

［21］占建青.基于职业导向的高职思政理论课教学改革探析［J］.中国成人教育，2010
（14）：101-102.

［22］德龙.创业教育与高职“思政课”教学改革的思考［J］.教学与研究，2010
（6）：128-129.

［23］陈艳红，黄晞建，吴开军.大学思想政治理论课评估的改革对策研究［J］.学术界，2010
（11）：156-165.

［24］王立荣.创新型人才培养与高校思想政治理论课考试改革［J］.思想理论教育，2010
（12）：90-93.

［25］程馨莹，卢黎歌.谈思政课以理论内化为主的教改取向［J］.中国高等教育，
2011（6）：32-33.

［26］边和平.高校思想政治理论课教学方法改革的回顾与前瞻［J］.黑龙江高教研究，
2011（5）：145-148.

［27］林萍.工作过程导向理念在高职院校思想政治理论课教改中的应用［J］.思想理
论教育，2011（9）：82-86.

［28］钟春华.高校思政课教学创新着力点浅谈［J］.中国高等教育，2011（24）：28-
29.

［29］杨桂侠.对“概论”课教学改革的思考［J］.教育研究与实验，2011（15）：
141-142.

［30］李毅弘，任大廷.高校思想政治理论课多维复合型考核体系探赜——以四川农业
大学“概论”课教学改革为例［J］.学校党建与思想教育，2012（19）：62-63.

［31］李忠军.高校思政课教学方法集成创新的探索与实践［J］.中国高等教育，2014
（6）：26-29.

［32］曹丽萍.以就业为导向的高职院校思政课改革实践研究［J］.中国成人教育，2014
（21）：181-183.

［33］李梁.“慕课”背景下思政课教学改革的问题逻辑视角［J］.中国高等教育，2014
（2）：37-39.

［34］龚柏松.问题意识导向下的高校思想政治理论课教学改革［J］.学校党建与思想
　　　教育，2015（24）：35-36.

［35］杨志刚，刘铎."问题导向"与"专题教学"设计——论高校思想政治理论课
　　　"两分两专"改革思路在"概论"课专题教学中的实践［J］.思想理论教育，
　　　2015（9）：104-106.

［36］张喆.论思想政治理论课教学改革中的"价值导向"［J］.思想理论教育，2016
　　　（11）：106-108.

［37］封莎，王平.基于在线开放课程的思政课教学改革路向研究［J］.思想政治教育
　　　研究，2016，32（1）：59-62.

［38］何洪兵."概论"课教学中的"主体缺位"现象和教改策略［J］.思想理论教
　　　育，2016（6）：109-111.

［39］王晓政."互联网+"视域下高校思想政治理论教学改革新思路［J］.教育研究与
　　　实验，2016，36（33）：54-56.

［40］王为全.增强"马克思主义基本原理概论"课教学实效性的几点思考［J］.思想
　　　理论教育，2017（1）：72-75.

［41］王凤芹."互联网+"视域下的高校"概论"课教学创新［J］.中国职业技术教
　　　育，2017（2）：16-20.

［42］黄巧莲.基于行动导向的高校思政课教学改革思考［J］.教育评论，2017（3）：
　　　134-137.

［43］易晓春.适应高职学生特点的思想政治理论课教学改革思考［J］.职业技术教
　　　育，2017，38（20）：70-72.

［44］王胜利.试论创新创业教育为重要载体的高职院校思想政治理论课教学改革
　　　［J］.思想理论教育，2017（3）：132-135.

［45］王能东，曹飞.高校思想政治理论课教学方法改革创新的思考［J］.国家教育行
　　　政学院学报，2017（5）：16-21.

［46］薛秀娟."微时代"背景下高校思想政治理论课的系统改革［J］.系统科学学
　　　报，2017，25（2）：84-87.

［47］叶荣国，钱广荣.论思想政治理论课教学质量评价的"虚"与"实"［J］.思想
　　　理论教育，2017（1）：86-90.

［48］李林.中国近现代史纲要教学改革新探索［J］.中国高校科技，2017（S1）：
　　　132-133.

［49］刘俊峰.基于过程的思想政治理论课教学质量评价探析［J］.学校党建与思想教
　　　育：中，2018（13）：24-26.

［50］沈成飞，连文妹.论"中国近现代史纲要"课教学中的四种意识［J］.思想理论
　　　教育，2018（9）：107-112.

［51］张燚，阎占定. 对高校思想政治理论课教学改革中"技术热"的思考［J］. 思想理论教育，2018（10）：68-72.

［52］邵路才，才晓茹. 主体间性视域下高职院校思政课的教学改革［J］. 中国职业技术教育，2018（20）：88-91.

［53］佘远富，李亿. 以提升亲和力为导向的高校思政课教学创新与实践［J］. 江苏高教，2018（9）：99-102.

［54］陈占安. 改革开放以来高校思想政治理论课建设的回顾与展望［J］. 思想理论教育，2018（10）：21-27.

［55］张娟. 基于大数据的高校思想政治理论课教学改革研究［J］. 黑龙江高教研究，2018（4）：139-142.

［56］张雷声. 改革开放以来思想政治理论课教师队伍建设论析［J］. 思想理论教育，2018（10）：60-67.

［57］李明. 新发展理念与高校思想政治理论课教学改革研究［J］. 河南社会科学，2018，26（7）：110-114.

［58］陈红，米丽艳. "马克思主义基本原理概论"课专题设计中的"合和"原则及其运用［J］. 思想政治教育研究，2018，34（1）：77-80.

［59］陈占安. 改革开放以来高校思想政治理论课教材建设的回顾与展望［J］. 思想理论教育，2018（10）：4-8.

［60］胡宝国，胡兵. 构建"形势与政策"课闭环互动式教学模式探索——以华东理工大学"形势与政策"课教学改革为例［J］. 思想理论教育，2018（2）：62-65.

［61］马平均，贺广丽. "思想道德修养与法律基础"课师生互动教学及转化研究［J］. 学校党建与思想教育：中，2019（8）：33-35.

［62］权良柱. 加强"四个统筹"扎实推进高校形势与政策教育教学工作——基于北京科技大学教学改革实践的思考［J］. 思想教育研究，2019（2）：90-92.

［63］何兰萍. 新时代推进高校"形势与政策"课改革创新的思考［J］. 思想理论教育，2019（10）：120-124.

［64］陈金龙. 论思想政治理论课改革创新的路向之政治性和学理性相统一［J］. 思想理论教育，2019（6）：91-94.

［65］吕超，吴钧. 新时代思想政治理论课改革创新的根本遵循与实现路径研究［J］. 贵州民族研究，2019，40（10）：173-179.

［66］李娟，张健彪. 积极改革 创新高校思想政治理论课——"改革开放40年高校思想政治理论课建设"高端论坛纪要［J］. 教育研究与实验，2019（9）：64-64.

［67］沈壮海，董祥宾. 论新时代思想政治理论课的改革创新［J］. 思想理论教育，2019（5）：10-15.

［68］傅江浩，赵浦帆. 高校思政课教学媒体技术融合改革创新［J］. 湖北社会科学，2019

（12）：180-184.

［69］冯秀军，咸晓红.思想政治理论课改革创新要坚持灌输性和启发性相统一［J］.
思想理论教育，2019（7）：74-78.

［70］康沛竹，艾四林.思政课改革创新的"八个相统一"［J］.人民论坛，2019
（13）：108-110.

［71］陆晓娇.整体规划与协同效应：新时代学校思政课改革创新的内在逻辑［J］.中
国青年社会科学，2019，38（6）：73-78.

［72］赵玉兰."马克思主义基本原理概论"课教学改革的三大路径——以中国人民大
学为例［J］.思想教育研究，2019（10）：82-86.

［73］张艳涛，吴美川."马克思主义基本原理概论"课教学话语体系创新的困境及对
策［J］.思想政治教育研究，2019，35（5）：88-92.

［74］吴琳.问题式教学法在"马克思主义基本原理概论"课教学中的运用［J］.学校
党建与思想教育，2019（13）：70-72.

［75］李振旭.信息化教学在思政课教学改革中的应用——评《教学形态信息化创新应
用探索与实践》［J］.中国科技论文，2020，15（5）：617-617.

［76］郭荣华，贺瑞虎.高校思想政治理论课改革的若干思考［J］.江西师范大学学
报：哲学社会科学版，2020，53（6）：36-40.

［77］冯刚.激发思想政治理论课改革创新的深层力量［J］.学术论坛，2020，43
（2）：120-125.

［78］何志武.基于育人导向的思政课教学改革模式研究［J］.重庆科技学院学报：社
会科学版，2020（6）：93-95.

［79］杨俊.情理相融：对话视域的思政课教学改革［J］.中学政治教学参考，2020
（22）：66-68.

［80］赵曜，施晖.试论高校思政课教学话语体系创新［J］.学校党建与思想教育，2020
（24）：55-56.

［81］王易.高校思想政治理论课改革创新的多维解读［J］.马克思主义理论学科研
究，2020，6（5）：142-150.

［82］窦靓.高校思想政治理论教学研究——评《高校思想政治理论课程教学改革研
究》［J］.教学与研究，2020，40（15）：2-2.

［83］秦书生.新时代高校思想政治理论课改革创新的重要遵循［J］.现代教育管理，2020
（6）：20-27.

［84］徐蓉.论新时代高校思想政治理论课改革创新的价值坚守［J］.教学与研究，2020
（8）：73-80.

［85］陈源充.基于问题和目标的高校思政课改革探究［J］.中学政治教学参考：下旬，2020
（26）：43-46.

［86］赵义良，徐冶琼. 新时代高校思政课教学的观念变革［J］. 中国高等教育，2020（23）：39-41.

［87］俞海洛. 高校思政课专题轮转协同教学模式探索与实践——教学范式结构化变革的视角［J］. 江苏高教，2020（6）：115-119.

［88］刘侣萍. 新时代高校思政课改革创新需要"情感在场"［J］. 学校党建与思想教育：中，2020（13）：53-55.

［89］丁晓东，子华明. 深化高校思政课教学改革的三个触动点［J］. 思想政治教育研究，2020，36（4）：94-97.

［90］刘建涛. "深度教学"理念引领思政课教学改革创新［J］. 思想政治课教学，2020，6（6）：8-12.

［91］陈瑞丰. 习近平语言的辩证逻辑内蕴及对思政课教学创新的启示［J］. 思想理论教育，2020（8）：106-109.

［92］黄延敏. "中国近现代史纲要"课教学的价值引领目标及其实现［J］. 思想理论教育，2020（12）：112-118.

［93］金梦婷，朱华兵. 课程思政背景下形势与政策教学改革路径优化［J］. 中学政治教学参考：下旬，2020（30）：48-50.

［94］张士义. 科学认识新中国史的主题和主线［J］. 中国党政干部论坛，2020（8）：24-27.

［95］王炳林，刘奎. 关于学习党史、新中国史、改革开放史、社会主义发展史的思考［J］. 思想理论教育，2020（8）：64-71.

［96］孙力，田志轩. 学习党史、新中国史、改革开放史、社会主义发展史的时代使命［J］. 思想理论教育，2020（6）：4-9.

［97］王树荫，耿鹏丽. 新时代学习党史、新中国史、改革开放史、社会主义发展史的若干思考［J］. 思想理论教育，2020（5）：4-11.

［98］刘洋，沈佩翔. 关于提高高校思想政治理论课在线教学质量的思考［J］. 思想理论教育，2020（4）：64-69.

［99］周晨. 基于成果导向的高职院校思想政治理论课教学质量保障体系构建［J］. 职业技术教育，2021，42（11）：68-71.

［100］梁怡. 百年国外中国共产党党史研究与"四史"教育［J］. 世界社会主义研究，2021，6（5）：53-58.

［101］周良书. 中共党史研究中的"史料"问题［J］. 党史研究与教学，2021（1）：28-45.

［102］孙力，王莺. 中国共产党百年党史研习与马克思主义中国化进程［J］. 思想理论教育，2021（4）：12-19.

［103］邱霞. 学习研究宣传党史、新中国史的历史观和方法论——习近平总书记关于党

史、新中国史重要论述论析［J］.马克思主义研究，2021（2）：32-41.

［104］李捷，陈金龙，程美东等.新中国史的科学史观、核心问题与精神传承［J］.马克思主义理论学科研究，2021，7（9）：4-16.

［105］陈芝宇，张志泉.抗疫精神及其对思政课教学创新的启示［J］.中学政治教学参考：下旬，2021（8）：15-18.

［106］王静.以深度教学推进新时代高校思政课改革［J］.社会主义核心价值观研究，2021，7（5）：64-72.

［107］陈静，赵晨璇.治理现代化视域下高校思政课改革创新研究［J］.学校党建与思想教育：中，2021（13）：71-74.

［108］周鉴.基于大学生精神需求的高校思政课供给侧改革研究［J］.学校党建与思想教育：中，2021（14）：59-61.

［109］杨威，张秀梅.大数据技术嵌入高校思政课教学改革与创新探微［J］.中国高等教育，2021（23）：50-52.

［110］马梦菲."马克思主义基本原理"课教学改革的"师生四同"模式［J］.思想理论教育，2021（1）：96-100.

［111］朱清华.儒家修身立德思想融入"思想道德修养与法律基础"课的探索［J］.思想教育研究，2021（7）：122-126.

［112］佘双好."思想道德修养与法律基础"课建设历程和发展走向［J］.学校党建与思想教育：中，2021（9）：8-14.

［113］常沛，金艳."德法结合"的"思想道德修养与法律基础"课教学模式探索［J］.学校党建与思想教育：中，2021（6）：37-39.

［114］陈香珠."思政金课"教学改革实践探究——以"思想道德修养与法律基础"课程为例［J］.中学政治教学参考：下旬，2021（48）：38-40.

［115］许安朝.基于历史逻辑的高校"中国近现代史纲要"课教学改革［J］.学校党建与思想教育：中，2021（5）：75-77.

［116］罗贤宇，王艺筱，彭芳."四史"教育融入中国近现代史纲要课探究［J］.中学政治教学参考：下旬，2021（24）：49-52.

［117］方圆，吴家庆."中国近现代史纲要"课教学要讲清楚三个道理［J］.思想教育研究，2021（1）：111-116.

［118］孙晓杰.双认同：中国近现代史纲要课教学的目标取向［J］.中学政治教学参考：下旬，2021（47）：24-26.

［119］谢赛银.教育现代化对高校思政课教学改革的影响［J］.现代教育管理，2021（1）：45-52.

［120］马福运，孙希芳.常态化疫情防控中的高校思政课教学创新［J］.教学与研究，2021（5）：96-104.

［121］顾海良.理论的创新与创新的理论——十九届六中全会《决议》对高校思政课教学内容的拓新［J］.思想理论教育，2021（12）：29-35.

［122］徐蓉，周璇.善用"大思政课"推进教学改革创新［J］.思想理论教育，2021（10）：60-65.

［123］赵春玲，逄锦聚."大思政课"：新时代思政课改革创新的重要方向和着力点［J］.思想理论教育，2021（8）：97-102.

［124］刘明，马佰莲.思想政治理论课教学综合改革的三大阈值探析［J］.黑龙江高教研究，2021，39（10）：131-135.

［125］佘双好，张琪如.高校思想政治理论课课程评价的特点及改革路径［J］.思想理论教育，2021（3）：18-24.

［126］张蕾蕾.网络时代的智慧思政课——翻转课堂新论［M］.上海社会科学院出版社，2021.

［127］叶方兴.大思政课：推动思想政治理论课的社会延展［J］.思想理论教育，2021（10）：66-71.

［128］王家斌，乔丽.网络时代高校思想政治理论课改革创新探赜［J］.北京航空航天大学学报（社会科学版），2021，34（6）：140-147.

［129］陈燕，赵一唯.高校思政课实践教学创新发展研究——评《新时代高校思政课实践教学改革研究》［J］.中国高校科技，2021（5）：106-106.

［130］王洪妮，李振.改革开放史融入思政课教学［J］.思想政治课教学，2021（8）：15-18.

［131］张志丹.以一体化思维推进新时代思政课改革［J］.中国高等教育，2021（5）：42-44.

［132］蔡文璞，祝小宁.沉浸式教学助力高校思政课改革［J］.学校党建与思想教育，2022（8）：56-58.

［133］佘双好，罗佳.推动新时代思想政治理论课程观的变革［J］.湖北社会科学，2022（2）：144-149.

［134］张素芳.深化高职院校思想政治理论课教学改革的路径选择［J］.教学与研究，2022，42（12）：57-59.

［135］陈新颖，蒙健堃.高校思政课教学的具身转向与创新进路［J］.中学政治教学参考，2022（8）：46-49.

［136］李巧针.新时代高校思政课教学改革：问题与思路［J］.中国大学教学，2022（S01）：102-106.

［137］曹丽萍.融媒体视域下思政课教学模式改革之思——评《融媒体环境下高校思政课改革创新研究》［J］.人民长江，2022，53（2）：219-220.

［138］郭彩星，阎占定."马克思主义基本原理"课专题化教学的实现路径［J］.学校

党建与思想教育，2022（1）：69-71.

［139］张静，刘建军.习近平新时代中国特色社会主义思想融入思政课教学"一二三"模式探究［J］.中国多媒体与网络教学学报：电子版，2022（1）：193-196.

［140］徐建飞，元国顺.习近平新时代中国特色社会主义思想：生成逻辑、表现形态与价值意蕴［J］.南京理工大学学报（社会科学版），2022，35（3）：1-7.

［141］张体松."大思政"格局下红色文化融入思政教育探索［J］.中学政治教学参考：下旬，2022（11）：103-104.